A SELENOGRAPHICA.

Nomina macularum insigniorum

		sec. Ricciolum	sec. Hevelium
36	Aliacensis	Pars Anti–Libani
37	Werneras	Pars Anti–Libani
38	Fernelius	Pars M. Hermi
39	Hipparchus	M. Olympus
40	Albategnius	M. Didymus
41	Aristillus	M. Ligustinus
42	Autolycus	M. Montuniates
43	Walthenus	M. Taber
44	Regiomontanus	Pars M. Libanon
45	Purbachius	Pars M. Libanon
46	Archimedes	M. Argentarius
47	Ptolemaeus	M. Sipylus
48	Arzachel	M. Cragus
49	Alphonsus Rex	M. Masicytus
50	Orontius	M. Hermo
51	Maginus	M. Sur
52	Alpetragius	Promont. Acuarium
53	Plato	Lacus niger maior
54	Tycho	M. Sinai
55	Eratosthenes	Insf. Vulcania
56	Timocharis	Insf. Corsica
57	Pitatus	Mare mortuum
58	Stadius	Pars lacus Herculei
59	Clavius	Desert. Hevila
60	Dominii Maria	Pars lacus Herculei
61	Pytheas 2	—
62	Landsbergius	Insf. Malta
63	Rhetius	Pars lacus Herculei
64	Copernicus	M. Aetna
65	Longomontanus	M. Annae
66	Pytheas 1	Insf. Sardinia
67	Guilielmus Rufs. Landg.	M. Horeb
68	Bullialdus	Insf. Creta
69	Blancanus	Desert. Raphidim
70	Reinhold	M. Neptunius
71	Heraclides Salf.	
72	Scheinerus	Pars Vallis Hajalon
73	Heraclides verus	
74		Sinus Syrticus
75	Kepler	Locus paludosus
76	Gassendus	M. Cataractes
77	Harpalus	Insf. Sin. Hyperb.
78	Aristarchus	M. Porphyrites
79	Marfenius	M. Ajax
80	Marius	M. Germanicanus
81	Schickhardus	M. Tricine
82	Galilaeus	M. Audus
83	Phocilides	M. Tadnus
84	Pythagoras	ad Sinum hyperbor.
85	Selenus	M. Pentadactylus
86	Grimaldus	Palus Maraotis
87	Cavalerius	Pars M. Phermi
88	Hevelius	Pars M. Phermi
89	Ricciolus	Stagnum Miris

Lilienthal
oder die Entzauberung des Himmels

Ein Roman von Jakob Stein

ESSE POTIUS QUAM HABERI
„Sein ist mehr als Scheinen"
Grabinschrift Tycho Brahe

VERLAG

Jakob Stein
Lilienthal oder die Entzauberung des Himmels

© 2021 B3 Verlags und Vertriebs GmbH,
Markgrafenstraße 12, 60487 Frankfurt

Weitere Titel des B3 Verlages unter www.bedrei.de

Umschlag: Claudia Manns, KUNSTSTÜCK
unter Verwendung einer Abbildung aus: Johann Elert Bode:
Uranographia, Perseus und Andromeda (Umschlag),
Herkules (Einband) 1805

Satz: Textbild, Claudia Steinbauer

Printed in Germany

ISBN 978-3-943758-94-8

Dieses Buch ist auch als E-Book unter der

ISBN 978-3-943758-95-5 erhältlich.

Lilienthal
oder die Entzauberung des Himmels

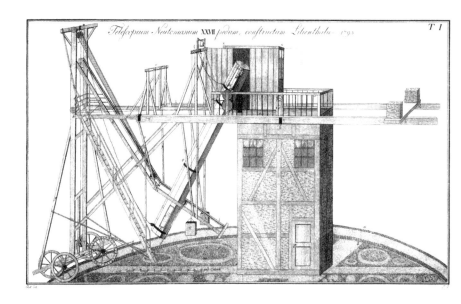

Johann Hieronymus Schroeter, 1745–1816

Ich fürchte mich so, vor der Wissenden Wort.

Sie kennen scheints den Zweifel kaum.

Und dieses heißt Zeit und jenes heißt Raum,

und hier ist der Beginn und das Ende ist dort.

Mich bangt auch ihr Sinn, ihr Spiel mit dem Spott.

Sie wissen alles, was wird und was war,

kein Stern ist ihnen mehr wunderbar.

Ihr Garten und Gut grenzt grade an Gott.

Ich will immer warnen und wehren: Bleibt fern!

Die Dinge singen hör ich so gern.

Ihr rührt sie an, sie werden starr und stumm,

ihr bringt mir all die Dinge um.

Nach Rainer Maria Rilke (1899)

I

Es war der frühe Morgen des Ostersonntags 1813. Die letzten Tage hatte es unablässig geregnet, mitten in der Nacht dann plötzlich aufgehört. Die Wolkendecke brach auf und enthüllte das sternenbedeckte Firmament. Ein erstes Schimmern im Osten kündigte einen sonnigen Tag an. Der restliche Himmel war tiefschwarz und wie aus Glas.

Auf der kleinen Wümme schob sich ein alter Torfkahn müde voran. Am Bug glomm das Licht einer verrußten Öllampe, dahinter kauerte eine Gestalt wie auf Knien. Der Torfbauer am Heck stand aufrecht. Durch seine Hände ging unablässig eine lange Stange, mit der er das Boot voranstakte. Von den tief hängenden Zweigen fielen schwere Tropfen ins Wasser. Sie spielten eine langsame Melodie, zu der das sanfte Auf und Ab des Stabes scheinbar den Takt angab. Sonst war kein Laut zu hören. Die nächtliche Natur verharrte geduckt. Sie schien noch nicht bereit für einen neuen Anfang.

Vorne im Boot, umhüllt von einer alten, übelriechenden Pferdedecke, saß Georg Heinrich

Tischbein. Ihm war bitter kalt. Seine Kleider waren noch immer feucht. Mit eisigen Fingern hielt er seinen Mantel zusammen. Der Atem entfuhr ihm als dünner Nebel. Er glänzte silbrig im Schein der Lampe. Das trübe Licht gab nur ein kleines Stück des schwarzen Bandes vor ihnen frei. Dahinter versank alles in undurchdringlicher Finsternis.

Georg war müde. Spät und völlig durchnässt hatte er gestern Zuflucht in dem alten Gasthof gefunden. Tagsüber wagte er sich nicht aus dem Haus. Die Franzosen hatten den Belagerungszustand über Bremen ausgesprochen. Niemand durfte sich grundlos in den Straßen herumtreiben. Ansammlungen von mehr als zwei Personen waren verboten. Allerorten patrouillierten schwer bewaffnete Soldaten. Wie ein Aussätziger schlich sich Tischbein am späten Nachmittag aus dem Haus. Immer wieder hörte er Schüsse, manche nah, manche fern. In der gesamten Stadt herrschte eine nervöse Unruhe. Die Russen und die Preußen rückten heran. Anfang des Monats waren sie über die Elbe gegangen. In Lüneburg hatten sie über die Franzosen gesiegt, was diese per öffentlicher Proklamation verneinten. Das Einzige, so stand darauf zu lesen, dessen sich die Allianz gegen Frankreich bislang rühmen könne, sei der schmähliche Verrat Preußens.

All das kümmerte Georg nicht. Überhaupt war ihm Politik gleichgültig. Falls er hätte wählen können, wäre ihm der Franzose mit seinen gleichen Rechten lieber. Sonst war nicht viel

Unterschied zu spüren. Frankreich besaß wieder einen Monarchen, einen Kaiser von eigenen Gnaden. Die alten Stände waren gestürzt. An ihre Stelle rückte ein neuer Adel auf – bewährte Gefolgsleute Napoleons und seine Geschwister. Liberté, Égalité und Fraternité waren vergessen, vergessen wie die einstige Revolution. Frankreich war trunken ob der vielen Siege, errungen auf zahllosen Schlachtfeldern und in den Hinterzimmern der Diplomatie. Ganz Europa lag Napoleon zu Füßen oder war von ihm in die Knie gezwungen.

Aber Tischbein konnte nicht wählen. Würden die Franzosen vertrieben, müsste er sich einer neuen Ordnung fügen, die wahrscheinlich wieder die alte wäre. Das gemeine Volk musste sich immer fügen. Man konnte von Glück sagen, wenn man mit heiler Haut und am eigenen Besitz unbeschadet aus dem Mahlstrom der Geschichte herauskam. Erst in der nahen Dämmerung machte er sich daher auf den Weg, bepackt wie ein Esel.

Ihm war kalt, eiskalt. Wasser stand handbreit im Kahn. Um seine ohnehin nassen Füße hochzuhalten, saß er verkrümmt und unbequem. Er beschwerte sich beim Torfbauern hinter ihm. Der antwortete, dass eine kleine Hunte wie diese Wasser von außen und von innen brauche. Wenn es dem Herrn zu viel sei, solle er schöpfen. Er habe gut reden, entgegnete Georg zornig, er stehe über diesem löchrigen Bottich. Der Bootsmann murmelte etwas von zu Fuß gehen, wenn es ihm nicht passe. Darauf schwieg er in Erinnerung an die zwei Groten, die er für diese Fahrt erhalten hatte. Ruhig und gleichmäßig stieß er weiter ab.

Tischbein wollte nochmals antworten und fuhr herum. Sein Fährmann stand als tiefschwarzer Schatten vor dem klaren Nachthimmel. Leuchtende Punkte umspielten diesen groben Klotz, als sei er soeben von dort oben herabgestiegen. Georgs Blick stieg hinauf, hangelte sich von Bild zu Bild. Das dort war der große Bär. Schräg darüber der kleine Bär. Über dem Horizont stand Orion. Reisen fiel ihm ein. Schroeter hatte es immer „Reisen" genannt, wenn sie des Nachts die Sterne und Planeten beobachteten. „Heute bereisen wir die Venus", sagte er zum Beispiel und hantierte schon am Fernrohr. Tatsächlich schien Schroeter nicht nur mit den Augen hinaufzusteigen. Sein ganzes Wesen, sonst von Strenge und Disziplin bestimmt, wurde ein anderes. Neugierig wie ein Kind studierte er das Firmament. Obwohl er bestimmte Regionen dort oben gewiss schon einige Hunderte Male besucht hatte, ihm der Stand der Sterne vertraut war wie ein Gang durchs nächtliche Haus, zeigte sich an Schroeter immer eine deutliche Freude, sie wiederzusehen.

Wasser schwappte in Georgs Schuh und löschte die Erinnerung aus. Wütend grummelnd nahm er die Holzschale, die wie zum Spott zwischen seinen Beinen trieb. Die Kälte drang augenblicklich in seinen Kragen und ließ ihn schauern.

Zunächst langsam, dann immer schneller schöpfte er das Wasser aus dem Boot. Es lief auf geheimnisvolle Weise immer wieder nach. Seine Bemühungen schienen völlig vergebens. Es war, als bestünde zwischen der schmalen Wümme und dem alten Kahn eine Art Verbindung. Eine stille, vor vielen Jahren zwischen beiden getroffene Verabredung. Ich trage dich, wenn du mich trägst.

„Oszillierend" fiel Georg plötzlich ein. Oder hieß es „kommunizierend"? Seine Lehrjahre als Mechanikus lagen weit zurück. Und immer, wenn er an etwas aus dem Bereich der physikalischen Phänomene dachte, dachte er an seinen Vater. Fast automatisch folgte der kleine Stich in der Brust. Er hatte seinen Vater kaum gekannt. Er selbst war heute wesentlich älter, als sein Vater überhaupt geworden war. Er könnte der Vater seines Vaters sein. Dennoch fühlte sich Georg augenblicklich als das kleine Kind, das er damals war. Er stand neben dem klobigen Tisch. Was darauf war, konnte er nicht sehen. Sein Vater hob ihn auf einen Schemel. Der Tisch war übervoll. Werkzeuge, Röhren, Glasbehälter und andere Gerätschaften lagen darauf. Der Vater zeigte auf dies und jenes. Er gab jedem Ding einen Namen, den der kleine Georg nachsprechen sollte. Dort musste es gewesen sein, dass er zum ersten Mal das Wort „oszillierend" hörte. Es war eines dieser vielen fremdartigen Wörter, die ihm nicht mehr aus dem Kopf gingen. Lange Jahre konnte er damit nichts anderes verbinden als die Erinnerung an den bereits Verstorbenen. Erst später, als er selbst Mechanikus wie sein Vater wurde, lernte er die wahre Bedeutung der Wörter kennen. Im Nachhinein war ihm, als habe er alle Begriffe dieses Handwerks in diesen wenigen Momenten am Tisch zum ersten Mal gehört.

Georg ließ die Schale fallen. Seine Finger waren nass und taub. Er ballte sie vor seinem Mund und blies hinein. Wie Rauch stieg sein Atem vor seinen Augen auf. Dem Bootsmann, dem das Wasser unentwegt über die Hände lief, schien es nichts auszumachen. Georg stach es wie mit Nadeln unter die Haut. Ein Glück, dass seine Materialien sicher hinter ihm verstaut lagen. Sie waren sein größter Schatz. Mit ihnen hoffte er endlich wieder etwas verdienen zu können. Er hatte schon lange keine Stiche mehr angefertigt. Seit Wochen lag ihm seine Frau in den Ohren. Wenn es in diesen Zeiten keinen Kupferstecher brauche, solle er sich eine andere Arbeit suchen. Sie würden noch alle verhungern.
Umso mehr freute es ihn, als er vom alten Amtmann Schroeter die Einladung für das österliche Treffen erhielt. Früher hatte er viel für den liebenswerten Kauz gearbeitet. Ganze Kataloge mit Mondtafeln stach er für ihn. Eines Tages stand dieser kleine Mann, mit dem auffallend scharfen Blick, vor seiner Tür. Das Pferd hinter ihm dampfte, als wäre es eine Stunde im Galopp gejagt. Er sei der Amtmann Schroeter aus Lilienthal, stellte sich der Besucher knapp vor. Er suche einen versierten Kupferstecher. Georg

sei ihm empfohlen worden. Ohne Umschweife trat er ein und zog ein Bündel Papiere hervor.

Es waren merkwürdige Zeichnungen und Skizzen, von Schroeter selbst angefertigt, die Tischbein umsetzen sollte. Dünne Linien, die gleichmäßige Quadrate bildeten, zogen sich über die Blätter. Diese Einteilung war dem Amtmann äußerst wichtig. Georg müsse sie unbedingt beachten und auf seine Platten übertragen. Keinesfalls dürfe er auch nur ein Zehntelzoll davon abweichen. Er müsse die Schnittpunkte der Linien getreulich kopieren und alles, was sich dazwischen befände, ebenso. Kein Strich dürfe verloren gehen oder anders verlaufen.

Es waren seltsame Gebilde auf den Blättern zu sehen, unförmig und mysteriös. Sie ähnelten der kranken Haut eines Pest- oder Leprakranken, die Georg einst für einen Arzt zeichnete. Überall tiefe Blasen, Geschwüre und Auswüchse. Dann wieder Flächen wie ein Meer, mit Bahnen darin, als sei ein Schiff hindurchgefahren. An manchen Stellen war wohl auch ein Stein ins Wasser gefallen und zog Kreise um sich herum. Haut, übersät mit Pusteln und Pockennarben, sollte er kopieren. Andere Zeichnungen glichen dem fleckigen Fell einer Kuh.

Mitunter ein Dutzend Seiten, die auf den ersten Blick das gleiche Bild zeigten, legte Schroeter Georg vor. Penibel deutete er auf einzelne Details, einzelne Quadrate, in denen sich eine Kleinigkeit verändert hatte. Um diese Veränderungen ginge es. Sie müssten in der

Folge zu erkennen sein. Ferner dieses elende Schraffieren. Hier ein dünner Strich, ein Hauch auf der Platte, dort mit kräftiger Linie, tief und schwarz. An dieser Stelle eng beieinander, an jener licht und luftig. Diese mit einem Winkel von fünfundvierzig Grad, daneben mit dreißig – und keinem Grad weniger. Andere Stellen sollten gänzlich frei bleiben und nur zum Rande in gezahnten Reihen auslaufen. In der Mitte Kreise wie Löcher.

Zu Anfang war der Amtmann mit keiner Arbeit zufrieden. So sehe es nicht aus. Schroeter riss sich die Perücke vom Kopf. Das entspräche nicht den Vorlagen und der Wirklichkeit. Jene Schraffuren wären Höhen, andere stellten Senken dar. Die Art und Weise des Strichs solle Aufschluss über die tatsächliche Tiefe geben. Er müsse sich peinlich genau an die Vorlagen halten und dürfe nichts, aber auch gar nichts daran verändern. Er sei ihm als geschickter Kupferstecher empfohlen worden. Er sei ein Tischbein, der Name stehe für Kunstfertigkeit. Die könne er in diesen Tafeln nicht erkennen. Was die Zeichnungen denn überhaupt dar-stellten, wollte Georg verzweifelt vom Amtmann wissen. Er könne sich rein gar nichts darunter vorstellen. „Das ist der Mond", sagte Schroeter völlig überrascht und verwundert. So sehe es auf dem Mond aus. Wie er das wissen könne, fragte Georg nicht weniger verblüfft zurück. Er habe es gesehen, mit eigenen Augen gesehen.

Schroeter lud Tischbein nach Lilienthal ein. Er müsse es selbst beobachten. Das wäre für die gemeinsame Arbeit sicherlich hilfreich. Er nannte einen bestimmten Tag, vielmehr eine Nacht, sofern diese klar und ohne Bedeckung sei. Er könne gerne einige Tage bei ihm verbringen. Der Amtshof biete ausreichend Platz. Er solle seine Materialien gleich mitbringen und könne vor Ort arbeiten.

Niemals wird Georg diese Nacht vergessen. Zum ersten Mal sah er den Mond in solcher Größe und Deutlichkeit. Ihm war, als hätte ihm jemand eine Binde von den Augen genommen. Er glaubte einen neuen Himmelskörper zu entdecken. Wie selbstverständlich war ihm bisher der nächtliche Trabant erschienen, sein Wandel im Laufe des Monats. In jungen Jahren hatte er ein romantisches Interesse für ihn aufgebracht, einmal sogar einige Verse gedichtet, die er beim sonntäglichen Kirchgang der Tochter eines angesehenen Kaufmanns zusteckte:

Goldmond brennt auf am Festungsturm
in Märchenfernen reist ein Sturm
zaust und zaubert

Heute schämte er sich ob dieser Zeilen. Die Angebetete würdigte ihn keiner Antwort und keines Blickes. Wie sich der volle Mond zum Neumond verflüchtigt, schwand auch seine Leidenschaft dahin. Doch so nah, so klar, von allem Zauber beraubt, hatte er den nächtlichen Begleiter noch nie gesehen.

Damals unterhielt Schroeter nur sein erstes Observatorium. Das kleine, zweistöckige Häuschen im Amtsgarten hinter der Kirche ähnelte mehr einer geschrumpften Scheune denn einem Gebäude der Wissenschaft. Der obere Stock beherbergte einen großen Quadranten und ein kleineres Fernrohr von vier Fuß Länge. Von Herschel selbst, betonte Schroeter und pustete etwas Staub vom Okular. Mit diesen Instrumenten habe er seine Studien der Mondoberfläche begonnen. Der Amtmann zeigte, wie sich das Dach über ihnen öffnen ließ und einen Blick nach allen Seiten gewährte. Die kleinen Geräte konnten leicht bewegt und ausgerichtet werden. Schroeter demonstrierte Georg die Funktionsweise des Quadranten. Er durfte auch kurz durchs Fernrohr schauen, sah aber nichts. Der Amtmann drängte ihn nach unten.

Dort präsentierte Schroeter voller Stolz sein neuestes Instrument, einen siebenfüßigen Reflektor! Die Spiegel darin kämen direkt aus England, von Herschel! Wieder raunte der Amtmann bedeutungsvoll diesen Namen. Mithilfe der unterschiedlichen Okulare gelänge damit eine fast tausendfache Vergrößerung. Meist genügten allerdings kleinere, was der Schärfe des Bildes zugute käme. Tischbein nickte, obwohl er nichts verstand. Dieses Gerät ließ sich wesentlich schwieriger handhaben und bewegen. Georg musste mit anpacken. Umständlich trugen es die beiden Männer hinaus. Dazu müsse er sich noch etwas einfallen lassen, keuchte Schroeter. Warum er es nicht oben aufbaue, fragte Tischbein. Dort wären bei mancherlei Beobachtungen die Balken im Wege, antwortete der Amtmann. Und Rollen, presste Georg hervor. Diese würden in den Boden einsinken und wären keine Hilfe. Obwohl er den Boden drei Mal habe stampfen lassen, wäre er, besonders nach Regenfällen, nachgiebig und weich. Man befinde sich eben im Moor.

Schwer atmend stellten sie das Teleskop ab. Unter seine drei Füße mussten noch Holzbretter gelegt werden, damit es während des Gebrauchs sicher stand. Mit nur wenigen Handgriffen richtete es Schroeter aus. Der Tubus wies exakt auf den Mond, der, nicht ganz rund, doch in voller Größe sichtbar, am Himmel stand. Das Okular befand sich allerdings am oberen Ende und war nur mittels eines mehrstufigen Tritts zu erreichen. Der Amtmann stieg herab und wies Georg hinauf.

Sein erster Blick durch das Okular! Diese hell leuchtende Fläche, die das Auge zunächst blendete. Nach einigen Momenten zeigten sich dunkle Schatten und tiefschwarze Punkte. Sie schienen eine Sinnestäuschung zu sein. Tanzender Staub auf der Linse seines Auges. Lichtfunken, gefangen hinter seinem Lid. Kreise, immer mehr Kreise tauchten auf. Wenn er am Okular drehe, würde das Bild an Schärfe gewinnen, rief ihm Schroeter zu. Georg tat, wie ihm geheißen. Zunächst verschwamm alles noch mehr. Er drehte in die andere Richtung. Plötzlich ein Bild, so scharf und deutlich, als schaue er zu Hause aus seinem Fenster. Die Kreise zeigten gekräuselte Ränder. Innen waren sie meist flach. Manche besaßen seltsame Erhebungen in der Mitte oder fassten kleinere Kreise ein.

Tischbein schwindelte und er wäre fast vom Tritt gefallen. Er solle das Atmen nicht vergessen, rief ihm Schroeter lachend zu. Das Bild bliebe erhalten, auch wenn er Luft hole. Er könne den Tubus bewegen und damit über die Oberfläche reisen, erklärte ihm der Amtmann weiter. Georg blickte wieder hinein. Es schien ihm ein Schlüsselloch in eine andere Welt. Zaghaft drückte er gegen das Okular. Der Ausschnitt wanderte. Mehr und mehr kamen Flächen unterschiedlicher Struktur dazu. Manche waren tatsächlich gekräuselt wie das Meer, andere mit winzigen Punkten übersät, als seien dort Pflastersteine ausgelegt. Nachdem sich Georgs Auge schließlich voll und ganz eingestellt hatte, erkannte er zarte Bahnen, die wie Wege und Straßen die helle Landschaft durchzogen. An anderer Stelle türmte sich offensichtlich Gestein zu Ketten von Bergen auf. So sah es also auf dem Mond aus! Tischbein konnte es kaum glauben. Erst leise für sich, mit der Zeit immer lauter, beschrieb er, was er sah. Seine Stimme wurde aufgeregter, überschlug sich fast vor Begeisterung. Georg suchte nach Worten, die ausdrücken könnten, was er sah. Der Amtmann nannte ihm manchen Ausdruck. Die Kreise seien Krater, vor Jahrmillionen von Vulkanen gebildet. Die größten von ihnen besäßen eigene

Namen. Die flachen, dunklen Flächen würden Meere genannt, da man ehemals glaubte, es seien tatsächlich welche.

Schroeter wechselte das Okular. Der Ausschnitt wurde dadurch deutlich kleiner, das Bild befremdlich. Hatte er eben den Mond noch in seiner ganzen Gestalt gesehen, war es nun nur noch ein Bruchteil. Schroeter leitete ihn, obwohl er selbst gar nicht dort oben stand, zu den Besonderheiten hin. Dort solle Georg auf den undeutlichen Rand achten, daneben auf die klaren Grenzen. Den Übergängen solle er sein Augenmerk widmen, damit er es später entsprechend stechen könne. Wie ein Schlafwandler schien sich der Amtmann auf dem Monde zu bewegen. Jedes Detail war ihm vertraut.

Er, Georg Heinrich Tischbein, hatte dies mit eigenen Augen gesehen. Er war einer der wenigen, ein Auserwählter, dem dieser Einblick gewährt worden war. Selbst mancher König konnte sich nicht eines solchen Anblicks rühmen. Vor ihm hatten sich die Geheimnisse von Gottes Schöpfung offenbart. Sein Auge war über den Mond gewandert und später in viele andere Regionen des Himmels vorgedrungen. Welche Vorstellung hatte dieser ungebildete Bauer hinter ihm davon? Er lebte nach wie vor im Glauben, dass dort oben ein Dach, ein Gewölbe, gespannt sei, in welches der liebe Gott mit Nadeln Löcher gestoßen habe. Zeigte er diesem einfältigen Kerl nur eines seiner damals gefertigten Blätter, er fiele rücklings in die Wümme. Er würde alle Heiligen anrufen und um Vergebung seiner Sünden bitten. In seinen Augen wäre er, Georg Heinrich Tischbein, verrückt und vom Teufel besessen.

Mit einem Blick, der seine höhnischen Gedanken verriet, drehte er sich zu seinem Begleiter um. Du wirst es niemals sehen, dachte er und schaute dann weiter nach oben, den Mond suchend. Obwohl erst vor einigen Tagen Vollmond gewesen war, schien er sich heute, wie alles andere an diesem kalten Morgen, verborgen zu halten. Seit damals blickte Georg oft in den nächtlichen Sternenhimmel. War ihm das Firmament zuvor gleichgültig gewesen, er hatte es weniger als die Wolken am Himmel beachtet, fühlte er sich seitdem mit ihm verbunden. Gleichzeitig stieg Wehmut in ihm auf. Der Mond, Georg zuvor als Ganzes nahe, war in seinem Geiste zerborsten und in kleinste Bruchstücke zerfallen. Mochte er anderen noch als heimlicher Vertrauter in freudentrunkenen Nächten dienen, von Dichtern besungen, in ihm war er zu einer Groteske geworden.

Dennoch, er war ein Eingeweihter, Mitglied einer geheimen Bruderschaft.

Schroeter hatte ihn zwar nicht in die Astronomische Gesellschaft berufen, die er zur Jahrhundertwende gründete, doch fühlte er sich diesem Kreise durchaus zugehörig. Strebten die Herren Astronomen nach neuen, spektakulären Entdeckungen, welche sich oft nur kurzfristig am Himmel zeigten, war er derjenige, der sie für die Ewigkeit festhielt. Zumindest träumte er davon. Er wollte der Sternenkartograph werden. Warum sonst sollte ihn der Amtmann gerufen haben?

Gewiss, ihm war die Arbeit damals zunächst schwergefallen. Trotz der eigenen Anschauung wollten ihm die Abbildungen nicht wirklich gelingen. Diese vielen Details, auf die er zu achten hatte. Er lernte auch die von Schroeter erfundene, sogenannte Projektionsmaschine kennen. Sie war die Ursache für die vielen Quadrate auf dem Papier. Georg merkte sich davon nur, dass er je nach Okular die an einem Stab befestigte, ebenfalls mit Quadraten bezeichnete, Tafel zu verschieben hatte. Mit dem linken Auge galt es das Bild im Okular zu erfassen, mit dem rechten die Übertragung auf das Blatt zu prüfen. Jede Kleinigkeit war einzuzeichnen. Offen gestanden, einen Großteil davon sah Georg gar nicht. Schroeter dagegen verfügte über eine erstaunliche Sehkraft. Der Amtmann erkannte sowohl feinste Nuancen des Lichts wie kleinste Schatten, die auf einen Gegenstand, eine Erhebung, vielleicht nur einen Felsen innerhalb dieser sonderbaren Landschaft hindeuteten. Alles musste genauestens vermessen und eingezeichnet werden. Dabei besaß Schroeter auch ein feines Auge für Distanzen. Musste Georg umständlich mit einem Mikrometer die Lage eines Objekts abmessen, genügte dem Amtmann ein kurzer Blick. Meist stimmte es auf die Bogensekunde genau.

„Selenotopographie" nannte Schroeter die Wissenschaft, die er erfunden hatte. Es ginge darum, die Mondlandschaft – oder zumindest Teile davon – bis ins Kleinste zu erkennen. Wie der Geograph auf der Erde Berge, Täler, Ebenen, Küsten, Flussläufe und dergleichen erforsche, würde er den Mond behandeln. Daraus ließe sich allerlei Erkenntnis gewinnen, sowohl was Geschichte und Herkunft als auch die Zukunft unseres nächsten Nachbarn angehe. Vieles sei heute Spekulation. Womöglich würde es noch hundert Jahre dauern, bis kluge Geister die Lösungen für mancherlei Phänomene fänden. Daher sei es äußerst wichtig, den Mond in seiner heutigen Gestalt gewissenhaft zu bezeugen, um später einmal Veränderungen zu erkennen. In diesem Sinne sehe er sich und seine Wissenschaft als Dokumentator.

Vom Trabanten war nichts zu sehen. Gerade wandte sich Georg um, da schlugen ihm nasse Zweige ins Gesicht. „He, sieh er sich doch vor", fauchte er seinen Steuermann an und hob schützend den Arm. Sein Charon kicherte nur. Die Gedanken an damals waren verschwunden. Stattdessen blitzte die Erinnerung auf, wie rüde ihn die garstige Wirtin heute Morgen weckte. Einen Krug Wasser schüttete sie ihm ins Gesicht. Ja, er war am Tisch eingeschlafen. War es seine Schuld? Die beiden anderen Gäste hatten ihn zum Trinken verführt. Sie gaben sich als Fuhrleute aus, waren aber offensichtlich Schmuggler oder dergleichen. Kurz nach ihm betraten sie die Stube. Auch aus ihren Mänteln troff der Regen. Sie schienen mit der Wirtin sehr vertraut. Die nahm ihnen die nassen Kleider ab und warf sie übers Gebälk. Auch Georg sollte sich bis auf die Unterwäsche ausziehen. Zu dritt saßen sie anschließend vor dem schmalen Kamin, dem sie kräftig einheizten. Die Flasche kreiste unentwegt. Die Wirtin reichte einen schauerlichen Fraß. Darauf tranken sie noch mehr.

Die Fuhrleute erzählten von russischen Soldaten, Kosaken. Sie hätten schon mehrfach streunende Horden von ihnen gesehen, weiter östlich, zur Elbe hin. Es habe kleinere Scharmützel gegeben. An der Brücke von Möcken seien mehrere Hundert Franzosen gefangen genommen und viele Geschütze erbeutet worden. Die Truppen der mit Napoleon Verbündeten, die Bayern, die Sachsen, sie liefen haufenweise zur Allianz über. Die Zeit Napoleons sei vorüber. Nach der Niederlage der Grande Armee wäre die französische Vormacht gebrochen. Überall begehre man gegen die Besatzer auf. Umgekehrt würden die Franzosen hart durchgreifen. Hinrichtungen und Mord seien an der Tagesordnung. Der kleinste Verdacht genüge und man würde auf der Stelle erschossen. Die preußische Generalität habe schon mit Vergeltung an den französischen Gefangenen gedroht.

Die beiden, dachte Tischbein, sind gut unterrichtet. Ihre Wörter flogen schneller als manche Gewehrkugel. Ihre Zungen waren flink und ihre Reden hitziger als das muntere Feuerchen zu ihren Füßen. Dazu der englische Genever, den sie in scheinbar unendlicher Menge bei sich trugen. Georg spürte, wie auch in ihm Zorn auf das Franzosenpack aufstieg.

Wohin er reise, wollten sie von ihm wissen. Nach Lilienthal? Das sei außerhalb der Stadtgrenze und noch gefährlicher. Er müsse die Straßen meiden. Nur ein Narr reise auf den patrouillierten Wegen. Schnell werde man von der einen oder anderen Seite als Spion angesehen. Manch gedungener Söldner mache sich einen Spaß daraus. Da könne man von Glück sagen, wenn sie einen geradewegs erschießen und nicht einer strengen Befragung unterziehen würden. Besser wäre es, einige Tage zu warten. Die Verhältnisse würden sich bald klären. Die Franzosen seien mit Verstärkung im Anmarsch. Einige eroberte Gebiete mussten die Russen und Preußen wieder aufgeben. Eine entscheidende Schlacht stehe noch aus. Napoleon sei in Paris und stelle eine neue Armee auf.

Da Georg sich nicht von seiner Reise abbringen ließ, verfielen sie im Laufe des Abends auf die Idee mit diesem modrigen Kahn. Die beiden kannten sich offenbar gut aus. Seit Findorff seien die Moore mit ihren Kanälen wie ein Labyrinth. Das sei sein Weg. Noch in der Nacht ward dieser tumbe Geselle hinter ihm gerufen. Er kam, da hatte es soeben aufgehört zu regnen. Er setzte sich dazu und trank, als wollte er sie alle einholen. Mehrfach bläuten ihm die angeblichen Fuhrleute ein, er solle den hier anwesenden Kupferstecher Tischbein sicher nach Lilienthal bringen. Er habe dort wichtige, unaufschiebbare

Geschäfte zu erledigen. Dabei taten die beiden sehr verschwörerisch und unterstrichen ihr Anliegen mit geheimen Zeichen. Zwischen den Fuhrleuten und dem Bauer wurde hitzig verhandelt. Es ging nicht nur um dessen Lohn, sondern auch um die richtige Strecke. Die zwei schlugen den Kuhgraben vor. Der Torfbauer verneinte entschieden. Der habe keinen Zugang zur Wümme. Dort müsse der Kahn über den Deich gezogen werden. Zu zweit unmöglich. Außerdem verliefe der Graben gerade wie ein Strich durch unbedecktes Land. Auf eine halbe Meile sei darauf jeder Kahn zu sehen, selbst in der Dunkelheit. Es ginge nur über die kleine Wümme. Diese schlängle sich hoch bis Dammsiel und sei auf beiden Seiten dicht bewachsen. Dammsiel, das liege ja zurück, warf einer der Fuhrleute ein. Das waren so ziemlich die letzten Worte, die sie noch verständlich über die Lippen brachten. Es waren auch die letzten, an die sich Georg erinnern konnte.

Das kalte Wasser schreckte Georg auf. Der Torfbauer stand schon in Hut und Mantel. Die Wirtin keifte. Die beiden anderen lagen ausgestreckt und schnarchend auf den Bänken. Georg zog seine klammen Kleider an. Die Wirtin drängte ihn zur Tür hinaus. Sie wolle auch endlich schlafen. Draußen war es stockfinstere Nacht. Sein Chauffeur schien von dem nächtlichen Gelage völlig unbeeindruckt. Georg war speiübel. Sein Kopf wollte zerbersten. Sein Magen rebellierte. Er lehnte sich an die Wand. In einem kräftigen Strahl erbrach er sich. Stöhnend richtete er sich wieder auf. Kalter Schweiß stand ihm auf der Stirn. Sein Begleiter murmelte etwas. Wer das Trinken nicht verträgt, der solle es sein lassen, oder so ähnlich. Auch jetzt im Boot stieß ihm beim Gedanken an Schnaps ein saurer Atem auf.

In der Nacht wankte er dem Torfbauern nach. Sein Gang glich dem Taumel, den er einst am Mond beobachtete. Während seines ersten Aufenthaltes in Lilienthal überließ ihm Schroeter den kleinen Reflektor im oberen Stock. Hier könne er bequem arbeiten und die Karten erstellen. Tischbein konnte sich nicht helfen. Jeden Tag rückten die markanten Punkte und Objekte zwischen den Quadraten an eine andere Stelle. Nach drei Tagen waren die Verschiebungen so merklich, dass nichts mehr stimmte. Andere Platten waren durch das fortlaufende Korrigieren völlig unbrauchbar geworden. Verzweifelt wandte er sich an Schroeter, der ihn auslachte. Ob er denn noch nie etwas von der Libration des Mondes gehört habe. Georg verneinte. Dieses Phänomen sei schon den Babyloniern vertraut gewesen, erklärte der Amtmann. Da die Stellung der Mondachse und seine Bahn zweierlei zu der der Erde geneigt wären, trete sein Bild im Laufe eines Monats vor und zurück. Georg blickte ungläubig in den Himmel. Er könne sich dies wie bei einem Kreisel vorstellen, versuchte es Schroeter erneut. Falls dessen Achse sich neige, pendele er auch hin und her. So sei es auch bei der schnellen Bewegung des Mondes um die Erde. Ihm selbst fiele das nach all den Jahren gar nicht mehr auf. Er sehe nur noch die mittlere Position. In dieser müsse er, Tischbein, die Karten anlegen. Georg konnte noch immer nicht folgen. Der Amtmann hatte ihn in den vergangenen Tagen bereits mit Besonderheiten wie Lichtgrenze, Erleuchtungswinkel und Schattenlänge verwirrt. Auch diese Dinge waren fortlaufend in Bewegung. Nun kam noch ein generelles Schwanken hinzu. Niemals hätte er geahnt, dass bei etwas scheinbar so Einfachem wie der Beobachtung des Mondes solch komplizierte Ereignisse zu beachten waren. Damals war er wie ein unwissendes Kind, dachte Georg, schloss die Augen und überließ sich dem sachten Staken seines Fährmanns.

Auf dem Amtshof in Lilienthal herrschte zu dieser frühen Stunde noch nächtliche Stille. Selbst die Vögel im nahe gelegenen Amtsgarten, sonst ein steter Quell munteren Gezwitschers, schienen sich von den regnerischen Strapazen der letzten Tage auszuruhen. Dabei zeigte sich der kommende Morgen bereits am Horizont. Die Mägde und Knechte lagen wie erschlagen in ihren Kammern. Einzig in einem Winkel hinter der Zehntscheuer leuchtete eine Laterne. Im kleinen Kreis ihres spärlichen Lichts war ein mageres Männlein zu erkennen. Im Grunde waren nur die dünnen, weiß bestrumpften Waden zu sehen, die durch ihre storchenhafte Form die Statur ihres Besitzers vermuten ließen. Der Rest seines Körpers verschmolz mit dem Dunkel, was durch einen tiefschwarzen Mantel noch gefördert wurde. Minutenlang regte sich nichts an ihm. Gleichsam mit einem tiefen Atemzug richtete sich die Person auf. Wieder stand sie lange still und schaute in den nächtlichen Himmel empor.

Es war Johann Hieronymus Schroeter, Oberamtmann von Lilienthal und privater Astronom. Er beobachtete an diesem klaren Morgen Jupiter und die Galileischen Monde. Er benutzte dazu ein seltsam aussehendes Gerät. Es ähnelte einem Stuhl, auf welchem statt eines Menschen ein großes, achteckiges Rohr saß. Es war unten, auf dem Sitz, durch die Rückenlehne gelagert und wurde vorne abgestützt. Mittels einer Kurbel konnte die Höhe des Zylinders verstellt werden. An den Füßen des Stuhls befanden sich Rollen.

Früher einmal musste dieses siebenfüßige Teleskop mühsam herausgetragen werden, zusammen mit dem dreibeinigen Stativ – für den Amtmann alleine nicht zu schaffen. Durch einen Besen, den eine Magd während des Reinemachens gegen einen Stuhl lehnte, war er auf die Idee gekommen. Auf zwei eingekerbten Holzbohlen ließ sich seitdem die Konstruktion bequem auf die Steinplatte hinausschieben.

In winzigen Schrittchen schob Schroeter das Instrument im Kreis voran. Er konnte nichts Außergewöhnliches entdecken. Er bedeckte die obere Öffnung und schob das Teleskop in das Häuschen zurück. Als er die Laterne griff, warf er einen wehmütigen Blick zu den großen Instrumenten hinüber: das zwanzigfüßige und das siebenundzwanzigfüßige Teleskop, beide von ihm selbst konstruiert. Letzteres war nach wie vor das größte seiner Art auf dem europäischen Kontinent. 1793, vor genau zwanzig Jahren, hatte er es hier, im kleinen Moordorf Lilienthal, aufgebaut. Erst kürzlich kam das zwanzigfüßige daneben hinzu. Es war mehr aus einer Laune als aus Notwendigkeit entstanden. Bei seiner Fertigstellung und dem ersten Licht war auch niemand außer Schroeter selbst zugegen.

Beide Geräte waren in ihrer optischen Leistung, insbesondere aufgrund der darin verwendeten Spiegel, einzigartig und sein ganzer Stolz. Lilienthal und auch er waren dank des Riesenteleskops berühmt geworden. Zu seinem größten Bedauern konnte er zurzeit keines der beiden Instrumente benutzen. Nicht nur, dass sie sich alleine nicht bedienen ließen, war das tragende Gerüst des großen in einem beklagenswerten Zustand.

Erst Anfang des 17. Jahrhunderts wurde das Fernrohr erfunden. Bis dahin standen dem Astronomen nur einfachste Hilfsmittel und sein bloßes Auge zur Verfügung. Mit Stäben und Armillarsphären, sogenannten Weltmaschinen, verfolgten die Gelehrten den Lauf der Himmelskörper. Tycho Brahe benutzte einen großen Mauerquadranten, mit dem ihm erstaunlich gute Messungen der Planetenbahnen gelangen. Grundvoraussetzung für das Studium der

Sterne und ihrer Bewegungen war somit eine herausragende Sehkraft.

Kepler und Galileo Galilei nutzten erstmalig von ihnen verbesserte Fernrohre für ihre Himmelsbeobachtungen. Die optische Leistung dieser Geräte war allerdings gering. Erst Newton erzielte, knappe fünfzig Jahre später, mit dem von ihm erfundenen Reflektor nennenswerte Vergrößerungen. Diese Art der Konstruktion wurde in den folgenden Jahrzehnten, vor allem durch die Technik des Gießens und Polierens größerer Spiegel, weiter verfeinert. Wilhelm Herschel, von Hause eigentlich Musiker und aus Hannover stammend, brachte es hierin zu ungeahnten Fertigkeiten.

Gegen Ende des 18. Jahrhunderts war er als Orchesterleiter ins englische Bath gekommen. Neben der Musik war die Astronomie seine große Leidenschaft. Beide sah er durch mathematische Gesetze miteinander verbunden. Bald schon genügten ihm die gängigen Instrumente nicht mehr. Er wollte die Grenzen der bisherigen Hemisphäre sprengen. Ihm gelang, insbesondere durch spezielle Metalllegierungen, die Herstellung eines Spiegels von fast zwanzig Zoll im Durchmesser. Das daraus konstruierte Teleskop war das leistungsfähigste seiner Zeit. Später fertigte er sogar einen Spiegel mit einem Durchmesser von achtundvierzig Zoll. Die Brennweite dieses Reflektors lag bei vierzig Fuß! Die unmittelbar folgenden Entdeckungen Herschels, allen voran die des Planeten Uranus, verbreiteten sich wie ein Lauffeuer in der astronomisch interessierten Welt.

Jeder Hof von Rang, jede Universität von Namen, erbaute und unterhielt ein kleines Observatorium, oftmals nur mit simpelsten Gerätschaften ausgestattet. So kam auch Schröter in Erfurt und später in Göttingen, neben seinem Studium der Theologie und den Rechtswissenschaften, in Kontakt mit der Physik und den Gestirnen. Sie zogen ihn bald mehr in ihren Bann als die Ausbildung zum Hofbeamten. Strebten seine Kommilitonen nach hohen Stellungen und aussichtsreichen Positionen, galt sein Verlangen einem ruhigen, möglichst abgelegenen Posten. Doch bis dahin musste er sich in manch unangenehmes Dienstverhältnis fügen. Vom Amtsschreiber in Polle, Sekretär in Hannover, diente er sich schließlich zum Oberamtmann empor. Die Astronomie musste in jener Zeit zurücktreten. Einzig das Musizieren und ausgedehnte Wanderungen gewährten ihm musische Stunden. Die Musik war es auch, die ihn in Kontakt zur Familie Herschel in Hannover brachte. Über sie lernte er gewissermaßen deren Sohn Wilhelm und Tochter Caroline kennen. Die Eltern und Geschwister berichteten bei jedem Besuch Schroeters über deren Leben in England, den Experimenten mit neuartigen Spiegeln, den ersten Erfolgen und weiteren Plänen. Wilhelm wolle den Kosmos ergründen und weit über die Bahnen der Planeten hinausgehen. Ohne Caroline werde ihm dies schwerlich gelingen. Die jüngere Schwester führe ihm nicht nur den Haushalt, sie singe auch die erste Stimme im Chor, assistiere bei allen Beobachtungen, erstelle ganze Kataloge und berechne gewissenhaft alle Positionen der darin vermerkten Sterne nach. Ferner sei Caroline diejenige, die den von Wilhelm gegossenen Spiegeln Form und Glanz verleihe. Bescheiden überließe sie alle Ehrungen dem Bruder. Mit den Spiegeln verdiene der zudem ein Vermögen. Jeder Lord wolle ein solches Instrument besitzen und zahle nahezu jeden Preis.

In Schroeter war das astronomische Feuer neu entfacht. Der Zufall half. Soeben war die Stellung im Amte Lilienthal, in der Administration nur abfällig „Das Kloster" genannt, frei geworden. Niemand wollte dorthin. Es lag eine starke Meile vor der befestigten Reichsstadt Bremen, jenseits des durch stetige Überschwemmungen unbequemen Flusses Wümme, an einem Moorgewässer, genannt Wörpe. Zu dem armseligen Amt gehörten an die sechshundert Feuerstellen, über mehrere Dörfer und Flecken verteilt. Die Stellung bot einem der Landwirtschaft zugewandten Verwalter vielerlei Einkünfte. Zum Amtshof selbst gehörten weitläufige Wiesen und Äcker. Der Großteil der umliegenden Bauern hatte den Zehnten zu entrichten. Die Besoldung alleine, zweihundert Taler im Jahr, war nicht auskömmlich. Der größte Vorteil des Amtes war für Schroeter seine Abgeschiedenheit, von der er sich bei einem Besuch vor Ort überzeugen konnte. Flaches Land und ein grenzenloser Himmel darüber. Die geforderten zweitausend Taler Sicherstellung lieh er sich bei einem wohlhabenden Studienfreund.

Kaum hatte er den Amtshof in Lilienthal bezogen, richtete er sich ein Observatorium ein. Ein dreifüßiger Dollond war sein erstes Instrument. Schon bald war es ihm für seine Studien und Ambitionen zu klein. Es musste ein größeres und besseres angeschafft werden – vom besten Instrumentenbauer seiner Zeit: Wilhelm Herschel. Schroeter verdankte der persönlichen Bekanntschaft mit dessen Familie, dass seine Anfrage überhaupt Gehör fand. Der berühmte Mann in England, inzwischen zum königlichen Astronomen in Windsor berufen, wurde mit Aufträgen überhäuft. Von der Bestellung bis zur Lieferung dauerte es länger als ein Jahr. In einer schweren Holzkiste, innen dicht mit Holzwolle gepolstert, gelangte das siebenfüßige Fernrohr newtonschen Systems in Lilienthal an. Es war bei Weitem nicht so groß und leistungsfähig wie die, die Herschel selbst benutzte. Ein Fuß oder eine Halterung war nicht enthalten. Für diesen Zweck beauftragte Schroeter den findigen Mechanikus Drechsler in Hannover. Außerdem lief der Spiegel immer wieder an und musste ständig nachpoliert werden. Trotz allem war dieses Instrument das beste, das er bislang für seine astronomischen Beobachtungen nutzen konnte, und dem Dollond in allen Belangen überlegen. Mit den verschiedenen Okularaufsätzen waren bis zu dreihundertfache Vergrößerungen möglich.

Für Schroeter war es selbstverständlich, seine astronomischen Reisen mit den unmittelbaren Himmelskörpern, Sonne und Mond, zu beginnen. Gerade zu Letzterem existierten bereits allerhand Abhandlungen und Karten. Es schien dem Amtmann gegeben, als noch unbekannter Astronom, die Kenntnisse über den Erdtrabanten mit eigenen Beobachtungen zu vergleichen. Es sei noch kein Meister vom Himmel gefallen, pflegte er scherzhaft zu sagen. Schon bald stellte er fest, dass vieles ungenau beschrieben und erfasst, ja manches sogar fehlerhaft dokumentiert war. Die neueste Mondkarte von Tobias Mayer, im gesamten ein prachtvolles Werk und die getreulichste Abbildung des Trabanten jener Zeit, erwies sich im Detail als äußerst ungenau, um nicht zu sagen falsch. Die Oberfläche des Mondes war weitaus abwechslungsreicher, als dort wiedergegeben. Selbst neueste Atlanten und Jahrbücher wie die von Lalande wiesen nur einige Hundert markante Objekte aus. Schroeter erfasste einen Ausschnitt der Selene und errechnete, dass es deren mehrere Tausend geben müsse – ein wiederholtes und äußerst genaues Hinsehen vorausgesetzt.

Schroeter, ansonsten von schwächlicher Natur und oft kränklich, verfügte in der Tat über ein ausnehmend scharfes Auge. Tischbein musste ihm später oft, während er wochenlang auf dem Amtshof logierte, bei Prüfungen seiner Sehkraft assistieren. Georg sollte Blätter, auf denen verschiedene Formen gezeichnet waren, abwechselnd emporhalten. Schroeter stellte sich auf ebenem Feld in verschiedenen Abständen auf. Beide notierten sich die Reihenfolgen. Bis auf tausendfünfhundert Fuß vermochte der Amtmann die Figuren richtig zu erkennen. Am Nachthimmel unterschied er mit bloßem Auge Sterne bis zur siebten Klasse.

Uranialust nannte Schroeter sein erstes Observatorium. Der Name war zum einen Urania, der Göttin der Mythologie und Muse der Astronomie gewidmet, zum anderen eine Erinnerung an sein großes Vorbild, den Entdecker des Uranus, Wilhelm Herschel. Er erwarb allerhand weitere Gerätschaften: Sextanten, Micrometer, Globus, Quadrant, Jovilabium, ein weiteres Fernrohr mit Linsen und mehrere Pendeluhren. Die exakte Zeiterfassung stellte ein großes Problem dar. Ebenso musste die genaue Lage der Sternwarte ermittelt werden. Beides beschäftigte den Amtmann mehrere Monate.

Nichts, niemand, nirgends, nie. Nichts, kein Fehler bis hierher. Niemand kannte den Text so gut wie er. Nirgends war etwas auszusetzen. Nie würde er daraus ein Viertel oder mehr streichen können.

Hans Nodel stand auf und ging zum Fenster. Wie lange arbeitete er jetzt schon an diesem Buch? Drei Jahre? Vier Jahre? Schwer zu sagen. Manchmal kam es ihm vor, als hätte er sein ganzes Leben damit verbracht. Er wusste gar nicht mehr, wann er damit begonnen hatte. Insgeheim kannte er den Zeitpunkt – zumindest den, als er mit der Niederschrift begann – ganz genau. Er lag in den letzten Wochen seines Zusammenlebens mit Anne.

Er glaubte, die Buchidee über die alte Sternwarte in Lilienthal würde ihn interessanter machen. Er hoffte, es entstünde wieder eine Verbindung zwischen ihnen. Sie hätten ein gemeinsames Thema, obwohl, wie er sehr wohl wusste, sie sich recht wenig für Astronomie interessierte. Er stellte sich gemeinsame Reisen vor. Recherchen in Prag, London, Göttingen, Hannover. Die Arbeit am Buch würde ihr zeigen, dass er kein verschlossener, verstockter Sonderling war, der mehr im Weltall lebte als auf der Erde.

So etwa erinnerte sich Hans an die Ereignisse von damals und ähnlich argumentierte er an einer der frühmorgendlichen Zusammenkünfte, von Anne zur Rede gestellt. Das seien alles Lügen, antwortete sie darauf. Lügen wie so vieles andere. Er könne gar nicht ehrlich sein, weder zu sich noch zu anderen.

Sie hielte es nicht mehr aus, sagte sie mehrfach zu ihm. Er sei doch überhaupt nicht mehr anwesend. Das Buch über diese vergessene Sternwarte diene ihm nur als weitere Ausflucht. Er verkrieche sich nur noch mehr in sich selbst hinein. Stundenlang säße er am Schreibtisch oder renne die halbe Nacht mit diesem Fernrohr durch die Gegend. Sie sei nur noch Luft für ihn, Luft, durch die er hindurchsehe. Seine Gedanken schwirrten mit seinen Satelliten irgendwo dort oben in der Luft herum. Er nehme doch hier unten gar nichts mehr wahr. Heute wusste Hans, dass Anne recht hatte. Heute konnte er sich dies eingestehen.

Er hätte nicht sagen dürfen, dass dort oben keine Luft sei. Er sagte es trotzdem. „Dort oben ist keine Luft." Waren ihm die Folgen bewusst gewesen? War es eine Provokation? Oder war es tatsächlich so aus ihm herausgeplatzt? Dreimal hatte sie Luft gesagt. Daran waren seine Gedanken hängen geblieben. Im Weltraum gab es keine Luft, das wusste doch jeder. Wasserstoffionen in kaum messbarer Dichte, ja – sonst nichts. Nur eisige Kälte und tödliche Strahlung. Beides traf ihn augenblicklich. Anne sprang auf. Er sah den Frühstückstisch noch vor sich. Er war gedeckt wie jeden Morgen. Dies würde ein anderer Morgen werden. Er blieb sitzen. Er hörte sie in der Wohnung wütend hin und her gehen. Er hörte, wie sie den Koffer vom Schlafzimmerschrank zog. Hörte den dumpfen Ton, den ein leerer Koffer von sich gibt, wenn er zu heftig abgestellt wird. Es klang wie eine Pauke.

Er hörte Annes Schritte ins Badezimmer, wieder zurück ins Schlafzimmer. Er selbst war unfähig aufzustehen. Wie versteinert saß er am Tisch. Er aß nicht, er trank nicht, er wartete. Schließlich kam Anne herein. Sie fahre zu ihren Eltern und bliebe eine Woche. Bis dahin möchte sie, dass er ausziehe.

Hans wurde von allen nur Charly genannt, seit seiner Kindheit. Nur wenige Menschen hatten ihn noch Hans gerufen. Seine Mutter, sein Vater, einige Verwandte. Sie alle waren tot. Die Lebenden nannten ihn Charly. Angeblich wegen seiner frühen Begeisterung für Charly Brown. Sein Kinderzimmer war vollgestopft mit Bildern, Figuren, Postern, Bettwäsche, Büchern, Tassen, Dosen und anderen Dingen von den Peanuts. Auf seiner ersten Schultasche tanzten Snoopy und Charly Brown miteinander. Sein Mäppchen, sein Radiergummi, seine Stifte. Überall die gleichen Motive. So fing es an. Die Kinder in seiner Klasse riefen ihn plötzlich Charly. Nach einiger Zeit nannten ihn auch die Lehrer so. Hans akzeptierte den neuen Namen. Er schien ihm passender. Vor allem mochten ihn die anderen scheinbar viel lieber als Hans.

Der Name Charly setzte sich auch später auf dem Gymnasium durch. Nur zu Anfang wurde er noch Hans gerufen, wenn er an die Tafel kommen sollte oder die Lehrer die Klassenarbeiten zurückgaben. Bald sagten auch sie Charly, allerdings in einem Tonfall, der Anerkennung und kumpelhafte Freundlichkeit ausdrücken sollte. Bei seinen Mitschülern klang es mehr und mehr nach Spott. In ihren Augen war er ein Günstling und Streber. Noch immer trug er T-Shirts mit diesen albernen Figuren darauf. Stets machte er die Hausaufgaben, waren seine Schulsachen gewissenhaft geordnet. Er saß aufrecht an seinem Platz. Bei jeder Frage schnellte sein Arm kerzengerade empor und verharrte dort, selbst wenn der Lehrer einen seiner Kameraden aufrief, der in der hinteren Reihe herumlümmelte. Den Mädchen schwollen die Brüste. Ihre Lippen und Fingernägel färbten sich knallrot oder violett, die Augenlider pechschwarz. Die Jungs bekamen dunkle Stimmen und einen ersten Flaum am Kinn. Charly dagegen behielt bis in die Oberstufe sein kindliches Aussehen.

Charly zog aus. Ohne Auflehnung, ohne Widerstand, ohne Bitten und Flehen nahm er die Trennung hin. Er kam einige Wochen bei seinem Freund Martin unter, bis er seine jetzige Wohnung in der Inselstraße fand. Anne hatte er seitdem nur noch zwei Mal gesehen. Einmal, als er seine restlichen Sachen abholte, und etwas später bei einem Termin auf der Bank, bei dem er aus der Kaution für die bis dahin gemeinsame Wohnung austrat. Das war vor drei Jahren, zwei Monaten und einigen Tagen. Zuvor lebten sie mehr als acht Jahre zusammen. Erstaunlicherweise waren sie sich seitdem nicht einmal im kleinen, überschaubaren Darmstadt begegnet. Charly berechnete in einer Stunde der Sehnsucht eine etwa zwölfprozentige Wahrscheinlichkeit, dass sich ihre Wege innerhalb eines Monats zufällig kreuzen müssten. Je nach Gewichtung der begleitenden Faktoren wie gemeinsamer Bekanntenkreis und gemeinsame Interessen konnte sich diese noch deutlich erhöhen. Seine Voraussagen trafen nicht zu. Wie sich herausstellte, gab es keine gemeinsamen Bekannte. Anne schien neue, ihm bis dahin unbekannte Interessen zu haben. Es war wie beim Kniffeln, einer Leidenschaft, die Anne und er über all die Jahre exzessiv betrieben. Andere Paare spielten Schach oder Tennis, sie kniffelten – allerdings mit völlig unterschiedlichen Strategien. Anne folgte den Würfeln, wie sie es nannte. Sie erkenne nach dem ersten Wurf, welche Kombination oder Augenzahlen als Nächstes kämen. Anne behauptete sogar, mittels ihrer Gedanken die Würfel beeinflussen zu können. Charly dagegen überschlug jeweils die Wahrscheinlichkeit, mit der die von ihm benötigten Fünfen, Sechsen, Straßen oder was auch immer fallen würden. Ferner vermied er jegliches Risiko. Anne lachte ihn regelmäßig aus. Er müsse mehr an den Zufall glauben, nicht an die Wahrscheinlichkeit. Eine über die Jahre geführte Statistik, die wie vieles andere später auf dem Müll landete, gab Anne recht. Sie führte darin haushoch.

Charlys Leben ging weiter wie vor der Trennung. Nach der Arbeit bei der ESOC fuhr er meist nach Hause, vergrub sich in sein Buch und lebte einsam vor sich hin. Damit sank die Wahrscheinlichkeit einer Begegnung endgültig gegen null. Selbst der Zufall wollte nicht helfen.

Charly sah aus dem Fenster: ein früher Samstagmorgen. Noch war alles dunkel, nichts rührte sich. Kein Licht in den Wohnungen gegenüber. Nur die Vögel sangen schon seit Stunden. Wie lange war er auf? Er wusste es nicht, hatte, wie so oft, nicht auf die Uhr gesehen.

Den gestrigen Karfreitag hatte er komplett im Büro verbracht. Bis spät abends dauerte sein Bereitschaftsdienst, ohne besondere Vorkommnisse. Solar Orbiter war unterwegs. Nach den strapaziösen Wochen vor dem Start war es aktuell sehr ruhig im Kontrollzentrum. Die nächsten Monate würde nichts geschehen. Der erste Swing-by um die Venus fand erst im Dezember statt. Charly saß vor den Bildschirmen, blickte auf Zahlenkolonnen und Diagramme.

Keine Kontrollleuchte blinkte auf, kein Systemfehler meldete sich. Ein monotones, einsames Warten, bei dem kleinste Kleinigkeiten plötzlich Bedeutung erlangten. Asteroiden, die sich in Tausenden von Kilometern Abstand der Flugbahn näherten, wurden genauestens verfolgt. Das war ungefähr so, als würde man für eine Fahrt in Deutschland den Verkehr in Australien beobachten. Alles verlief bestens. Die Flugdynamiker hatten wieder einmal hervorragende Arbeit geleistet. Früher, vor Corona, mussten sie immer zu zweit vor einer Steuereinheit sitzen. Seit einigen Wochen war man in getrennten Räumen untergebracht. Obwohl Charly nie viel mit den Kollegen plauderte, fehlte ihm die Gesellschaft.

Später würde er in den Odenwald fahren. Martin hatte zu seinem alljährlichen Osterfest eingeladen, mit Osterparty, Osterfeuer, Osterbrunch, Osterspaziergang und Eiersuche.

Charly blickte hinunter auf das Transformatorenhäuschen. Es stand, gemeinsam mit einer Litfaßsäule und einer Platane, auf der Verkehrsinsel, die die Zufahrt zur Inselstraße teilte. Ein längst vertrautes Bild. Auf den Sockel der Litfaßsäule hatten Witzbolde einen nach unten gerichteten Pfeil gemalt. Darüber stand *Elysium*. Am oberen Ende zeigte ein Pfeil himmelwärts. Dieser wies den Weg zur *Hölle*. Noch immer konnte Charly über diesen Scherz lächeln.

Es zeigten sich die ersten Triebe am Baum. Bald würde er wieder blühen und Charly müsste die Fenster über Wochen verschlossen halten. Charly liebte die kalten Jahreszeiten. Es waren für ihn Monate der Erholung, ohne ständige Reizung der Atemwege, ohne Niesattacken, ohne tränende und geschwollene Augen.

Auf der Litfaßsäule prangte seit Monatsbeginn das Moderatorenpaar eines Radiosenders. Sie versprachen mit ihrer Frühsendung einen perfekten Start in den Tag. Sie gaben sich sehr lustig und schienen quietschfidel. Mit ihrer strahlend guten Laune rissen sie jeden Morgenmuffel mit, garantiert. Wie immer, wenn Charly das Plakat sah, überlegte er, warum Radiomoderatoren seit einiger Zeit ein Gesicht haben mussten. Er hatte darüber auch mit seinem Freund Martin, der eine Werbeagentur betrieb, diskutiert. Nach Charlys Meinung genügte es völlig, wenn man für das Radio eine angenehme Stimme besaß. Das sei die einzig wichtige Voraussetzung. Und vielleicht noch etwas gesunden Menschenverstand. Rein aus Interesse hatte er sich die Morgensendung der beiden dort unten einmal angehört. Es war ein hektisches Geflachse, gepaart mit Nichtigkeiten und uninteressanten Erlebnissen aus ihrem Privatleben. Ihre Stimme war schrill und abschreckend, seine einschläfernd monoton. Dazu dieses forsche und penetrante Duzen der Zuhörer. Als wäre man gemeinsam zur Schule gegangen. Jeder zweite Satz wurde mit irgendwelchen Worthülsen aufgefüllt. Keine von ihnen hatte einen Sinn, geschweige eine Aussage. Ferner diese neuartigen Begriffskreationen. Am schlimmsten empfand Charly das Wort „Wetterfarbe". Die heutige Wetterfarbe ist grau. Es war für Charly der Inbegriff der Informationsverkürzung. Das Wetter wurde nicht von der Himmelsfarbe bestimmt. Ein blauer Himmel konnte sommerliche Temperaturen oder eisige

Kälte bedeuten. Das Wetter war eine sehr komplexe Angelegenheit. Charly kannte die unzähligen Faktoren, die dabei eine Rolle spielten. Vor jedem Start einer Weltraummission wurde tagelang das Wetter beobachtet. Es konnte sich ruhig verhalten oder plötzlich umschlagen. Luftdruck, Winde, Strömungen in der Atmosphäre wie über und in den Ozeanen, Vulkanausbrüche, großflächige Brände, selbst Sonnenstürme und vieles andere beeinflussten das Wetter. Eine verlässliche Vorhersage von zwei Tagen war nur mit einem enormen Aufwand möglich. Die leistungsfähigsten Computer arbeiteten Stunden daran. Das Phänomen Wetter mit einer Farbe wiederzugeben schien Charly ein Hohn. Spätestens an dieser Stelle schaltete er ab.

Die beiden dort unten schienen zu ihm heraufzuschauen. Gerne hätte er die Litfaßsäule in sein Buch eingebaut. Er hatte sich vorgestellt, wie damals erste Darstellungen der Mondoberfläche an ihnen gezeigt wurden: Die Menschen stehen in Trauben davor. Ungläubig schütteln sie den Kopf, rufen den lieben Herrgott an und verfluchen den Teufel ob dieser offenkundigen Blasphemie. Tumulte und Aufruhr in den Städten. Demonstrationen wider das neue Wissen. Die Kirchen beruhigen ihre verwirrten Schäfchen, zitieren die Bibel und die Schöpfungsgeschichte. Schroeter und die gesamte Astronomische Gesellschaft werden mit dem Bannstrahl belegt. Sie müssen, wie einst Galileo Galilei, abschwören.

Leider wurde die „Annoncier-Säule" erst Mitte des neunzehnten Jahrhunderts von Ernst Litfaß erfunden – etwa ein halbes Jahrhundert nach den Ereignissen in Lilienthal. Voller Wehmut musste Charly diesen Part in seinem Roman fallen lassen. Das Wissen über die stetigen Neuentdeckungen am Firmament wurde zu Schroeters Zeit in wissenschaftlichen Zeitschriften geteilt. Die Artikel waren oftmals noch in Latein überschrieben. Schroeter war einer der Ersten, der seine Beobachtungen durchweg in deutscher Sprache veröffentlichte. Er wolle dadurch, wie er selbst sagte, die Zahl der Liebhaber dieser Wissenschaft vermehren. Trotzdem blieb der Kreis der Bezieher klein und auserlesen. Die vielen neuen Erkenntnisse führten zu keiner Erschütterung der Gesellschaft und des Weltbildes. Es gab keine Revolte breiter Massen, in der damals ohnehin unruhigen Zeit.

Das hatte er in seinem Roman schon gekürzt. Ebenso viele andere Seitentriebe und Verzweigungen weggelassen. Der Text war bereits reduziert, dachte Charly bei sich und hob den Blick. So, als würde von der Platane ihm gegenüber nur der Stamm stehen, vielleicht noch einige kräftige Äste, alles andere war schon weggeschnitten.

An Charlys Misere war sein Freund Martin schuld. Martin und Charly kannten sich seit ihrer Schulzeit. Obwohl sie nach ihrem Abschluss völlig unterschiedliche Richtungen einschlugen; Martin studierte Grafik und Design in Offenbach, Charly Physik und Informatik an der TU Darmstadt; blieben sie eng miteinander verbunden. Ihre Freundschaft überdauerte die Studienzeit, den Einstieg ins Berufsleben, Karriere und viele private Ereignisse. Neue Bekanntschaften mussten den Freund mitakzeptieren. Manche Beziehung war an dieser Voraussetzung gescheitert. Dieser Umstand betraf allerdings nur Martin. Er war ein Frauenschwarm und lebte seine Attraktivität in vollen Zügen aus. Charly war der verschlossene Einser-Abiturient. Martin hatte unzählige Affären und Techtelmechtel. Oft nutzte er für seine Eroberungen Geschichten aus der Sternenwelt, die ihm von Charly erzählt wurden. Insbesondere die Sage von Andromeda, der Schönsten unter den Menschen, war sehr erfolgreich. Martin hieß mit Nachnamen Ochs, was er gerne als Stier übersetzte. Keine Frau schien ihn halten zu können, was viele ihm erstaunlicherweise auch zubilligten und verziehen.

Anne war in Charlys Leben eine von drei Frauen, mit der es zu einem intimen Kontakt gekommen war. An erster Stelle dieser überschaubaren Summe stand Hanne Wulf, eine Mitschülerin und erste Liebe, über Jahre von Charly heimlich angebetet, mit der er eine durch den Abiball verursachte Kurzbeziehung führte. Inbegriffen auch ein One-Night-Stand, dessen Zustandekommen er sich bis heute nicht erklären konnte.

In Martins Schlepptau schwamm immer dieser Langweiler und introvertierte Schweiger Charly mit. Martin redete, flirtete, scherzte, tanzte und irgendwann fingerte er an seinem neuesten Schwarm herum. Charly stand abseits daneben, sprach kaum ein Wort und blickte stundenlang vor sich auf den Boden oder in die sich drehenden Lichter an der Decke. Nichts brachte ihn auf die Tanzfläche, nie sah man ihn betrunken, nirgends sprach er von sich aus jemanden an, niemals wäre er alleine ausgegangen.

Niemand durfte sich über Charly lustig machen. Fragte doch einmal jemand abschätzig nach diesem Nerd und Eigenbrötler, wandelte sich augenblicklich Martins herzliches Gemüt. Martin verteidigte unaufgefordert seinen besten Freund, den er ein Genie nannte, der mehr auf dem Kasten habe als sie alle zusammen. Mehr als einmal beschimpfte er die eben noch Angehimmelte als dumme Gans oder blondes Dummchen, packte Charly am Arm und zog ihn mit sich nach draußen. Der hatte vom Streit über ihn nicht das Geringste mitbekommen.

Die Jahre, die Charly mit Anne verbrachte, waren auch für Martin die besten. Er fühlte sich von einer Last befreit. Okay, er fand Anne nicht sonderlich sympathisch, was auf Gegenseitigkeit beruhte. Anne ließ sich bei allen Feierlichkeiten entschuldigen. Oftmals sogar mit der Erklärung, sie habe keine Lust auf Martin und seine Werberclique. Bei Besuchen von Martin verschwand sie nach wenigen Minuten oder war erst gar nicht anwesend. Ein einziges Mal, gleich zu Anfang ihrer Beziehung mit Charly, kam Anne mit zum Osterwochenende. Später schob sie Besuche bei ihren Eltern vor. Es störte Martin nicht. Er sah seinen Freund in guten Händen und scheinbar glücklich.

Die Trennung traf Martin schlimmer als Charly selbst. Natürlich konnte sein Freund vorübergehend bei ihm einziehen. Er half ihm auch bei der Wohnungssuche. Martin war durch seine Agentur und sein umtriebiges Nachtleben gut vernetzt. Recht bald war die Wohnung in der Inselstraße gefunden. Charly verdiente bei der ESOC hervorragend. Seine Anstellung dort glich einer Beschäftigung im Ausland. Er zahlte also fast gar keine Steuern, sein Bruttogehalt war sein Einkommen – und es war beachtlich.

Von dem Moment an, als Charly mit zwei Sporttaschen und einem Rucksack vor seiner Tür stand, fühlte sich Martin wieder für ihn verantwortlich. Natürlich wollte er wissen, warum es zur Trennung gekommen war und ob es sich nicht nochmals einrenken ließe. Ein Telefonat mit Anne bescheinigte ihm die Endgültigkeit. Es war nichts mehr zu machen. Der wirkliche Grund für das Aus blieb Martin allerdings schleierhaft. Außer dass beide von irgendeinem Buch erzählten, das Charly zu schreiben beabsichtige. Was es genau damit auf sich hatte und warum dies zum Bruch führte, konnte er nicht herausfinden. Es war auch viel von Luft die Rede.

Das alles lag nun schon Jahre zurück. Charlys Leben war in andere, ebenso geregelte Bahnen getreten. Eine unvorhergesehene Begegnung fand nicht statt. Charlys Lebensnadel hatte sich in einer Rille der Zeit verhakt. Sein Tag glich einem sich stetig wiederholenden Zyklus von Schlaf, Arbeit, Schreiben, Schlaf, Arbeit, Schreiben.

Auch Martins Leben hatte sich beruhigt. Seit beinahe drei Jahren wohnte er mit Clara zusammen. Clara war Rechtsanwältin, spezialisiert auf Markenrecht. Über eine Klage gegen Martins Agentur hatten sich die beiden kennengelernt. Clara Ehrentraut vertrat die Gegenseite. Sie gewann den Prozess, in dem es eigentlich um nichts ging. Vielleicht war dieser Sieg der entscheidende Umstand für die erste dauerhafte Beziehung in Martins Leben. Er war schier verrückt nach dieser Frau. Vielleicht war es auch Claras Nachname, der für Martin fast etwas Heiliges versprach. Jedenfalls blieb er ihr treu, ohne Ausnahme.

Charlys Buch war Martin inzwischen bestens bekannt. Zuerst hatte er es als verrückt bezeichnet, irgendwann später als unvorstellbare Zeitverschwendung, da Charly es noch nicht einmal veröffentlichen wollte. Warum er tagein, tagaus an etwas schreibe, was er noch nicht einmal drucken lassen möchte? Das sei doch Irrsinn. Er lebe wie ein Eremit, kenne keine Menschenseele und habe noch nicht einmal ein Ziel mit dem, was er da tue. Nur Martin konnte und durfte so mit Charly sprechen. Er war es dann auch, der ihn dazu überredete, das Manuskript einem Verlag vorzulegen. Martin kannte da jemanden. Von diesem Verlag hatte Charly, vielmehr Martin, nun eine Rückmeldung erhalten.

Normalerweise würde er gar keine Manuskripte annehmen, erklärte ihm der Verleger. Auf Martins Drängen trafen sie sich vor ein paar Tagen in dessen Agentur. Wenn überhaupt würde ein Exposé und eine Textprobe eingereicht. Er sei schon erschrocken, als er die fünfhundert Seiten vor sich hatte. Damit käme er gleich zum ersten Punkt. Der Text müsse gekürzt werden. Die Geschichte sei viel zu lang. Kein Mensch lese heute mehr ein Buch über zweihundertfünfzig Seiten. Charly dachte an Wetterfarbe, sagte aber nichts. Er habe nur hineingelesen, gestand der Verleger. Es könnte da sicherlich ein Drittel herausgestrichen werden. Ob er Stephen King kenne? Der hätte ein Buch geschrieben, *Das Leben und das Schreiben*, in dem er über seine Arbeitsweise sehr schön und offen berichte. Bei jeder Überarbeitung mindestens zehn Prozent streichen, das sei Kings Maxime. So solle auch Charly verfahren. Dass diese Methode Erfolg versprach, dafür stehe der Name Stephen King.

Dann der Titel: *Lilienthal oder die Astronomen*. Er halte nichts von diesen Oder-Titeln. Sie drückten, seiner Meinung nach, schon von vornherein eine Unsicherheit des Autors aus und wirkten antiquiert. Ein Buch sollte ein Thema haben und dies auch klar benennen. Nicht dieses Entweder- oder, mal hier, mal da, so etwas toleriere der Leser nicht. Der möge eine klare Geschichte, aus einem Guss erzählt.

Charly sagte weiterhin nichts. Martin redete. Ob der Verleger denn an einen Erfolg glaube? Der Buchmarkt sei sehr schwierig geworden und die Aussichten nicht rosig, führte dieser aus. Die richtige Balance zwischen Anspruch und Unterhaltung sei wichtig. Die Themen dürften nicht zu schwierig sein und müssten im Zeitgeist liegen. Es gebe heute Computerprogramme, die würden im Vorfeld die Texte auf ihre Bestsellertauglichkeit prüfen. Menschen hätten hier in der Vergangenheit immer wieder versagt. Das Potenzial vieler Titel sei völlig falsch eingeschätzt worden. Man habe für viel Geld Romane eingekauft, die dann echte Ladenhüter wurden, andererseits Bücher abgelehnt, die es später zu Millionenauflagen brachten. Auch habe sich die Medienlandschaft kolossal verändert. Bücher seien nicht mehr so interessant wie vor zehn oder zwanzig Jahren. Er betreibe sein Geschäft ja schon lange Zeit und beobachte mit Sorge die Entwicklungen. Mit den neuen, jungen Redakteuren würde es sich weiter verschlechtern. Keiner von denen lese mehr ein Buch. Schließlich der Handel. Eine Handvoll Ketten bestimmten den Absatz. Anspruchsvolles ist da nicht gefragt. Ein Buch müsse sich heute selbst verkaufen. Kaum jemand könne noch beraten. Die Kunden informierten sich selbst im Internet. Online müsse ein Buch heute funktionieren, digital, mit Blog und Social-media-Unterstützung. Eine enorme Arbeit für den Verlag, kaum zu bewältigen. Ohne die Mitarbeit der Autoren eigentlich nicht zu leisten. Grau, dachte Charly.

Martin und der Verleger tauschten sich angeregt über Entwicklungen auf dem virtuellen Markt aus. Mehrfach fiel der Begriff Multichanel. Martin lobte seine Agentur. Diese böte in diesem Bereich heute völlig neue Tools an. Die klassische Werbung sei überholt, das hätte seine Branche mit dem Buchmarkt gemein. Reine Produktkampagnen seien praktisch nutzlos, Interaktion mit dem Kunden die Zukunft. Der Käufer müsse eingebunden und dadurch erkannt werden. Der Nutzer könne Erfahrungsberichte einstellen, Bewertungen abgeben, Kritik äußern. Das Ganze natürlich gesteuert, versteht sich. Die Werbeabteilungen in den Unternehmen würden sich mehr und mehr zu Redaktionen verwandeln. Die anfallenden Kundendaten und deren Aufbereitung für Dritte seien der Unternehmenswert der Zukunft.

Charly fragte den Verleger, was er denn vom Thema seines Buches hielte. Nun, er habe es, wie schon gesagt, nur angelesen. Eine interessante Materie, so schien es ihm. Historische Hintergründe zu zeitgenössischen Ereignissen seien immer beliebt. Und der Weltraum und die Raumfahrt, darum ginge es ja wohl in seiner Geschichte, seien ein Topthema, seit vielen Jahren schon. Das zeige sich an den Missionen verschiedener Länder. Man wolle wieder zum Mond, danach zum Mars fliegen. Er sei ja nicht der Fachmann. Er glaube an das Interesse breiter Bevölkerungsschichten. Das sehe man ja auch in den unterschiedlichen Science-Fiction-Episoden. Eine Gelddruckmaschine sei das, nicht Totzukriegen.

Um es abschließend beurteilen zu können, möge ihm Charly bitte ein Exposé schreiben. Und kürzen solle er, kürzen, kürzen, kürzen. Dann würde er, oder jemand anderes aus dem Verlag, das Buch auch einmal komplett lesen, das verspreche er ihm. Hand drauf!

II

Georg schreckte auf. Er war eingenickt und hatte geträumt. Seltsame Bilder waren ihm erschienen. Der Nachthimmel lag im schwarzen Spiegel der kleinen Wümme. Sie schlängelte sich vor ihnen nach oben. Der Kahn schwebte plötzlich empor. Der zerlumpte Fährmann hinter ihm wandelte sich zur Lichtgestalt, seine Stange zu einem güldenen Ruder. Sie fuhren am Mond vorbei. Georg sah die tiefschwarzen Krater und Gebirgsschatten, dazwischen leuchtende Meere. Er erkannte die Städte der Seleniten, sah die Mondbewohner, den Menschen der Erde in Gestalt und Größe ähnlich, wie sie ihren Geschäften nachgingen. Sie flogen weiter, der Venus entgegen, dem feuerroten Mars, vorbei an den Sternenbildern des großen Wagens ...

Der Kahn hatte einen Stein gerammt oder war auf Grund gelaufen. Georg blickte sich um. Der Morgen dämmerte. Bäume, Felder, Wiesen traten farblos aus der Finsternis hervor, hüllten sich in einen dünnen weißen Schleier. Meterhohes Reet stand bis an die Ufer. Der Fluss war breiter geworden. Tischbein fragte seinen Begleiter, wo sie seien. Auf der großen Wümme, flüsterte dieser. Der müssten sie entgegen ihrem Lauf folgen, bis links die Wörpe mündete. Diese hinauf bis Lilienthal. Zwei Stunden möchte es wohl noch dauern. Sie müssten leise sein. In den Deichhöfen übernachteten gelegentlich Franzosen.

Der Torfbauer richtete hinter Georg einen Mast auf, entrollte ein braunes Tuch, hantierte und zog am Gaffel, bis sich das Segel endlich blähte. Mit einem Ruck setzte sich das Boot in Bewegung. Aus dem rhythmischen Stoßen wurde ein sanftes Gleiten. Georg stutzte, welche Fahrt der morsche Kahn aufnehmen konnte. Sein Steuermann nahm am Ruder Platz. Der Wind stehe günstig, flüsterte der Bauer, da könne es auch schneller gehen.

Vogelgezwitscher setzte ein. Hie und da flog ein Schatten vorüber. In der Ferne war ein Hahn zu hören. Die Seleniten, das Mondvolk, kam Georg wieder in den Sinn. Der alte Schroeter war von dessen Existenz überzeugt. Die Bahnen auf der Mondoberfläche seien zum Teil Flüsse, die Flächen mit dunkler Struktur Felder, kleinere Striche wahrscheinlich Straßen und Alleen. Mit wesentlich stärkeren Teleskopen könnte man ihr Leben in naher Zukunft beobachten. Natürlich besitze der Mond eine Atmosphäre, dünner als die der Erde, konzentriert in den Kratern und Meeren. Das lasse sich schon heute an Oberflächenveränderungen und Verfärbungen erkennen.

Georg sah jene Stunde vor vielen Jahren vor sich, als sei es erst kürzlich gewesen. Der Amtmann war sehr aufgeregt. Der Mond stand im halben Umfange am klaren Himmel. Seit Anbruch der Nacht beobachteten sie dessen leuchtend runde Erscheinung. Immer wieder fuhr Schroeter auf, blickte suchend nach oben, drehte sich im Kreise. Nein, hier auf der Erde war keine Wolke, keine Bedeckung zu sehen. Tischbein, rief er aufgeregt, er müsse sein Zeuge sein. Er drängte Georg ans Okular. Vor seinem Auge lag das Mare Crisium. Einige Grade westlich davon der Krater Proclus, etwas versetzt darüber Cleomedes. Auf die Schatten solle er achten. Georg tat, wie ihm geheißen. Ob er es erkenne, ob er es sehe, wollte Schroeter wissen. Ja, er sehe die Schatten, erkenne aber nichts Außergewöhnliches daran. Sie schienen ihm verschwommen, weniger deutlich als bei den letzten Betrachtungen und weniger klar. Genau das sei das Phänomen, pflichtete ihm Schroeter bei. Er habe es die vergangene Stunde genau beobachtet. Die Schatten der Kratergebirge veränderten sich, von tiefschwarz zu dunkelgrau, zu grau und wieder zu schwarz. Auch sei eine große, wolkenähnliche Erscheinung über das Mare Crisium gewandert. Sie habe den Grund unter sich verfärbt. Der Kontrast zur übrigen, weißlich hellen Oberfläche war genauestens zu erkennen. Dann habe sich die Erscheinung aufgelöst. Der Erleuchtungswinkel habe sich in der Zeit nicht verändert. Die Libration sei auch zu vernachlässigen. Ihre eigene Position habe sich zwar verschoben, das sei bei dieser Gestalt des Monde allerdings nicht relevant. Schroeter murmelte weiter vor sich hin, drängte Tischbein wieder vom Teleskop fort, schritt auf und ab, ehe er entschlossen stehen blieb. Es gebe nur eine Erklärung für das eben Gesehene. Der Mond besitze eine Atmosphäre. Bei genauerer Betrachtung sei diese Annahme auch völlig logisch und bedürfe keines weiteren Beweises. Die gesamten Werke der Schöpfung verbinde, trotz ihrer Mannigfaltigkeit, eine Analogie. Diese Analogie zeige sich nicht zuletzt in den erkennbaren Gesetzmäßigkeiten, die den unendlichen Urheber verherrlichen und seinem göttlichen Willen entsprächen. Wenn also der gesamte Weltenraum mit dünner Atmosphäre angefüllt sei, die sich, wie auf der Erde, an den Himmelskörpern verdichte, so müsse natürlich auch der Mond über eine Atmosphäre verfügen. Ob man diese als Luft bezeichnen könne, habe er seine Zweifel. Sie sei, den analogischen Schlüssen folgend, dieser sicher nicht ganz unähnlich.

Georg atmete tief ein. Hier war die Luft frisch, wohltuend und kühl. Nochmals nahm er einen tiefen Zug. Mit kindlicher Freude beobachtete er seinen Atem. Eine solche Luft konnte er sich auf dem Mond nicht vorstellen. Überhaupt, der tiefe Himmel war ihm suspekt, damals wie heute. Dem Mond gegenüber empfand er keine Scheu. Ein Nachbar, der einen täglich grüßt. Eine Erscheinung, von Kindesbeinen an vertraut, deren Sinn und Zweck man nicht hinterfragt. Anfänglich fühlte sich Tischbein tatsächlich wie ein Voyeur. Ihm war, als würde er in erleuchtete Fenster blicken. Mochten doch die Seleniten dort oben treiben, was sie wollten. Was ging es sie an? Womöglich schauten sie in gleicher Art vom Mond auf die Erde herab? Was mochten sie denken, wenn sie die Menschen hier unten verfolgten. Hatte es Gott tatsächlich so eingerichtet, wie es Schroeter darlegte? In dessen Augen waren die Seleniten, wie auch eine Atmosphäre, ganz gewiss vorhanden. Sie waren Bestandteil des großen Ganzen, wie es sich im gesamten Universum zeige. Sie lebten ebenfalls nach Gottes Gesetzen und waren nach seinem Bilde geschaffen.

Georg erinnerte sich an die vielen Abende und Nächte, in denen Schroeter und er über das Gesehene und das Verborgene diskutierten. Vielmehr war es so, dass er, Georg, Schroeter nach dessen Meinung und Einschätzung fragte. Was hat es mit den langen, geraden Streifen auf sich? Wieso sind manche Krater so tief, dass sich nur schwarze Kreise sehen lassen? Was verbirgt sich darin? Was hatte es mit diesen Meeren auf sich. Schroeter antwortete wie ein Lehrer, der ein unwissendes Kind unterrichtet. Manches beschrieb er mit wissenschaftlichem Geist und Eifer. So zum Beispiel seine Theorie, dass die Kraterberge in ihrer Masse dem Kraterinneren entsprächen. Um allerdings das Volumen annährend zu fassen, müssten möglichst viele, wenn nicht alle Erhebungen des Randes bestimmt werden.

Bisher sei die Höhe eines Punktes auf dem Mond immer in der dunklen, unbeleuchteten Seite gemessen worden. Sobald die Spitze

einer Erhebung den ersten Sonnenstrahl auf-
finge, wäre dessen Abstand zur Lichtgrenze zu
messen. Aus dieser Entfernung und dem bekannten Monddurchmesser ließen sich Drei-
ecke konstruieren, woraus sich letztlich die
Höhe des Punktes ergebe. Schroeter zeichnete
während seiner Ausführungen etwas vor Georg
hin, was dieser stumm nickend verfolgte.
Diese Methode berge allerdings mehrere Fehler
in sich, dozierte der Amtmann weiter und warf
die Feder beiseite. Wenn, einmal angenommen,
die Lichtgrenze selbst schon auf einem gewissen Niveau läge, errechne man lediglich die
Differenz zu diesem, nicht die wahre Höhe. Ferner ließen sich nur die Punkte erfassen, die das
Sonnenlicht reflektierten, die höchsten also.
Zahlreiche kleinere dazwischen oder dahinter
blieben unerkannt. Er, Schroeter, habe daher
eine neue Methode entwickelt, mittels derer
die Höhe jeglichen Punktes auf dem Monde
gemessen werden könne. Seine Methode würde
auf der Lichtseite angewendet werden, was den
Vorzug eines klareren Bildes bedeute. Der Amtmann stellte eine Flasche vor Georg auf, nahm
die verspiegelte Lampe und trat vom Tisch zurück. Er sei jetzt die Sonne. Georg solle auf den
Schatten der Flasche achten. Der wurde kürzer
oder länger, wanderte zur Seite und wieder
zurück, je nachdem wie Schroeter das Licht
bewegte. Dies wäre sein Ansatz, verkündete der
Amtmann sichtlich stolz und stellte die Lampe
hin. Tischbein verstand nicht. Schroeter fuhr
mit dem Finger den dunklen Umriss der Flasche

auf der Tischplatte hinauf. Aus der Länge des Schattens und dem Erleuchtungswinkel ließe sich unmittelbar die Höhe errechnen. Georg nickte. Schroeter stellte einen Becher und noch eine Flasche daneben, rückte auch die Lampe etwas zur Seite. Wieder zeichnete sein Finger die Schatten nach. Mit seiner Methode ließen sich auch Senken zwischen den Erhebungen messen. Er könne somit jegliche Höhe erfassen und dadurch die Gestalt eines Gebirges, der Wälle und Kämme, genauestens bestimmen. Der Amtmann schwieg einige Momente.

Im Weiteren sei dadurch auch die Tiefe eines Kraters zu errechnen. Sobald die Masse seines Ringes bekannt wäre, müsse diese lediglich in eine zylindrische Form umgerechnet werden. Die Höhe dieses Zylinders entspräche der gesuchten Tiefe. Er werde seine Methode exemplarisch an den Grenzgebirgen des Mare Crisium und dem Krater Manilius demonstrieren. Mit enormem Eifer widmete sich Schroeter in den folgenden Wochen dieser Aufgabe. Die Höhe des Kratergebirges maß Schroeter anhand der zahlreichen Schatten, die auf die Umgebung oder ins Innere fielen. Akribisch lotete er deren Längen bei unterschiedlichen Erleuchtungswinkeln aus. Der Amtmann erfand sogar einen speziellen optischen Vorsatz für sein Teleskop, wodurch ihm nun Linien zur Verfügung standen, mit deren Hilfe die Schattenlängen auf Bogensekunden genau zu messen waren. Nächtelang taten sie nichts anderes. Tischbein war so etwas wie Schroeters Assistent geworden. Immer wieder wechselten sie sich ab. Einer nahm das Maß, der andere prüfte und notierte. Schroeter schonte weder sich noch andere, wobei er selbst kaum noch Schlaf fand. Tagsüber musste er den Amtsgeschäften nachgehen und auch die Bewirtschaftung des Hofes im Blick behalten. Mehr als einmal brach er zusammen, stand aber nach wenigen Stunden Ruhe wieder auf und arbeitete wie im Fieber weiter.

Aus den vielen Zahlen errechnete Schroeter die mittlere Höhe des Ringwalles. Daraus – und den Durchmessern an oberem Rand und im Grund – leitete er die Tiefe des jeweiligen Kraters ab. Pedantisch maß, rechnete und kontrollierte er mehrfach jedes Ergebnis – ohne jemals wirklich zufrieden zu sein. Er war ein Mann der Anschauung, nicht der Mathematik. Ihm fehlte ein sichtbarer Beweis, den er sich verschaffen musste.

Sein Gärtner Harm Gefken, der in handwerklichen Dingen sehr geschickt war, sollte ihm Modelle des Kraters Manilius drechseln – eines für den Wall, eines für das Innere. Beide Formen wog Schroeter gegeneinander aus. Sie waren, bis auf eine kleine Differenz, die der Amtmann der geometrischen Vereinfachung zuschrieb, gleich. Dies war für ihn der endgültige Beleg, dass seine Annahme richtig war. Die Masse des Ringwalles entsprach der Masse des Kraterinneren. Damit war in Schroeters Augen ebenfalls bewiesen, dass die Krater Abbild vulkanischer Eruptionen auf dem Monde waren, die möglicherweise noch immer vorherrschten. All dies wollte er an den

Objekten Reinhold, Theaetetus sowie Thebit und Purbach untermauern und vor der physikalischen Gesellschaft zu Bremen vortragen. Nach Erscheinen erster kleinerer Aufsätze über Jupiter, Venus und merkwürdige Erscheinungen auf der Sonne ward der Amtmann dort als Hörer aufgenommen worden. Er trachtete allerdings nach einer vollen Mitgliedschaft, die ihm mittels seiner neuen Methode gewiss schien. Bis dahin waren eine Vielzahl weiterer Beobachtungen vonnöten. Mit noch größerem Eifer als zuvor stürzte sich Schroeter in die Arbeit. Die Ohnmachtsanfälle häuften sich. Der Amtmann klagte über beständige Kopfschmerzen – Ruhe gönnte er sich dennoch nicht.

Jeder Neumond wurde von Schroeter verflucht. Jede Bedeckung des Himmels mit knurriger Miene und übler Laune quittiert. An solchen Abenden und Tagen, wenn die Arbeit am Teleskop ausgeschlossen war, musterte der Amtmann die von Georg angefertigten Tafeln und Karten mit besonders kritischem Blick. Kaum etwas fand seine Zustimmung. Hier waren die Schatten zu lang, dort die Spitzen zu spitz. Über den unterschiedlichen Schraffuren, die Steigungen und Gefälle der Mare und Krater abbildeten, mochte er schier verzweifeln. Die Darstellung des Mare Serenitatis musste Tischbein vier Mal neu beginnen. In seiner letzten Form glich die abgebildete Mondlandschaft mehr einem wurmzerfressenen Stück Holz als der tatsächlichen Oberfläche. Sie fand, diesmal gegen Tischbeins Urteil, Schroeters Zustimmung.

In erster Linie wohl deshalb, da es eine klare, unbedeckte Nacht zu werden versprach. Mit Eifer erledigte er seine Amtsgeschäfte, war höflich und freundlich zu allem Volk. Im Amte Lilienthal munkelte man schon, dass Anliegen besser bei klarem Himmel vorgebracht würden. Dann sei eine wohlwollende Prüfung gewiss. Bei Neumond und Bewölkung solle man dem Amtmann tunlichst aus dem Wege gehen.

Georg schaute über die Felder links und rechts der Wümme. Die Erde dampfte. Es würde ein herrlicher Ostersonntag werden, ein Frühlingstag. Ein Tag, der dem Feste entsprach. Die Natur wollte wieder beginnen, wollte sprießen und wachsen. Überwunden war die finstere Zeit, neu und bunt sollte alles werden. Eine Kirchglocke rief zum ersten Gottesdienst. Über die flache Landschaft floss das Läuten hin wie ein Licht in dunkler Nacht. Kommet zu mir. Wer zu mir kommt, dem wird gegeben. Ein Versprechen aus uralten Zeiten. Glaubet und ihr werdet meinen Segen empfangen.

Georg erinnerte sich an eine Nacht, in der sie nicht den Mond beobachteten, sondern den Himmel nach neuen Entdeckungen absuchten. Schroeter hieß ihn den Umkreis der Venus bereisen. Georg vermochte nichts Außergewöhnliches zu entdecken. Er sah Sterne, Dunkelheit und dahinter wieder Sterne. Es schien sich bis in die Unendlichkeit fortzusetzen. Plötzlich glaubte er in dieses Nichts zu stürzen. Eine dunkle, düstere Macht offenbarte sich.

Grauenvolle Leere zog ihn in sich hinein. Mit einem Male spürte er seine Nichtigkeit. Diese Schwärze verschluckte ihn. Aus unendlicher Höhe glaubte er in die Tiefe zu stürzen. Kreidebleich fuhr Georg auf, taumelte ein Stück zurück, suchte Halt. Schroeter packte ihn bei den Schultern. Ohne dass Georg ein Wort sagte, schien er zu verstehen, wusste, was ihm widerfahren war. Der Amtmann schüttelte ihn, zwang ihn, in seine Augen zu blicken. Fast beschwörend redete er auf Tischbein ein. Man müsse fest im Glauben sein, um sich der Weite des Kosmos zu stellen. Einzig der Glaube biete Halt. Ihnen, die sie durch diese Teleskope blickten, offenbare sich Gottes Allmacht und Größe.

Schroeters Forschungen und Darlegungen wurden in der physikalischen Gesellschaft zu Bremen wohlwollend aufgenommen; die Idee und Einrichtung einer Selenotopographie grundsätzlich begrüßt. Anderes, im Besonderen die neue Methode der Höhenbestimmung, ward mit kritischem Blick gewürdigt. Besonders der Arzt Olbers, der sich neben der Medizin stark mit astronomischen Fragen befasste, wies den Amtmann auf manch heiklen Punkt in dessen so einfach anmutendem Verfahren hin: Wo genau begann ein Schatten? Wo genau endet er? Je nach Erleuchtungswinkel, dies wisse er aus eigenen Beobachtungen, verschleierten vielerlei Reflexionen und Halbschatten das Bild. Ein gutes Augenlicht genüge da nicht. Ob er ferner in seiner Projektion die Gestalt des

Mondes berücksichtigt habe? Der Schatten eines Objektes dort fiele eben nicht auf eine Tischplatte, sondern auf eine Kugel. In den dargelegten Formeln könne er die Konsequenz aus diesem Umstand nicht erkennen.

Schroeter nahm die Hinweise dankbar auf, versprach genauere Messungen und Berechnungen, beharrte darüber hinaus allerdings auf seiner Methode. Diese neue Wissenschaft stehe erst am Anfang. Trotz manch kleinerem Makel wurde sein Vortrag mit Applaus entgegengenommen. Der Amtmann erhielt allerlei Ehrbezeugungen und Zuspruch, wie er später Georg berichtete. Er sei zum festen Mitglied der Gesellschaft berufen worden, verkündete er sichtlich gerührt. Wie sein Vorbild Herschel habe er nun einen Platz unter den Astronomen erlangt. Einen bescheidenen Rang, sicherlich, aber er und seine Sternwarte stünden erst am Anfang. Große Entdeckungen sollten folgen. Das Auffinden eines neuen Himmelskörpers versprach Anerkennung und Ruhm. Wer einen neuen Planeten entdeckte, war ein gemachter Mann. Eine gehobene Stellung und ein üppiges Auskommen der Lohn. Herzogtümer, Grafschaften und freie Städte konkurrierten mit Königreichen um die Vormacht am Himmel. Kluge Köpfe wurden umworben wie vermögende Bräute.

Um seine Überlegungen einem breiteren Publikum zu präsentieren – und nicht zuletzt, um sich als neues Mitglied im astronomischen Zirkel zu zeigen –, ließ Schroeter ein Buch drucken, welches er mit *Selenotopographische Fragmente* überschrieb. Er, Georg Heinrich Tischbein, hatte dazu mehr als vierzig Tafeln gefertigt. Jede Tafel enthielt zahlreiche Stiche mit Details. Somit waren es weit über hundert Ansichten, die er festhielt. Eine langwierige, aber auch lohnende Arbeit. Der Amtmann zahlte gut. Zudem waren Kost und Logie auf dem Amtshof frei. Womöglich plante Schroeter ein neues, ähnlich umfangreiches Werk? Dieser Gedanke war der erste vergnügliche an diesem noch immer kalten Morgen. Georg streckte sich soweit es ging aus. Vielleicht gab es große Neuigkeiten, überlegte er, während der Kahn sanft übers Wasser glitt. Die Herren Astronomen entdeckten ständig etwas Bedeutendes.

In den Monaten nach dem Druck beschäftigte sich Schroeter intensiv mit dem Aufbau und der Konstruktion neuer Teleskope. Herschel hatte ihm Pläne überlassen, die der Amtmann genauestens studierte. Es waren Zeichnungen für kleinere Geräte, gewiss. Das Prinzip blieb jedoch gleich. In Fachkreisen kursierten Abbildungen von Herschels Riesenteleskop. Ein gewaltiges Instrument mit einer Brennweite von vierzig Fuß, gehalten in einem haushohen Spalier! Wenn Herschel der Bau eines solchen Riesenteleskops gelang, warum nicht auch ihm, überlegte Schroeter? Der selbstständige Bau schien ihm darüber hinaus wesentlich günstiger, wenn er die vergangenen Kosten für die in England bestellten Instrumente besah. Selbst wenn Herschel, was Schroeter stark bezweifelte, ein solch großes Gerät für Lilienthal fertigen würde, wie sollte es an Ort und Stelle gelangen? Wer sollte es aufbauen? Nein, er musste sich selbst dieser Aufgabe stellen.

Die Herstellung der Spiegel war der Schlüssel. Darüber stand nichts in Herschels Plänen. Die Größe des Spiegels bestimmte die gesamte Konstruktion. Doch nicht nur der Durchmesser schien Schroeter entscheidend. Die herschelschen Spiegel liefen rasch an und besaßen einen leicht farbigen Grundton, der durch das verwendete Material bestimmt wurde. Sollten hier Verbesserungen gelingen, würde die Lichtstärke im Instrument deutlich steigen. Der Amtmann trat in einen regen Briefverkehr mit Johann Schrader, Professor für Mathematik, Chemie und Physik in Kiel, Pionier für neue Werkstoffe und ebenfalls ehrgeiziger Astronom. Auch Schrader strebte nach einem großen Teleskop, dem größten auf hiesigem Boden.

Die Korrespondenz zwischen den beiden Herren beschäftigte sich mit den vielen Aspekten der Spiegelherstellung. Vieles darin waren Mutmaßungen, Hoffnungen und Wünsche. Wollte man zum Ziel – einem Spiegel von mindestens zwei hannoverschen Fuß im Durchmesser – gelangen, musste sich alle Theorie im Praktischen beweisen. Schroeter versprach dem Professor jegliche Unterstützung auf seinem Amtshof, er baue sogar eigens eine Werkstatt, mit großem Schmelzofen, für ihn auf. Johann Schrader forderte den größten Spiegel, der ihnen gelingen möge, als Lohn.

Professor Schrader reiste im April 1792 nach Lilienthal und blieb dort zehn Monate. Er und Schroeter experimentierten zunächst mit neuen Materialien und Verfahren. Unzählige Legierungen wurden erprobt. Kupfer und Zinn, die Edwardische Mischung, mit ihrem leicht gelblichen Schimmer, verwendete auch Herschel. Sie sollte übertroffen werden. Vieles misslang oder war unbefriedigend. Erst die Beimischung von Arsen führte zu merklichen Veränderungen in der Schmelze. Der Effekt war allerdings flüchtig. Schließlich verhalf das Abdampfen mit Arsen, die Zugabe kurz vor dem Gießen, zum Durchbruch. Das Metall blieb silbrigweiß, auch nach dem Erkalten.

Neben dem Material an sich war das exakte Einschleifen und Bearbeiten der Oberfläche von entscheidender Bedeutung. Harm Gefken, Schroeters Gärtner, brachte es im Gießen, Drechseln und Polieren von Spiegeln zu solch meisterlicher Fertigkeit, dass er sich mit großem Erfolg ein Gewerbe daraus schuf. Schroeter überließ ihm im Nachhinein, und gegen eine Beteiligung, seine Werkstatt. Mit zwei Gehülfen arbeitete Harm später darin, so gefragt waren seine Instrumente. Bis zu dreihundert Taler konnte Gefken, der sich fortan als Optikus betitelte, für die Spiegel und Apparate verlangen. Er lieferte sie bis nach Königsberg.

Ihr erstes Meisterstück, das Schrader, Gefken und Schroeter schließlich nach manchem Missgeschick und monatelanger Arbeit gelang, war ein Spiegel von guten zehn Zoll im Durchmesser.

Er war von solch hervorragender Machart, dass er Jahrhunderte überdauern sollte. Schrader überließ ihn großzügig dem Amtmann, der ein dreizehnfüßiges Teleskop daraus fertigte, das Rohr aus bestem Mahagoniholz, die Einfassungen aus Kupfer – ein wunderbares Instrument. Zudem das bislang größte in deutschen Landen und einzige, welches in heimischen Werkstätten gefertigt war.

Schrader strebte nach mehr. Unermüdlich versuchte er größere Spiegel zu gießen. Alle zersprangen sie beim Erkalten oder zeigten störende Einschlüsse und Fehler im Metall. Ohne Rücksicht verbrauchte er Berge von Material, goss immer dickere Rohlinge, damit sie den Spannungen standhielten. Schließlich glückte ihm ein Stück von zwanzig Zoll im Durchmesser, das nach dem Schleifen eine gleichmäßige Oberfläche zeigte. Mehr sei mit ihren Möglichkeiten nicht zu erreichen, resignierte Schrader. Der Professor nahm den Spiegel, zuvor im Versuchstubus auf seine optische Leistung geprüft, mit nach Kiel. Er wog mehr als hundert Pfund.

Der Amtmann sah seinen Kontrakt mit dem Professor als erfüllt an. Kaum war Schrader abgereist, machte er sich mit Gefken daran, einen weiteren Spiegel herzustellen. Dieser müsse mindestens ebenso groß werden wie der von Schrader, koste es, was es wolle. In Lilienthal, nicht in Kiel, sollte das größte Teleskop stehen. Die vielen Mühen im Vorfeld zahlten sich aus.

Mit dem ersten Versuch glückte ihnen ein Spiegel, der das geforderte Maß erfüllte.

Für den tatsächlichen Gebrauch in einem Teleskop galt es den Spiegel einzufassen und mit allerlei Zentrierungselementen zu versehen – sonst war eine exakte Fokussierung nicht möglich. Gefken verfügte auch als Schmied über große Geschicklichkeit.

Neben der Fertigung des Spiegels mussten die Fragen der Aufhängung und Bewegung eines großen Teleskops gelöst werden. In den Dingen der Mechanik zeigte Schroeter ein außerordentliches Talent. Herschels Konstruktion, bei der alle Beobachtungen im Freien zu bewerkstelligen waren, schien ihm unbequem. Zudem musste der Betrachter auf Leitern in schwindelnde Höhen emporklettern, um durch das Okular zu blicken. Wie sollte an dieser Stelle gearbeitet werden? Geradezu waghalsig schien es Schroeter, dort oben Skizzen und Zeichnungen anzufertigen. Auch glaubte er, zumindest nach den Abbildungen, die ihm vorlagen, dass Herschels Teleskop nicht alle Positionen am Himmel bestreichen könne. Eine Aufrichtung des Tubus über siebzig Grad schien ihm unmöglich. Seine Konstruktion sollte bis in die Senkrechte reichen.

Schroeter ent- und verwarf Dutzende Entwürfe. Es fehlte ihm die Idee für den grundsätzlichen Aufbau. Wieder einmal kamen dem Amtmann verschiedene Anschauungen zu Hilfe. Schon seit Längerem beschäftigte er sich mit dem

Bau einer Windmühle, um die Früchte seiner Felder selbst zu veredeln. Dazu lagen ihm Pläne von Handwerkern vor, die schon viele solcher Mühlen errichtet hatten. Das Prinzip eines festen Unterbaus, auf welchem sich ein Aufsatz drehen lässt, wollte er auch für sein Teleskop übernehmen.

Ferner beobachtete Schroeter bei einem neuerlichen Besuch in Bremen, wie Baumstämme mittels Flaschenzüge emporgehoben und als Pfeiler aufgestellt wurden. Durch das richtige Hantieren an den Seilen war die schwere Last in jegliche Position zu bringen.

Windmühle und Flaschenzüge bildeten somit die Grundidee seiner Konstruktion: Auf einem gemauerten Sockel entwarf er ein auf Rädern drehbares Balkengerüst. Darin hing an Seilzügen der Tubus. Seine Lage konnte von der Waagerechten bis zur Senkrechten verändert werden. Damit war es in jede erdenkliche Stellung zu bringen.

Unzählige weitere Fragen galt es zu lösen. Aus der Spiegelgröße ergab sich eine Brennweite. Schraders Spiegel erforderte eine Länge von fünfundzwanzig Fuß, sein Stück, von Gefken entsprechend eingeschliffen, ermöglichte siebenundzwanzig. Die Bretter für einen solch langen Tubus waren peinlich genau zu sägen, die Leimflächen durchgehend im exakten Winkel zu hobeln. Das Holz dazu musste lange gelagert sein und durfte nicht mehr arbeiten. Würde es sich verziehen, wäre die Optik dahin. Bevor der Körper verschlossen wurde, war er mit einer schwarzen, nicht glänzenden Farbe zu streichen. Spätere Lichtreflexionen im Innern mussten vermieden werden. Schroeter experimentierte mit unterschiedlichen Mischungen aus Leinöl und Ruß, bis er die richtige gefunden hatte.

Bei der Länge des Rohrs brauchte es zahlreiche Streben für die Stabilität. Sie durften allerdings den Lichteinfall nicht stören. Außen wurde der Tubus mit Schiffslack isoliert und mit Segeltuch umwickelt. Dies sollte vor Witterungseinflüssen, ob Regen, Schnee und starker Sonnenbestrahlung, schützen.

Das tragende Gerüst kreiste um den Mittelbau. Es wäre allerdings von solchem Gewicht, dass die Räder am unteren Ende sich kaum mehr bewegen ließen. Ferner würden sie bei diesem Druck im Boden versinken. Schroeter konstruierte daher das Gebälk wie eine Wippe. Der Drehpunkt lagerte auf dem Mittelbau, Gegengewichte sorgten für Ausgleich und Entlastung auf den Rädern. Der Untergrund für das Fahrwerk wurde mehrfach gestampft und schließlich mit Eichenbohlen ausgelegt.

Die äußeren Räder besaßen einen Durchmesser von acht Fuß und überragten Schroeter um doppelte Haupteslänge. Zapfen über den Speichen dienten als Auflage für einen Hebel, der auf der Achse aufgesteckt wurde. Trotz dieser Hilfe bedurfte es eines kräftigen Mannes, um das Gerüst samt aller Aufbauten zu bewegen.

Insgesamt war Schroeters Teleskop eine geniale Konstruktion und in seiner Funktionalität bis dato einmalig. Seine Gesamtansicht stach

Tischbein später in Kupfer. Sie diente als Anschauung für zahlreiche Artikel, die Schroeter
später über sein Instrument verfasste. Die
Zeichnungen der vielen Einzelteile fertigte der
Amtmann selbst an. Jene mussten zum Zim-
mermann, andere zum Maurermeister, vieles
stellte Gefken in seiner Werkstatt her.

Das Resultat, welches Schroeters vorschwebte,
sollte dem Reflektor Herschels in vielen Belangen
überlegen sein. Jeder Punkt am Firmament
konnte in kürzester Zeit anvisiert werden. Dazu
brauchte es noch einen präzisen Sucher. Durch
die enorme Vergrößerung und den kleinen
Bildausschnitt war sonst das gewünschte Ziel
kaum zu treffen. Schroeter montierte ein ge-
wöhnliches Fernrohr am Tubus, das er parallel
am Lichteinfall des Teleskops ausrichtete. Ein
Fadenkreuz vor der Linse erleichterte die erste
Einstellung auf das gewünschte Objekt.

Monatelang arbeiteten Schroeter und Harm
Gefken im Garten und der nahe gelegenen
Werkstatt. Mehrfach mussten sie bereits Er-
stelltes wieder abbauen und neu begingen.
Ständig wurden die Pläne überarbeitet und angepasst. Im Spätsommer 1793 war das Riesenteleskop endlich einsatzbereit. Schroeter fieber-
te der kommenden Nacht und dem ersten Licht,
wie er es nannte, entgegen.

Die Bediensteten auf dem Amtshof mochten
sich an die seltsamen Launen ihres Herrn ge-
wöhnt haben. Für die Bauern der Umgebung,
die alle Vorgänge im Amtsgarten argwöhnisch
verfolgten, war und blieb es ein äußerst merkwürdiges Schaffen. Je mehr die Apparatur Ge-

stalt annahm, umso kräftiger wurden die Köpfe geschüttelt. So etwas Aberwitziges konnte nur jemand von außerhalb hierherbringen. Eine Mischung aus zweistöckigem Hühnerstall mit einem überdimensionierten Ofenrohr, das an Seilen hing. Ohne Zweifel eine Verrücktheit und Sinnbild aristokratischer Dekadenz.

Niemals würde Tischbein jenen Augenblick vergessen, als er erstmals vor der fertiggestellten, haushohen Konstruktion stand. Ihm waren Einzelteile wohl vertraut, das Ganze jedoch unbekannt. Zudem hatte er die letzten Monate in Bremen verbracht und war eigens zur Einweihung, wie auch die Herren der physikalischen Gesellschaft, eingeladen.
Johann Hieronymus Schroeter empfing im amtlichen Ornat. Man traf sich zunächst im Amtshof und der Amtmann hielt eine wohlgesetzte Rede an die Anwesenden. Er beschrieb darin eine bis dato ungeahnte Zukunft, die sich nun der von ihnen allen so geliebten Wissenschaft, der Astronomie, eröffnen würde. Mit dem neuen Instrument seien er, wie auch alle Anwesenden, die Benutzung stehe jedem frei, in der Lage, manches Rätsel zu lösen. Großartige Entdeckungen, denen Herschels ebenwürdig, stünden bevor. Bislang Unbekanntes werde ab diesem Tag seine Geheimnisse verlieren. Sein Teleskop gestatte einen tiefen Blick in die Schöpfung des Herrn.
Der Bremer Ratsherr Gildemeister dankte im Namen aller Anwesenden. Er lobte den ungewöhnlichen Eifer Schroeters für die Sache und

die beträchtlichen Mittel, die er investiere. Er diene damit nicht nur Stadt und Königreich, sondern dem gesamten Menschengeschlechte in seinem Streben nach Erkenntnis. Er würde die wissensdurstigen Lippen der Versammelten nicht nur benetzen, sondern er gewähre allen hier einen kräftigen Schluck. Jubel und vivat, vivat, vivat. Man schritt gemeinsam in den Amtsgarten hinüber.

Tischbein hatte schon allerlei Maschinen gesehen und auch Baupläne von Kriegsgeräten studiert. Es waren manche Phantastereien, zum Beispiel die schrulligen Apparate eines da Vinci, darunter. Dies hier war ohne Zweifel die irrwitzige Abbildung eines Wahns. Nur zögernd trat er näher. Schroeter erläuterte die Funktionsweise, den Sinn von Gewicht und Gegengewichten, von Seilen und Zügen, das verborgene Innere. Georg hörte gar nicht zu. Mit großen Augen bestaunte er den frei hängenden Tubus, dessen wahre Größe ihn faszinierte. Er stieg als einer der Ersten die schmale Leiter im Innern empor und erreichte durch eine Luke die obere Plattform. Er zwängte sich zwischen Tubus und einen kleinen Unterstand. Der Amtmann erklärte manch unauffällige Kleinigkeit, beschrieb den Sinn der kleinen Hütte, die ein komfortables Arbeiten, auch bei scharfen Temperaturen, möglich mache. Zudem böte sich die Wand als Projektionsfläche an. Schließlich zeigte er auf die lächerlich kleine Öffnung, das Okular, durch welches Georg nun blicken sollte. Welch ein Anblick! Georg – als auch jeder, der nach ihm durch das Teleskop blickte – schrak förmlich auf. Niemand der Anwesenden hatte jemals einen solchen Blick gegen die Sterne geworfen.

Nachdem Aufregung und Trubel sich gelegt hatten, alle geladenen Gäste waren abgereist oder schon zu Bett gegangen, stand der Amtmann alleine auf der Galerie. Stolz ob der vielen herzlichen Gratulationen, doch auch melancholisch, blickte er lange durch das Okular. Später notierte er:

Ich ließ das Teleskop unverrückt. Ein Feld von größeren und kleineren, zum Theil kaum erkennbaren Sternen, folgte dem anderen ununterbrochen in sanfter Bewegung. Mitunter erschienen entfernte kleine Sternhaufen und neblichte Stellen. Oft schätzte ich die Zahl der zugleich sichtbaren Sterne auf 150 und darüber, nie aber in den weniger zahlreichen unter 50 bis 60. Jemehr sich das Auge an diesen prachtvollen Gegenstand gewöhnte, desto mehr sahe ich äußerst entfernte matte Pünktchen aus dem Hintergrund hervorblicken, die ich zuvor mit dem 13füßigen nicht sehen konnte. Welche Allmacht!

Charly legte auch dieses Blatt zur Seite. Er hatte immer noch nichts Überflüssiges gefunden. Alles war so, wie es in seinen Augen sein sollte. Warum überhaupt den Text kürzen? Ihm wollte es nach wie vor nicht einleuchten. Er hatte es Martin auch gleich, nachdem der Verleger gegangen war, gesagt. Das Gespräch habe ihn in seiner Meinung bestärkt, sein Buch nicht zu veröffentlichen. Ein Buch müsse nicht zwangsläufig veröffentlicht werden. Es sei vielleicht sogar besser, es nicht zu tun. Wenn es, wie vom Verleger beschrieben, so sei, dass Bücher nur noch einen bestimmten Umfang haben dürften und noch andere, ihm unbekannte Kriterien erfüllen müssten, sollte man Bücher von Computern schreiben lassen. Es gebe auch von Computern erzeugte Gemälde. Die moderne Musik würde mithilfe von irgendwelcher Software komponiert. Was solle er sich da, mit seiner altertümlichen Arbeitsweise, mit seinem historischen Thema, das womöglich nur eine Handvoll Menschen interessiere, dazwischen drängeln? Es fänden sich genügend Beispiele namhafter Autoren, die ihre Werke unveröffentlicht sehen wollten. Franz Kafkas letzter Wille war, dass alle seine Manuskripte verbrannt werden. Andere Autoren beschäftigten sich ein Leben lang mit einem Roman, sprachen mit Freunden und Verlegern darüber – weihten sogar das Publikum ein –, sammelten Material, besuchten Handlungsorte, nur geschrieben, geschrieben hätten sie ihn nie. Im Nachhinein seien gerade diese Bücher wunderbar verklärt worden und in ihrem Wirken womöglich stärker als manch verfasstes Stück.

Martin ließ Charly reden. Er kannte dieses Verhalten seines Freundes. In Gegenwart anderer sagte Charly keinen Ton. Waren sie zu zweit, platzte es aus ihm heraus. Natürlich wäre es nicht zu viel verlangt gewesen, wenn der Verleger wenigstens die ersten Kapitel gelesen hätte. Auch das Thema war ihm nicht geläufig. Nein, sein Buch habe absolut nichts mit Science-Fiction zu tun. Ja, er hätte sich ein wenig in das Umfeld vertiefen können. Wenigstens die Hauptprotagonisten sollten ihm bekannt sein. Es gebe doch so etwas wie Internet. Über die historische Bedeutung der Personen und ihre Entdeckungen fänden sich viele Seiten. Man müsste sie nicht alle lesen, Wikipedia genüge.

Martin pflichtete Charly bei, gab ihm in allen Punkten recht, bis auf einen: Ein Kunstwerk müsse gezeigt werden. Kunst sei sinnlos, wenn sie sich nicht öffentlich präsentiere. Es würde förmlich dem Sinn von Kunst widersprechen, sie verborgen zu halten. Charly stimmte ihm nach einigem Zögern grundsätzlich zu, schränkte dies aber sofort wieder ein. Das Problem sei, dass man diesen Aspekt heute mit dem Markt verband. Der wirtschaftliche Erfolg sei zum Maßstab für die Qualität geworden. Was keinen Erfolg versprach, würde nicht wahrgenommen, also quasi nicht gezeigt. Es werde nur gespielt oder gedruckt, was dem kommerziellen Anspruch genüge. Museen zeigten daher bereits etablierte Künstler, Radios spielten Musik populärer Bands und Komponisten, Theater wiederholten die Klassiker. Überall herrsche das betriebswirtschaftliche Denken. Jeder scheue das Risiko. Dabei liege die Kraft der Kunst doch gerade im Unbekannten, im Neuen.

Martin nickte verhalten und kam auf die Agentur zu sprechen. Das tat er immer. Für ihn war die Agentur ein Spiegelbild des Lebens. Zu allen möglichen Situationen fand er eine Entsprechung aus seiner Arbeit in der Agentur. Martin berichtete von einer Kampagne, die sie vor einiger Zeit für ein großes, bekanntes Unternehmen entwickeln sollten. Sie hätten sich wochenlang den Kopf zerbrochen, Hintergründe recherchiert, Fakten gesammelt und auch sonst allerhand Aufwand getrieben. Am Ende glaubten sie, nicht nur eine Werbekampagne, sondern eine rundherum stimmige Werbestrategie, ein neues Image für das Unternehmen gefunden zu haben. Enthusiastisch und siegessicher präsentierten sie ihre Ideen. Doch statt der erwarteten Beifallsstürme ernteten sie kalte Ablehnung. Am Ende kam ein simpler Slogan heraus, der, nach Meinung des Werbeleiters der Firma, eine gute Wiedererkennung für die Produkte beinhalte. Na gut, hätten sie eben das Gewünschte umgesetzt. Was er ihm damit sagen wolle, wäre, dass man sich eben den Regeln des Marktes, zumindest in einem gewissen Umfang, anpassen müsse.

Charly protestierte. Genau darum ginge es. Wenn er nicht veröffentliche, müsse er sich auch nicht dem Markt unterwerfen. Dessen Regeln führten, seiner Meinung nach, in eine Spirale von seichter Unterhaltung und Themengleichheit. Er gleiche einer Echoblase, wie sie die modernen Algorithmen im Internet erzeugten: Was viel nachgefragt werde, komme nach oben. Dabei spiele Qualität gar keine Rolle – im Gegenteil. Selbst richtig oder falsch, wahr oder unwahr seien nebensächlich …

Martin hakte ein, bevor Charly sich wieder in seine Fundamentalkritik an der Gesellschaft und den modernen Medien hineinsteigerte. Es bedeute ja nicht, dass er sein Buch komplett umschreiben oder wegwerfen solle. Er könne ja so etwas wie einen Director's Cut behalten, schlug Martin vor. Wenn für den Markt etwas anderes, etwas Leichteres gewünscht würde, bitte schön. Er möge doch nur einmal einem Fachmann vertrauen. Und überhaupt. Es sei doch noch gar nichts entschieden. Vielleicht würde es ja abgelehnt werden. Er könne im Grunde gar nichts verlieren, oder?

Charly dachte an seinen Großvater. Er war es, der ihn in jungen Jahren für die Sterne und die Astronomie begeistert hatte. Mit ihm hatte er erstmalig den Nachthimmel beobachtet. Er zeigte ihm die Sternzeichen auf dem Weg der Sonne und erklärte ihre Bedeutung. Die ersten Astrologen, Assyrer, Babylonier, hätten jedem Monat ein Wesen zugeordnet, welches auch in ihrem Leben eine Bedeutung besaß. Menschliche Gestalten wie Jungfrau, Schütze und Wassermann, seien erst viel später darin aufgenommen worden. Zu Beginn war der Kosmos menschenleer. Damals verfolgte man die Sterne noch nicht mit mathematischen Formeln, entriss ihrem Weg über das Firmament nicht den Zauber durch Berechnung. Man glaubte, es seien funkelnde Steine, auf dem schwarzen Mantel der Nacht angebracht. Von allmächtiger Hand nebeneinandergesetzt, Abbilder von Göttern, Sinnbilder und Botschaften für die Menschen auf Erden. Astrologie und Astronomie waren eins. Damals war die Präzession, die Wanderung des Frühjahrspunktes, unbekannt. Der Tierkreis dreht sich in sechsundzwanzigtausend Jahren einmal um sich selbst.

Viele Dinge lernte Charly von seinem Großvater. Im Zentrum des nördlichen Sternenhimmels steht der kleine Bär oder auch kleiner Wagen genannt. Um seine oberste Spitze kreist das Firmament. Das ist der Polarstern. Mit einem einfachen Fernglas und einer auffälligen Landmarke demonstrierte ihm sein Großvater die Rotation der Himmelskugel. Seit Menschengedenken orientieren sich die Seefahrer am Polarstern. Er zeigt ihnen an, wo Norden ist. Sein Opa sagte, dass die Menschen jahrtausendelang geglaubt hätten, der Himmel drehe sich um die Erde. Es sah auch genauso aus. Ptolemäus hatte es bewiesen. Er konstruierte ein kompliziertes Himmelsgewölbe, mit Planeten, die in Schleifen ihre Bahnen zogen. Das gesamte Universum musste sich dem Mittelpunkt, der Erde und dem Menschen, unterordnen. Über viele Jahrhunderte wurde diese Ansicht – mehr von der Wissenschaft als von der Religion – vehement verteidigt. Erst Kopernikus stürzte endgültig das geozentrische Weltbild und beschrieb unser Sonnensystem. Wir drehen uns, wie die anderen Planeten auch, mit der Erde um die Sonne. Der Mond dreht sich um die Erde. Die Erde dreht sich um sich selbst. Wir sehen immer nur eine Seite des Mondes. Die Sonne bescheint unablässig den Mond. Seine Stellung zur Erde lässt ihn zu- oder abnehmen.

Mit solch einfachen Sätzen hatte ihm sein Großvater als kleines Kind den Nachthimmel erklärt. Später kamen andere Geschichten dazu. Da gab es Herkules, Orion, die Plejaden. Herkules, halb Gott, halb Mensch, von sagenhafter Kraft, Kühnheit und Raffinesse, Held zahlreicher Abenteuer, geliebt und gehasst von anderen Göttern. Wie oft hatte sich der kleine Hans als Herkules gefühlt. Eine alte Decke war sein Löwenfell, ein kräftiger Ast seine Keule. Ihm waren und blieben die modernen Superhelden, mit ihren widernatürlichen Fähigkeiten, suspekt. Vielleicht auch dies ein Grund, warum er Science-Fiction-Sagen nicht mochte. Selbst als junger Erwachsener eiferte Hans noch seinem Idol nach und ging ins Fitness-Studio. Sein schmächtiger Körper war jedoch nicht angelegt für große Muskelpakete.

Sein Großvater schenkte ihm sein erstes Teleskop. Es war ein einfaches Instrument, nicht zu vergleichen mit seinem heutigen Gerät. Charly nutzte es noch immer, da es sich leicht zusammenlegen und transportieren ließ. Wie damals fuhr er damit gelegentlich hinaus aufs Land, um abseits des Lichtsmogs die Sterne zu betrachten. Anne hatte diese Ausflüge gehasst. Ein, zwei Mal war sie mitgekommen. Fernab irgendwelcher Ortschaften baute Charly das Teleskop auf. Meist war es noch früher Abend. Es dauerte Stunden, bis endlich die Sonne unterging. Stumm saß Charly hinter dem Okular, gebot auch Anne zu schweigen. Aus ihr platzte es schließlich heraus. Die Sterne wären doch kein scheues Wild. Kein Geschrei, noch nicht einmal die Explosion aller Atombomben könnte sie vertreiben. Ob das jetzt wirklich sein Ernst sei? Stundenlang im Nirgendwo zu sitzen und die Sterne angaffen? Sie wolle auf der Stelle zurück.

Charly war es so gewohnt. Mit seinem Großvater war es immer still gewesen. Nur wenn das Teleskop neu ausgerichtet wurde, sprachen sie miteinander. Lass uns das Dreieck suchen. Wo hat sich die

Schlange verkrochen? Kannst du Kassiopeia finden? Anschließend blickten beide stumm wie Angler in den Nachthimmel.

Von einem auf den anderen Tag war der Großvater aus seinem Leben verschwunden. Hans war acht, kam aus der Schule. Sein Vater war zu Hause. Das war schon ungewöhnlich. Seine Eltern verhielten sich merkwürdig. Die Mutter saß am Tisch im Wohnzimmer, der Vater lief unruhig umher. Hans stand noch mit der Schultasche auf dem Rücken im Türrahmen. Im Gehen sagte der Vater, warf es so hin, dass der Opa tot sei. Heute Morgen plötzlich gestorben, ohne Vorankündigung. Sein Vater suchte etwas. Er müsse zum Leichenbestatter, anschließend in die Wohnung des Großvaters. Die Mutter rührte sich nicht vom Fleck. Beide ließen Hans einfach stehen. Der fühlte sich, als habe ihn eben Herkules` Keule getroffen.

Charlys Vater interessierte sich nicht für die Astronomie. Seinen eigenen Sohn wollte der Großvater einst auch für seine Leidenschaft gewinnen, leider ohne Erfolg. War der Vater dem Großvater in vielem nachgeeifert – beide arbeiteten bei der Post –, blieben sie in Bezug auf die Sterne zwei völlig unterschiedliche Wesen. Wenn Charly über seinem Buch saß, dachte er oft an den Großvater. Er stellte sich den alten Amtmann als Ebenbild seines Opas vor. Als Beamter stets korrekt und ordentlich, als Privatmann ein begeisterter Astronom.

Charly stand auf, ging nochmals zum Fenster. Der Himmel war blassblau und wolkenlos. Es würde ein sonniger Tag werden. Martin hatte, wie so oft, Glück mit seinem Osterwochenende und dem Wetter.

Vom Fenster aus beobachtete er eine zerlumpte Gestalt, mit riesigen Taschen bepackt, die zuerst vorm Nachbarhaus, jetzt bei ihnen die Mülltonnen inspizierte. Der Frisur nach war es eine Frau. Ein schmutziger Mantel verhüllte ihre Gestalt. Sie fand zwei Dosen, die sie in eine der Taschen warf. Jetzt durchsuchte sie das Altpapier. In einem Pizzakarton lagen noch Reste. Gierig schlang sie die Randstücke hinunter. Charly trat einen Schritt zurück und schaute weg, nach oben, in den Himmel. Das tat er oft, wenn er Dinge auf der Erde nicht mehr sehen mochte.

Der Mond stand noch über dem Alten Friedhof gegenüber. Charly überlegte, ob er seinen Engelsspaziergang machen sollte. Das war seine Runde über den Gottesacker. Dabei besuchte er verschiedene Gräber, die Skulpturen von Jungfrauen und Engeln schmückten. Höflich grüßte er sie, sprach hin und wieder sogar mit ihnen. Auch Engel lebten einst im Himmel – für die Eigentümer der Gräber taten sie es offensichtlich noch immer. Sie waren die Sendboten Gottes, wie einst Hermes oder Merkur. Noch immer umschwebten sie die Menschen, brachten ihnen Kunde und Rat. Seine Vertraute in Bezug auf den Roman war eine stehende Figur, mit Buch und Feder über dem nackten Busen. Mit ihr hatte er manche Hürde in seinem Text überwunden. Gerade wenn es stockte und er nicht weiterwusste, hatte sie ihm Inspiration geschenkt.

Die größte Zuneigung brachte er einer scheinbar stürzenden Gestalt in einem wallenden Umhang entgegen. Sie kniete auf einer gebrochenen Säule, eine Rose in der rechten Hand. Ihr linker Arm schwebte frei, das Gleichgewicht suchend, in der Luft. Ihr Kleid war ein vor ihrem Schoß geknotetes Tuch. In langen Bahnen fiel es herab, spannte sich um ihre kräftigen Hüften. Ihre linke Brustwarze trat deutlich durch den steinernen Stoff hervor. Charly war erschrocken, als er sie zum ersten Mal sah. Ihr Gesicht glich dem Annes aufs Haar. Nur die Brille fehlte. Auch für die vollschlanke Figur schien Anne Modell gestanden zu haben.

Wenn er Anne nochmals treffen sollte, brächte er sie hierher. Anfänglich spielte er sogar mit dem Gedanken, sie anzurufen und ihr von seiner Entdeckung zu erzählen. Er ließ es bleiben. Höchstwahrscheinlich hätte sie ihm unterstellt, dass er sie tot sehen wolle. Sie neigte zu solchen, für sie logischen Schlussfolgerungen. Anne hätte natürlich jede Ähnlichkeit mit dieser Skulptur abgestritten, mit verschränkten Armen davorgestanden und nur den Kopf geschüttelt. Dass er sie mit einem Engel vergleiche, sei nichts als plumpe Schmeichelei. Was bedeute diese Rose? Und dann die Säule, die an einen Phallus erinnere. Ausgerechnet auf einem Friedhof finde er sie. Charly solle zu einem Psychiater gehen. Ohne eine Antwort auf ihre Fragen zu erwarten, wäre sie davongegangen. Charly verbrachte zahlreiche Stunden an diesem Grab.

Auf dem Friedhof sah er oft eine jüngere Frau, Tina. Ob sie tatsächlich so hieß, wusste Charly nicht. Er hatte einmal ein Gespräch belauscht, in dem zwei ältere Damen die junge Frau so nannten. Sie behaupteten sogar, die Obdachlose lebe auf dem Friedhof und übernachte dort. Auf alle Fälle wusch sie sich an den verschiedenen Brunnen oder in der öffentlichen Toilette. Charly beobachtete auch, dass sie an verschiedenen Orten Tüten mit Kleidern und anderen Habseligkeiten versteckte.

Tina war eine harmlose Verrückte. Eine Lebende zwischen den Toten. Ein gefallener, gestürzter Engel. Niemand kannte ihr Schicksal. Charly sah ihr gerne zu. Mal saß sie schweigend, in die Wipfel der Bäume blickend, auf einer Bank, mal ging sie singend die Wege entlang. Sie hockte vor Gräbern, innig mit den dort Liegenden sprechend oder verträumt den frischen Blumenschmuck bestaunend. Sie nahm niemanden wahr und blieb fast immer auf Distanz. Vielleicht war sie ein menschgewordener Engel, dachte Charly. Von einem der Gräber herabgestiegen, um ewig auf der Erde zu wandeln?

Ganz selten sprach Tina andere an. Eines Morgens, Charly kam gerade die große Allee herauf, rannte sie auf ihn zu und blieb aufgeregt vor ihm stehen. Sie habe Gott das Leben gerettet, platzte es aus ihr heraus. Sie habe Gott das Leben gerettet, sie habe Gott das Leben gerettet. Tina sprang freudig, jubelnd davon.

Charly hatte viel über diesen Satz nachgedacht. Konnte man Gott das Leben retten? Musste ein Mensch Gott das Leben retten? Wie stand er selbst zu Gott? Charly war nicht getauft, hatte in der Schule jedoch am Religionsunterricht teilgenommen. Seine Eltern wollten, dass er sich irgendwann selbst entscheide. Während des Studiums verschwand die Frage komplett aus seinem Leben. Erst als er bei der ESOC begann, tauchte sie wieder in seinem Kopf auf. Dieses Mal angestoßen durch Scherze einiger Kollegen. Sie benutzten oft Formulierungen, die auf Gott anspielten. So Gott will, wird alles gut gehen. Gott würfelt nicht oder der liebe Gott hat es so eingerichtet.

Bis heute war er zu keiner Antwort gekommen. Natürlich musste er hypothetisch annehmen, dass es ein höheres Wesen gab. Mochte sich das Leben auf der Erde durch Evolution gebildet haben, die Himmelsmechanik mit Sicherheit nicht. Ein Kollege, der offen ein goldenes Kreuz auf seiner Brust trug, gab gerne ein Beispiel zum Besten: Wenn jemand irgendwo, seinetwegen in der tiefsten Wildnis, ein altes, verrostetes Zahnrad fände, dächte er auch nicht, dass dies einfach so aus der Natur käme und mal eben so hier läge. Er wüsste sofort, es habe jemand mit Willen und Wissen geschaffen. Und jetzt solle man sich einmal die Sterne ansehen. Wer ihren Lauf beobachte, erkenne, dass sie nicht nur durch einen Knall geboren wurden.

Und am achten Tag schuf Gott das Zahnrad, konterte ein Physiker aus der Flugdynamik, der mit ihnen am Tisch in der Kantine saß. Alle religiösen Schöpfungsgeschichten seien Mythen. Die Entstehung des Universums, vom Urknall bis heute, sei weitestgehend erklärt. Es ließen sich sowohl die Entstehung wie auch der Untergang von Sonnensystemen genau beobachten. Kosmische Gaswolken, die sich verdichteten oder wieder in sich zusammenfielen. Physikalische Gesetze würden den Ablauf der Himmelsmechanik bestimmen. Da sei kein Platz für irgendeinen Gott.

Wer habe denn diese Gesetze geschaffen? Worin bewege sich der Kosmos, der sich immer weiter ausdehne? Welche Gesetze hätten außerhalb ihres Sonnensystems Gültigkeit? Wie sei das mit der dunklen Materie und der dunklen Energie? Was sei hinter der großen Wand? Ob er darauf auch Antworten hätte, fragte der Kollege zurück.

Das Fehlen von Antworten sei kein Gottesbeweis. Der Mensch habe, auch wenn er sich oftmals irrte, schließlich immer die Lösung gefunden. Die Mathematik lasse sich auch auf Ereignisse außerhalb ihres Sonnensystems anwenden. Die kosmische Strahlung liefere Fakten, die sicher noch nicht alle verstanden würden, die jedoch die grundlegenden Thesen bestätigten. Die Geheimnisse der schwarzen Löcher und der dunklen Energie würden sicherlich bald gelüftet werden. Neue Theorien zeigten vielversprechende Ansätze. Die Gravitation habe man schließlich auch bewiesen.

„Ihr seht doch nur, was ihr sehen möchtet. Ihr beschreibt Beobachtungen und nehmt sie wie Erklärungen. Wenn eure Mathematik, eure Theorien sich nicht anwenden lassen, wird eine Konstante oder Variable eingeführt, die niemand bestimmen kann. Ihr wechselt sozusagen fortlaufend die Brille, damit es auch immer schön passt. Dabei habt ihr keine Vorstellung von dem großen Ganzen."

Er habe in die Tiefen des Universums geblickt und in den Mikrokosmos der Moleküle und Atome. Nirgends sei ihm je ein Gott begegnet, noch nicht einmal die kleinste Andeutung davon. Dafür, dass er das alles geschaffen haben soll, habe er sich in der letzten Zeit äußerst rar gemacht. Mag sein, dass sie vieles noch nicht verstünden. Die Wissenschaft formuliere allerdings klar ihre Lücken und definiere sie. Sie ersetze sie nicht durch Glaubensgrundsätze.

Die Wissenschaft schmücke sich immer mit Erkenntnis. Ob er darauf hinweisen dürfe, dass die irrigsten Weltbilder von der Wissenschaft, nicht von der Religion entworfen wurden. Da waren Kosmas, Aristoteles und ganz wichtig Ptolemäus. Sie hätten im Namen der Wissenschaft ihre Modelle entworfen. Dass es oftmals blanker Unsinn war, wirft ihnen niemand mehr vor. Sie werden nach wie vor wie Heilige verehrt.

Weil die Wissenschaft sich ihre Fehler eingestehe und neue Erkenntnisse nicht unterdrücke. Die Religion dagegen versuche bis heute die biblische Entstehungsgeschichte der Welt zu verteidigen.

Werter Kollege, er möge bitte den Glauben nicht mit der Kirche verwechseln.

Einige Glockenschläge rissen Charly aus seinen Erinnerungen. Wenn es normale Zeiten wären, würde er nach einem Rundgang über den Friedhof zu Freddo gehen, überlegte er. Freddo war die kleine Cafébar am anderen Ende des Häuserblocks. Dort war Charly Stammgast. Fast täglich besuchte er das Lokal. Er musste nicht mehr bestellen. Er grüßte und nahm meist am Fenster zur Straße Platz. Wer auch immer dort arbeitete, kannte ihn. Er trank immer zwei Cappuccini. Unaufgefordert kam die erste Tasse. Charly las meist schon in einer Zeitung oder einem mitgebrachten Buch. Nach etwa einer Viertelstunde stand die zweite Tasse neben ihm, nach einer halben Stunde ging er wieder.

Leider war das Lokal aufgrund der Corona-Pandemie seit Wochen geschlossen. Diese Einschränkung war die einzige, die Charly wirklich beschäftigte. Dieses Café am Ende des Universums sei sein letzter Kontakt zur Außenwelt, so hatte es Martin beschrieben. Der war nun abgerissen. Er würde sich allmählich wirklich Sorgen um ihn machen, sagte Martin. Es könne doch nicht nur seine Arbeit und dieses Buch geben? Er verkrieche sich ja völlig. Er müsse in die Öffentlichkeit. Wahrscheinlich war dies der Auslöser für Martins Engagement in letzter Zeit. Immer wieder versuchte er Charly einzuladen oder zu einer Veranstaltung mitzunehmen.

Andere Maßnahmen im Rahmen der Pandemie betrafen Charly nicht. Von Kurzarbeit war in der ESOC keine Rede. Im Kontrollzentrum hatten sie sich entsprechend der Hygienevorschriften eingerichtet und Kontakte untereinander minimiert. Einige Kolleginnen und Kollegen arbeiteten im Homeoffice. Seine wenigen Einkäufe erledigte er in der Regel in dem türkischen Laden ein paar Häuser weiter. Restaurants besuchte er so gut wie nie. Der Lieferservice funktionierte, bis auf längere Wartezeiten, wie eh und je. Die Gefahr, in Gruppen mit mehreren Personen aus unterschiedlichen Haushalten angetroffen zu werden, bestand bei Charly schon vor der Krise nicht. Martins Einladung zum Osterwochenende war ein eindeutiger Verstoß gegen die geltenden Bestimmungen. Er wollte aber auf gar keinen Fall auf diese jährliche Tradition verzichten. Martin sagte, auch wenn sie in den Kirchen die Ostergottesdienste absagten, ihr Wochenende würde stattfinden, komme, was wolle. Was sollte denn schon passieren? Alle, die wohlauf sind, kommen vorbei. Auf dem Hof wäre doch genügend Platz. Meist säßen sie sowieso im Freien. Die einen schlafen im Stall, die anderen im Haus und Charly in seiner Hütte. Da hätten alle mehr Abstand zueinander als in der Stadt.

III

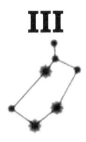

Johann Hieronymus Schroeter, Königlich Groß-
britannischer und Churfürstlich Braunschweig-
Lüneburger Oberamtmann, Mitglied der wissenschaftlichen Akademien zu London, Göttingen und Stockholm, Assoziiert der kaiserlichen
Leopoldinischen Akademie, auch mathematischen Gesellschaft zu Erfurt, Teil der Gesellschaft naturforschender Freunde Berlin, Kor-
respondent der Russisch-Kaiserlichen Akademie
der Wissenschaften zu Petersburg, etc., etc.,
stand noch immer am Fuße des Riesenteleskops.
Die maroden Balken, die sichtbaren Kerben
vieler Jahre, der Verschleiß durch Witterung, der
schadhafte Boden, verrostete Flaschenzüge, lose
Seile, all diese Mängel sah er wie ein Spiegelbild
seiner eigenen Verfassung. Viele Jahre, mehr als
die zwanzig, die das Teleskop nun stand, hatte
er sich kaum Ruhe gegönnt. Jahrzehnte ohne
wirklichen Schlaf. Jetzt war er müde, unendlich
müde. Wie sollte es weitergehen? Die Sternwarte
musste in neue Hände kommen. Seinem Sohn
Friedrich war die Astronomie einerlei.
Harm Gefken war vor drei Jahren verstorben.
Womöglich aufgrund des verwendeten Arsens,

mit dem er das Metall der Spiegel vermengte. Mit Gefken war der letzte der alten Gefährten gegangen. Er leider für immer. Die anderen lebten noch, allerdings weit verstreut. Olbers war in Bremen noch am nächsten, ließ sich aber seit Jahren nicht mehr blicken. Er hatte sich ein eigenes Observatorium eingerichtet, mit neuartigen Fernrohren von Fraunhofer. Seit seinen Entdeckungen der Asteroiden Pallas und Vesta war er eine Berühmtheit. Er reiste zu wissenschaftlichen Kongressen, war mehrfach nach Paris eingeladen und hatte Napoleon Bonaparte persönlich kennengelernt, wie er bei jeder Gelegenheit betonte. Er schien das kleine Lilienthal, das ihm einst so viel bedeutete und das ihm seine großen Entdeckungen ermöglichte, vergessen zu haben.

Harding, Bode, Schrader, sie alle wirkten an anderen Stätten. Gelegentlich kamen Briefe aus Göttingen, Kiel oder Sankt Petersburg beim alten Amtmann an. Die Herren waren jetzt Professoren und an namhafte Universitäten berufen. Und schließlich noch Bessel, Friedrich Wilhelm Bessel, sein gelehrigster Schüler. Er war einst ein Wunderkind und heute zweifellos eine Koryphäe der Astronomie. Bessel lehrte nun in Königsberg, dabei hatte er selbst niemals eine Universität besucht. Gauß verlieh ihm honoris causa die Doktorwürde, sonst wäre es mit der akademischen Karriere nichts geworden. Was war er für ein sprühender Geist, verrückt auch, gewiss, aber brillant. Ihm schienen die Antworten nur so zuzufliegen. Schroeter war ein fleißiger und akribischer Beobachter. Er kartierte, notierte und legte Tabellen und Tafeln an. Bessel dagegen war ein Phantast, zumindest schien es dem alten Amtmann in der ersten Zeit so. Bessel verfolgte die Bahn eines Kometen und am nächsten Tag hatte er eine Formel erstellt, mit der er den Himmelskörper jederzeit wiederfinden könne. Während Schroeter in seitenlangen Berichten ihre Spur nachzeichnete, passte Bessels Beschreibung in eine Zeile. Mit Gauß stand er im ständigen Kontakt, fast täglich ging Post nach Göttingen ab oder traf von dort ein.

Schroeter war die höhere Mathematik fremd. Ihre Sprache verstand er nur zum Teil. Sie sprang ihn nicht an, wie es ihm Bessel einmal beschrieben hatte. Der sagte, er könne die Berechnung förmlich am Nachthimmel ablesen. Schroeter sah dort Sterne, leuchtende Punkte, die sich stetig gegen- oder miteinander bewegten. Und die Erde, von der aus sie das Schauspiel beobachteten, die kreiste und bewegte sich ebenfalls. Schroeter hatte seine Aufgabe immer darin gesehen, das Gesehene festzuhalten. Er war Jurist und Beamter in königlichen Diensten. Die Astronomie hatte er sich mehr oder minder selbst beigebracht. Das riesige Teleskop war seine private Leidenschaft. Von ihm entworfen und aus seinen Mitteln finanziert. Sämtliches Vermögen, sein Erbe und die Erträge aus dem Amtshof, hatte es ihn gekostet. Die Verwirklichung eines Traumes, wie er ihn träumte. Tagsüber ging er den Amtsgeschäften nach, nachts bereiste er die Welten über ihm. Die tiefere Mechanik der Himmelskörper, ihre Gesetze, ihre Bahnen, blieben ihm weitestgehend verschlossen. Bessel hatte in den vier Jahren seines Aufenthaltes in Lilienthal mehr entdeckt als Schroeter in seinem gesamten Leben.

Dennoch sah sich Schroeter immer als sein Lehrmeister an, vielleicht auch ein wenig wie sein Ziehvater. Seinen eigenen Sohn Friedrich konnte er nicht für die Astronomie gewinnen. Vielleicht daher, da sie ihm von Kindesbeinen an den Vater geraubt hatte. Immer war eine anstehende Mondphase, ein besonderes Ereignis, eine außergewöhnliche Konstellation wichtiger als der Knabe. Friedrich empfand keinerlei Feuer für diese Phänomene. Im Gegenteil, er schien sie sogar zu verachten. Gelegentlich ging er dem Vater zur Hand, wenn dieser mit dem großen Teleskop arbeitete. Fast nie sah er selbst durch das Okular. Falls doch, dann nur um die korrekte Einstellung zu prüfen.

Friedrich Bessel dagegen hatte Schroeters Leidenschaft geteilt. Unendlich viele Stunden verbrachten sie gemeinsam am Teleskop. Bessel war zunächst Assistent, später Observator und Inspector der Sternwarte. Zu Beginn beobachtete Schroeter, maß, diktierte. Bessel schrieb und prüfte – still und gehorsam. Bald fügte er eigene Notizen hinzu. Besonders die Kometen, die stets wiederkehrenden, in der Zwischenzeit oft jahrelang verschwundenen Trabanten, fesselten den jungen Mann. Während

Schroeter die Erscheinung an sich gewissenhaft beschrieb, berechnete Bessel die Bahn und den Umlauf des Kometen um die Sonne.

Im Laufe der Jahre wurde das gemeinsame Beobachten seltener. Und wenn sie zu zweit auf der großen Apparatur standen, so diktierte nun der Jüngere dem Älteren seine Beobachtung. Mehr und mehr zog sich Bessel zurück, nutzte nur noch die kleineren Instrumente und schrieb unentwegt wissenschaftliche Abhandlungen, für die er zahlreiche Preise und noch mehr Anerkennung erhielt. Er wandelte sich zum großen Stern am Lilienthaler Himmel. Neben ihm verblassten die Leistungen Schroeters fast bis zur völligen Belanglosigkeit. Nach Bessel stellte der Amtmann keinen Gehilfen mehr ein. Alleine stand er von da an des Nachts im Amtsgarten.

Bessel war von Schroeter nicht zum österlichen Treffen eingeladen worden. Vorweg und für sich hatte der Amtmann sein Kommen mit dem weiten Weg von Königsberg bis nach Lilienthal ausgeschlossen. Vielleicht wäre er angereist. Im Zweifel, um auf die Jagd zu gehen. Das war Bessels zweite große Leidenschaft. Rund um die Uhr war er von seinen Hunden umgeben. Sie schliefen am Fuße seines Bettes oder lagen vor seinem Schreibtisch. Er erfand seltsame Gerätschaften für die Jagd: Schleudern, Schlingen, Netze und Bögen. Ja, es schien so, als ob er den Lauf des Wildes ebenso berechnen könne wie den Flug der Kometen. Der aufgeschreckte Fasan zog den Pfeil magisch an. Ein flüchtendes Wildschwein kreuzte unweigerlich die Bahn der

Gewehrkugel. Der wirre Lauf eines Hasen endete mit tödlicher Sicherheit in der Falle.

Bessel erlegte damals mehr Wild, als auf dem Hof verwendet werden konnte. Der Eiskeller lag voll davon und täglich kam neue Jagdbeute hinzu. Dabei war Bessel selbst gar kein großer Fleischesser. Er schnitt sich kleine Bissen aus den Braten, kaute sie andächtig, allerdings nicht aus Genuss, sondern eher um die Richtigkeit und das Ergebnis seiner Berechnung zu prüfen. Mit einem letzten Blick schätzte Schroeter die Uhrzeit ab. Bis sieben würde er nochmals etwas ruhen, anschließend den Gottesdienst in Sankt Marien besuchen. Für ihn war Gott nach wie vor der Schöpfer. Mochten andere aus den astronomischen Kreisen es auch verneinen.

Tischbein hatte die Augen geschlossen. Die Strahlen der Morgensonne wärmten sein Gesicht. Hinter seinen Lidern flimmerte es in rötlichen Wellen. Das Licht, von der Wümme gespicgelt, floss über sein Antlitz. Dazwischen schwarze Flecken. Wie auf der Sonne selbst, dachte Georg. Eines Tages, damals, es war schon fast Mittag – sie hatten die halbe Nacht den Mond studiert und er saß über den angefertigten Skizzen –, rief ihn der Amtmann wieder heraus. Sie wollten heute die Sonne beobachten. Tischbein schaute nach oben ins Tagesgestirn. Strahlend weiße Kumuluswolken, diesen Begriff hatte er vor wenigen Tagen erlernt, zogen am blauen Himmel entlang. Er musste den Blick sofort wieder abwenden und schaute auf die Sonnenuhr in der Mitte des Amtshofes. Tiefschwarz, wie ein Strich auf einer Gravurplatte, lag der Schatten kurz vor der XII. Wie sollte das gehen? Wie wollte Schroeter sein Auge diesem Feuerball aussetzen? Dazu noch mit dem Teleskop? Er würde auf der Stelle erblinden.

Harm Gefken trug eine Truhe herbei. In ihr standen aufrecht, von einer geschickten Konstruktion gehalten, Glasscheiben verschiedener Stärke. Er nahm die mächtigste heraus, legte sie auf einen Dreifuß, sodass sie nur am äußersten Rand gehalten wurde, und rieb sie mit einem besonderen Tuche ab. Georg stand dabei und bewunderte die große Sorgfalt, mit der Gefken arbeitete. Daher durchfuhr ihn ein kleiner Schreck, als Schroeter, anstatt die Sauberkeit zu loben, mit einer Kerze schwärzesten Ruß auf dem Glas verteilte. In Schlangenlinien fuhr er unter der Scheibe hin und her, bis keine klare Stelle mehr zu sehen war. Diesen Vorgang wiederholten Gefken und Schroeter an zwei weiteren Filtern, wie sie der Amtmann nannte.

Das Teleskop wurde aufgerichtet. Die Sonne stand auf ihrem höchsten Punkt. Gefken legte eine der pechschwarzen Scheiben oben ein. Schroeter erklärte, dass sie trotz dieser Vorrichtung immer nur einen kurzen Blick auf die Sonne richten könnten. Ferner müssten sie die Öffnung des Teleskopes immer wieder bedecken. Die Hitzeentwicklung im Inneren sei sonst zu stark und der Spiegel könnte Schaden nehmen. Der Amtmann prüfte mit einem kurzen

Blick die Lichtstärke und ließ noch einen Filter vorsetzen.

Schroeter forderte Tischbein auf hineinzusehen. Ängstlich legte er sein Auge ans Okular. Die Sonne erschien wie ein matt leuchtender Ball, als würde sie soeben auf- oder untergehen. Schon nach kurzer Zeit verspürte Georg ein Stechen im Auge, das nicht von der Helligkeit, die im Okular erträglich war, herrühren konnte. Schroeter erklärte ihm, dass die Lichtstrahlen, trotz des Filters, sehr stark wären. Ferner erzählte er, wie ihm anfänglich einmal ein schattiertes Glas, bei einer zu langen Beobachtung, zersprungen sei. Der Strahl fuhr ihm mit aller Kraft ins Auge. Mehrere Tage habe er es daraufhin nicht mehr gebrauchen können. Er musste einen mit Kamille befeuchteten Verband darüber tragen und hatte Angst, es gänzlich zu verlieren. Der große Galileo Galilei sei über seinen Sonnenbeobachtungen erblindet.

Trotz dieser Gefahren war der Eindruck unglaublich. Noch nie hatte Georg die Sonne so gesehen. Sie schien, vom äußeren Rand zum Zentrum, ihre Farbe zu verändern. Von Schroeter darauf hingewiesen, sah er schwarze Flecken auf der sonst strahlenden Scheibe. Er hatte sie für Ansammlungen von Ruß auf dem Glas gehalten. Wirklich, sie bewegten sich und veränderten ihre Gestalt, wie Gewitterwolken über einem sommerlichen Himmel.

Der Amtmann lenkte seine Aufmerksamkeit auf Veränderungen im Inneren der Sonnenscheibe. Deutlich traten Lichtpunkte und größere, unförmige Lichtflecken hervor. Überhaupt schien es sehr viel Bewegung auf der Oberfläche zu geben. Ebenso am Rande, an dem es mannigfach blitzte. Schroeter nannte diese Erscheinungen Lichtfackeln.

Die Sonne, die um sich selbst rotiere, begann der Amtmann einen seiner Exkurse, besitze eine unbekannte Atmosphäre. Darunter habe er Berge und andere Erhebungen erkannt. Wie die Sonne es vermöge, solches Licht und solche Wärme zu erzeugen, könne er sich nicht erklären. Besonders auffällig sei ihre Corona, die ...

Ein lautes Plätschern hinter ihm riss Georg aus seinen Erinnerungen. Dazu ein plötzlicher, beißender Gestank. Tischbein fuhr herum. Im weiten Bogen erleichterte sich der Torfbauer in die Wümme hinein. Dazu noch mit dem Wind. Tischbein sprang auf. Der Kahn wankte bedrohlich. Sein Fährmann wäre fast in die Wümme gestürzt und konnte sich gerade noch fangen. Dabei benässte er sich und das Boot. Fluchend packte er sein Geschlecht wieder ein, das noch einen letzten Strahl von sich gab. Ein dünnes Rinnsal zeigte sich am Bein hinab. Ob er ihn ersäufen wolle, fauchte der Bauer Georg an. Der stand ihm angeekelt gegenüber. Keine Sekunde länger blieb er bei diesem groben Klotz. Überhaupt, was war das für eine absurde Idee, den Weg über die Kanäle zurückzulegen. Was hatte man ihm da eingeredet. Welcher Gefahr sollte er als einzelner Wanderer ausgesetzt sein? Und wie wäre sein Auftreten, wenn er an Bord dieses morschen Kahns, in Begleitung dieses Tölpels in Lilienthal ankäme. Nicht einen Moment länger wollte er mit diesem Gesellen hinter sich in irgendeiner Weise verbunden sein. Setze er ihn ab, sofort, befahl Tischbein. Er gehe den Rest des Weges zu Fuß.

Der Bauer lamentierte zunächst, dass man auch mal sein Wasser abschlagen müsse. Darauf schmeichelte er seinem Passagier, es sei doch einem Herrn wie ihm nicht zuzumuten, über die moorigen Felder zu gehen. Letztlich schimpfte er, er habe seinen Dienst getan, wie versprochen, habe sich geschunden in der Kälte, alles nur, um die erhaltenen Groten nicht wieder hergeben zu müssen. Georg dachte gar nicht an das Geld. Stumm wies er auf eine Stelle am Ufer, die ihm zum Ausstieg geeignet schien. Ohne ein weiteres Wort packte er sein Tragegestell und ging an Land. Er kannte sich hier aus. In nicht allzu weiter Ferne war der Kirchturm von Trupe zu sehen, er konnte sich gar nicht verlaufen.

In der Kirche war er einst getraut worden. Nein, daran mochte er sich jetzt nicht erinnern. Hinter dem Binnendeiche sah er den Hügel, den alle nur „den Galgen" nannten. Georg erinnerte sich, wie bei seinem letzten Aufenthalt in Lilienthal dort vier Männer hingerichtet wurden. Einen, Behrens aus Bremen, kannte er flüchtig. Homann, ein Holländer, fiel ihm noch ein. Die vier waren während der Heuernte bei einem Bauern im Oberende eingebrochen. Die Altmutter, die Einzige auf dem Hof, knebelten und fesselten sie. Als sie das Haus durchsucht hatten, war die gute Frau tot, erstickt.

Ein Knecht sah die Bande, wie sie sich davon-
machten in Richtung Worpsweder Berg. Dort
im Forst wurde später ihre jämmerliche Beute
gefunden. Die vier waren bald gefasst. Der
Amtmann Schroeter hielt Gericht und verurteilte
sie alle wegen Mordes. Es kam viel Volk aus der
Umgebung und aus Bremen dort beim Hügel
zusammen. Sie wollten diesem schrecklichen
Schauspiel beiwohnen. Manche warteten schon
seit dem Vorabend, um einen guten Platz und
freie Sicht zu haben.
Schroeter musste die Vollstreckung seines Ur-
teils überwachen und stand auf der Richtstätte.
Er war danach tagelang sehr verschlossen und
sprach auch bei den nächtlichen Beobachtungen kaum ein Wort.
Er solle sich am Ufer halten und der Wörpe folgen, rief der Fährmann Tischbein nach. Ein Rat,
der sich bald als richtig erweisen sollte. Georg
wollte geradewegs auf den Kirchturm zulaufen.
Schon nach wenigen Schritten sank er bis über
die Knöchel im aufgeweichten Boden ein. Nur
mit Mühe kam er heraus und hätte beinahe
seine Schuhe verloren. Das Gewicht auf seinem
Rücken wankte und Tischbein schlug der Länge
nach hin. Fluchend stand er schließlich wieder
am Ufer, von oben bis unten beschmutzt. Der
Bauer lachte ihn aus, stieß ab und schob seinen
Kahn, fröhlich pfeifend, in die Richtung, aus der
sie gekommen waren, voran.

Auf der befestigten Heeresstraße, welche von
Bremen in Richtung Horn und weiter nach

Lehe führt, rollte eine herrschaftliche Kutsche, gezogen von zwei stolzen Rappen, dahin. Auf den Seitentüren des Landauers war ein Sternenbild zu sehen, darin die Asteroiden Pallas und Vesta, welche der Inhaber der Equipage, Heinrich Wilhelm Olbers, einst entdeckte. Im Inneren saßen Johann Gildemeister, Karl Ludwig Harding, Bernhard von Lindenau und schließlich Wilhelm Olbers selbst. Sie alle waren als Mitglieder der Astronomischen Gesellschaft zum Treffen nach Lilienthal eingeladen. Olbers hatte die Herren bereits am Vorabend in seinem Haus in Bremen empfangen, bewirtet und die gemeinsame Fahrt vorgeschlagen. Von Lindenau und Harding hatten bei ihm übernachtet und waren dafür sehr dankbar. In diesen wirren Zeiten war nirgends eine Unterkunft zu bekommen. Alle verfügbaren Zimmer waren mit Offizieren belegt. Harding, der von Göttingen kam, wäre unmöglich bis nach Bremen gelangt. Olbers hatte für entsprechende Passierscheine gesorgt. Auch die morgendliche Fahrt hinaus war von den französischen Behörden genehmigt. Es hatte durchaus Vorteile, eine Berühmtheit und mit dem Kaiser persönlich bekannt zu sein.

Die Herren hatten sich schon am gestrigen Abend über Sinn und Zweck der Einladung Schroeters unterhalten. Im Wagen nahmen sie das Thema wieder auf. Olbers glaubte zu wissen, worauf der alte Amtmann hinauswollte. Sicherlich ginge es wieder einmal um Geld. Die Sternwarte dort draußen war mit dem Salär eines Amtmannes unmöglich zu betreiben.

Insgeheim verfolgte Olbers eigene Pläne. Seit mehreren Jahren war keine herausragende Entdeckung mehr erfolgt. Das Riesenteleskop stand förmlich nutzlos in Lilienthal. Kein Inspector, kein Assistent war mehr dort angestellt. Lediglich Schroeter selbst gebrauchte die Instrumente für seine bescheidenen Beobachtungen, sein ewiges Kartographieren, sein endloses Paragraphieren kleinster Veränderungen an bereits bekannten Himmelskörpern. Dabei galt es Großes zu vollbringen. Kometen und Asteroiden waren zu entdecken. Der Krieg würde bald vorbei sein, so oder so. Darauf musste sich die Astronomische Gesellschaft vorbereiten. Ein Genie wie Bessel, wenn sich nochmals so jemand fände, durfte man nicht wieder gehen lassen. Es mussten Anstrengungen unternommen werden. Nach dem Krieg würde wieder eine größere Aufmerksamkeit für die Astronomie entstehen, ganz Europa erneut nach den Sternen blicken. Ruhm, Anerkennung, Titel und Geld waren zu gewinnen. Und schließlich Bremen. Bremen musste eine Universität erhalten. Das war eines der großen Projekte von Wilhelm Olbers. Neben den alten Fächern wie Jura, Philosophie und Medizin sollte vorrangig die Mathematik und die Astronomie gelehrt werden. Ein Observatorium musste nach Bremen, das größte auf dem Kontinent.
Bei all diesen Überlegungen, in denen Olbers förmlich schwelgte, stand ihm immer wieder die Person Schroeters im Wege. Waren sie in den ersten Jahren ihrer Bekanntschaft nahe-

zu befreundet, gingen ihre Wege nun weit auseinander. Anfänglich bewunderte Olbers den Amtmann für seine selbstlose Art. Seine gesamten Einkünfte und den Großteil seines Vermögens gab dieser für seine Leidenschaft hin. Stetig kaufte er neue Instrumente und erbaute schließlich diese riesigen Teleskope. Sich selbst gestattete er keinerlei Vergnügungen oder Luxus. Das Leben auf dem Amtshof glich dem Leben in einem Kloster.

So streng Schroeter im Privaten war, so freizügig verhielt er sich in der Wissenschaft. Jeder Interessierte durfte seine Instrumente nutzen und wurde von ihm in deren Handhabung eingewiesen. So konnte auch Olbers viele Nächte lang mit dem Riesenteleskop den Nachthimmel studieren.

Die Entdeckung von Pallas durch Olbers führte zu einer ersten, nicht offenen, doch deutlich spürbaren Distanz zwischen Schroeter und ihm. Es war nicht die Entdeckung an sich und schon gar kein Neid. Es war, dass Olbers die Rolle der Sternwarte in Lilienthal mit keiner Silbe erwähnte. Wie ein Dieb nahm er seine Beobachtung mit nach Bremen, verfasste einen umfangreichen Artikel, der kurze Zeit später in den *Göttinger Gelehrten Anzeigen* und der *Monatlichen Correspondenz* erschien. Rasch übernahmen andere Blätter und auch französische Zeitungen diese Sensation. Bei der Sichtung von Vesta einige Jahre später wiederholte sich der Vorgang. Schroeter hätte genügt, wenn seine Sternwarte als Ort erster

Vermutungen und Hinweise genannt worden wäre. Selbst die nachmalige Überprüfung seiner Entdeckung mit dem Siebenundzwanzigfüßigen erwähnte Olbers nicht – oder nur in einem Nebensatz.

Der endgültige Bruch zwischen ihnen erfolgte allerdings durch den Weggang von Bessel nach Königsberg. Olbers, der die Förderung des jungen Kaufmannsgehilfen Bessel als astronomisches Genie für sich beanspruchte, hatte diesen nach Lilienthal empfohlen. Dass Schroeter diesen phantastischen Geist entfleuchen ließ, ihn nicht dauerhaft binden konnte, lastete er dem Amtmann als schwerwiegenden Fehler an. Olbers glaubte sogar, dass Schroeter Bessel willentlich vertrieben hätte. Er habe ihn mit seiner Pedanterie unaufhörlich eingeengt und schließlich in die Flucht geschlagen. Dabei wäre es Olbers selbst, der inzwischen großes Ansehen genoss und ein kleines Observatorium in Bremen unterhielt, ohne Weiteres möglich gewesen, Bessel zu sich zu nehmen. Wohl aus Angst, sein Licht würde bald neben diesem strahlenden Kopf verblassen, blieb er tatenlos und kreidete ausschließlich Schroeter die Berufung Bessels nach Königsberg an.

In Olbers Plänen störte Schroeter. Er passte überhaupt nicht in seine Überlegungen, in seine Bilder der Zukunft hinein. Schon seit Längerem arbeitete er daran, die Leitung der Astronomischen Gesellschaft, wenn nicht zu übernehmen, so doch in ihm getreue Hände zu bringen. Das jetzt einberufene Treffen kam ihm gerade recht. Im Vorfeld versuchte er seine Partei zu vergrößern, daher auch die Einladung an Lindenau und Harding, gemeinsam zu reisen. Olbers wusste durch manch politisches Amt, wie seine Ziele durch entsprechende Fürsprecher zu erreichen waren. In ruhigem Ton spann er seine Fäden.

Der Tag sei durchaus nicht zufällig gewählt, begann er seine Rede. Ostern, das wichtigste Fest im Kirchenkalender, und dazu die Einladung an die Astronomische Gesellschaft. Der Amtmann wolle, wie so oft, die Wissenschaft und den Glauben symbolisch vereinen. Schon die Position seiner Instrumente in direkter Nachbarschaft zur Kirche sei ihm von jeher ein Beleg dafür. Es hätte doch im Amte Lilienthal genügend andere Plätze gegeben als an dieser Stelle.

Sagte nicht schon Johannes Kepler, Astronomie zu betreiben heiße, Gottes Gedanken zu lesen, warf Harding ein. Dass das Amtshaus und der Amtsgarten dort lägen, wo sie lägen, dafür könne Schroeter nichts. Er habe, als er seine ersten Observatorien errichtete, sie schlicht in seiner Nähe wissen wollen. Dass er dann das große Teleskop an gleichem Orte errichtete, wäre daher durchaus verständlich.

Er wolle doch nicht ernsthaft Schroeters Dualität als Mann der Kirche und Astronom in Frage stellen, entgegnete Olbers. Dieser Fakt sei doch zu offensichtlich.

Das wolle er keineswegs, antwortete Harding ruhig und gelassen. Er sehe darin nur keinen

Widerspruch. Die Frömmigkeit des Amtmannes beeinflusse nicht sein Forschen als Astronom. Zumindest sei ihm dies in seiner Zeit in Lilienthal nicht auffällig gewesen.

Wir werden älter, wir werden älter, warf von Lindenau ein. Und mit dem Alter rücke die Frage näher, was da einst kommen mag. Schon viele vernünftige Köpfe seien daran gescheitert. Selbst der große Kant, welcher mit seiner Kritik die Existenz Gottes zuvor vernichtete, sei in seinen letzten Lebensjahren ein wahrer Katholik geworden.

Er könne darin keinen Grund für ein solches Treffen erkennen, beteiligte sich der Ratsherr Gildemeister am Gespräch. Um ihnen eine Predigt über die Zweisamkeit von Glaube und Wissenschaft zu halten, werde Schroeter sie unmöglich nach Lilienthal bitten. Und wenn dem so wäre, solle man verfahren wie in der Kirche, andächtig lauschen und wieder nach Hause gehen.

Nein, nein und nochmals nein, setzte sich Harding ein. Er kenne Schroeter sehr wohl. Immerhin habe er viele Jahre im täglichen Umgang mit ihm verbracht, zunächst als Hauslehrer, später als Inspector der Sternwarte. Er schätze und verehre Schroeter ob seiner Selbstlosigkeit. Schroeter habe ihm sein Wissen, seine Instrumente, seine Unterlagen uneingeschränkt zur Verfügung gestellt. Ohne ihn hätte er niemals Juno entdeckt, wäre er niemals Professor geworden. Leider sei ihr Kontakt auf einige Briefe in den letzten Jahren zurückgegangen, was niemand mehr bedauere als er selbst. Es müsse einen anderen, gewichtigen Grund für dieses Treffen geben. Vor allem in diesen Zeiten.

Er habe seinen Besuch auf dem Amtshof in bester und freudigster Erinnerung, beschwichtigte von Lindenau. Er freue sich auf die anregenden Gespräche und das gemeinsame Beobachten. Ferner wäre es an der Zeit, dass sich die Himmelspolizey neue Ziele gebe.

Ob er tatsächlich nicht wisse, wer noch eingeladen sei, fragte Olbers nach einer Pause zu Harding hinüber. Damit hatte er ihn schon am letzten Abend wiederholt belästigt. Nur von Gauß wisse er mit Sicherheit, dass dieser eingeladen sei, aber nicht kommen werde, antwortete Harding. Er habe ihm Grüße an Schroeter und eine Entschuldigung für sein Fehlen mitgegeben. Andere Namen seien ihm nicht bekannt.

Olbers berichtete, wie schon am Vorabend, dass Bessel keine Einladung erhalten habe. Das wisse er zuverlässig und das sei doch merkwürdig. Immerhin wäre auch er in Lilienthal tätig gewesen und, anders als Gauß, Mitglied der Astronomischen Gesellschaft und der Himmelspolizey.

Harding wollte, wie schon gestern, etwas einwerfen. Wieder schwieg er. Ihm trat erneut ein Bild vor Augen, ein Disput zwischen Bessel und Schroeter, dem er einst beiwohnte. Sie standen gemeinsam im Amtsgarten und Bessel sagte, er erkenne im Lauf der Gestirne nur Kräfte, wie sie von Kepler und Newton beschrieben. Es war eine Entgegnung auf Schroeters Hinweis bezüglich der göttlichen Schöpfung über ihnen. Der Amtmann fragte seinen inzwischen sehr selbstbewussten Inspector, wer seiner Meinung nach diese Gesetze geschaffen habe?

Wenn er damit erneut auf eine Allmacht anspielen wolle, sei die Frage gestattet, welche Gottheiten hier am Werke wären? Die grausamen Götter der Babylonier? Die den Tieren ähnelnden der Ägypter? Oder die sagenumwobenen der Griechen? Zu deren Zeiten beobachteten Astronomen bereits die Phänomene am Himmel. Der christliche Gott sei da noch gar nicht geboren gewesen.

Schroeter wurde etwas hitziger. Gerade in alter Zeit habe man die Vorgänge am Himmel mit dem Wirken und Willen von Göttern verbunden. Dies sei eine Wahrheit, die in der Erkenntnis eines einzig wahren Gottes fortdauere.

Erkenntnis habe nichts mit Gott zu schaffen, entgegnete Bessel in leichtfertigem Ton. Erkenntnis erlange der Mensch durch sinnliche Wahrnehmung, denen Begriffe und Urteile zugrunde lägen. Das Gesehene dem Wirken eines Gottes zuzuschreiben hieße, eine selbstständige Erkenntnis durch den menschlichen Geist zu verneinen.

Die menschliche Erkenntnis sei der Einblick in Gottes Willen. Jede Wirkung besitze ihre Ursache. Der menschliche Geist möge noch so viele Gesetze daraus ableiten, am Ende stehe die Frage nach dem Anfang.

Gerade das Wirken von Mächten, die sich der Verstand noch nicht erschließen könne, führe zu Mythen und Religionen. Das beweise allerdings die Existenz eines Gottes nicht. Es sei eher ein Beleg, dass sich der menschliche Geist weiterentwickeln müsse, dass es weiterhin an Aufklärung mangele.

Der Mensch vertraue nicht nur seinem Verstand, er spüre auch eine Seele in sich. Die Seele verbinde den Menschen mit der Natur und mit Gott.

Aufklärung bedürfe es, erwiderte Bessel mit einem spöttischen Lächeln. Nur die Aufklärung führe aus der selbstverschuldeten Unmündigkeit. Selbstverschuldet sei diese Unmündigkeit dadurch, da es dem Menschen nicht an Verstand fehle, sondern an Entschlusskraft und Mut.

Der Verstand alleine zermalme das Wohl und lasse den Menschen hilflos zurück. Dies habe die damalige Revolution in Frankreich, mit ihren zahlreichen ausgedachten Neuerungen, gezeigt. Schroeter wollte die Unterredung damit beenden.

Alles, was der Mensch, außer einem guten Lebenswandel, zu tun vermeint, um sittsam und gottgefällig zu erscheinen, sei bloßer Religionswahn und klerikaler Afterdienst. Damit wandte sich Bessel ab und ging davon. Schroeter blickte ihm wütend nach.

Wie es mit Bode stünde, fragte Olbers Harding erneut. Dieser Freund und Förderer müsse unbedingt dabei sein. Ganz davon abgesehen, dass er sich sehr freuen würde, den Herausgeber des *Astronomischen Jahrbuches* einmal wieder persönlich zu treffen. Er habe ihm geschrieben, aber keine Antwort erhalten. Natürlich sei es jetzt gerade schwierig, von Berlin nach Bremen zu kommen. Er müsse ja sozusagen durch die Linien. Dazu noch als preußischer Gelehrter. Auch sei er nicht mehr der Jüngste und die Reise in diesen Tagen doppelt beschwerlich. Olbers blickte nach draußen.

Von Zach werde wohl auch nicht anreisen, warf Gildemeister ein, was Olbers sofort etwas abschätzig bestätigte. Der habe die Astronomie aufgegeben und verdinge sich als Haushofmeister der Herzogin Amalie in Marseille, wobei er dessen Rang spöttisch betonte.

Lindenau widersprach vehement. Er stehe mit seinem Mentor und Vorgänger auf dem Seeberg in regem Kontakt. In all seinen Briefen erkundige sich der Gründer und langjährige Herausgeber der *Monatlichen Correspondenzen* sehr genau nach dem Fortgang in der von ihm so geliebten Sternwarte. Er beschäftige sich weiterhin mit der Astronomie und habe an allen Orten, in Marseille, Genua und Paris, entsprechende Instrumente zur Verfügung.

Er bitte nicht missverstanden zu werden, entschuldigte sich Olbers. Er vermisse den so herzlichen und tatkräftigen Freund, der viel für ihre Wissenschaft geleistet habe. Teilnehmen an ihrem Treffen werde er nicht, dass habe er ihm geschrieben. Wieder schaute Olbers aus dem Wagen.

Herschel würde unmöglich von England her-
überkommen können, sprach Gildemeister
mehr zu sich. Obwohl die Reise mit dem Schiffe
einfacher zu bewerkstelligen sei als mit der
Kutsche von Berlin. Das wäre förmlich eine
Sensation, wenn Herschel käme. Aber daran
glaube er nicht. Harding verneinte ebenfalls.
Niemals, auch unter anderen Umständen, würde
Herschel Lilienthal einen Besuch abstatten.
Ob sie seine Darlegungen über die Helligkeit
der Sterne verfolgt hätten, wandte sich Olbers
an die Mitreisenden. Alle schwiegen. Herschel
behaupte darin, alle Sterne besäßen die gleiche
Leuchtkraft. Lediglich ihre Entfernung zu uns
würde ihnen eine unterschiedliche Helligkeit
verleihen. Aus der Helligkeit ließe sich damit
ihre Distanz zur Erde ableiten. Schweigen. War
dies die Lösung für eines der größten Probleme
der Astronomie? Niemandem war bilang eines
verlässliche Entfernungsbestimmung gelungen. Alle Versuche mittels der Parallaxe waren
gescheitert oder führten zu irrwitzigen Ergeb-
nissen. Wie sollte dies über die Helligkeit gelingen? Eine Viertelmeile rollte die Reisegesellschaft, jeder in eigene Gedanken versunken,
dahin.
Schrader, fragte von Lindenau um die Stille zu
beenden.
Schrader? Nein! Olbers wandte sich wieder
den Anderen zu. Von Sankt Petersburg hierher? Unmöglich! Obwohl Napoleon den Wissenschaften gegenüber sehr aufgeschlossen
sei und wohl zu unterscheiden wüsste, wer
in ihren friedlichen Diensten steht und wer

sich am Kriege beteilige. Er habe Bonaparte ja persönlich getroffen und ihn als glühenden Verehrer der Sciences exactes kennengelernt. Man könne froh sein, einen solchen Mann als Kaiser zu haben.

Die anderen im Wagen blickten sich kurz an.

Niemals in der Geschichte seien die Mittel für neue Entdeckungen derart großzügig vergeben worden. In allen Bereichen gelte es Preise und Ehrungen zu gewinnen. Gerade kürzlich habe Napoleon 140.000 Francs für die Universität in Düsseldorf ausgesetzt. Das habe ihm Benzenberg geschrieben, der übrigens auch keine Einladung erhalten habe. Wenn nur Bremen einmal in den Genuss einer solchen Förderung käme.

Paris! Olbers geriet in Eifer. Sie könnten sich keine Vorstellung von Paris machen. Das sei die Stadt der Wissenschaften. Selbst Humboldt habe sich dort niedergelassen, das müsse man sich einmal vorstellen. Der große Forscher, der treibende Geist der Wissenschaften, aber Preuße, sei mit unglaublichen Ehren in der französischen Hauptstadt empfangen worden. Alleine dieser Umstand werfe doch ein hinreichendes Bild auf die Verhältnisse dort. Er selbst sei ja auch mehrfach nach Paris gereist, als Abgesandter des Departments Wesermündung. Er habe Napoleon und Humboldt mehrfach persönlich getroffen.

Wieder schauten alle kurz auf.

Auch ihm wäre ein herzlicher Empfang bereitet worden. Übrigens sei Humboldt ein Exzentriker. Ein sprühender Geist, ohne Zweifel, aber von äußerst merkwürdigem Charakter. Er selbst habe die Gelegenheit gehabt, einige Gedanken mit Humboldt auszutauschen, bei einer kurzen Audienz. Er müsse sagen, Humboldt verstehe von der Natur im Ganzen recht viel, im Detail sei ihm jedoch vieles fremd. Voller Begeisterung habe er von seinen Reisen in Mexiko erzählt. Die dort lebenden Völker hätten sehr eigenwillige Kalender geführt, mit vierzehn, andere sogar mit achtzehn Monaten. Dabei war ihnen der Lauf der Sonne, die sie als Gottheit verehrten, sehr vertraut. Sie deuteten auch den Vorgang einer Finsternis, bei der in ihren Darstellungen der Mond die Sonne verschlang, richtig.

Er habe Herrn Humboldt darauf hingewiesen, dass dieses Phänomen schon seit Jahrtausenden bekannt sei und vorausgesagt werden konnte. Mancher Astronom habe hierbei mit seinem Leben bezahlt, falls seine Berechnungen nicht zutrafen. Daraufhin habe ihm Humboldt etwas von Menschenopfern auf steinernen Pyramiden, nicht in Ägypten, nein, in Mexiko, erzählt. Er könne die unglaublichsten Dinge berichten. Scharen von Menschen würden Humboldt umringen, wo er geht und steht. Alle warteten sie auf unterhaltsame Anekdoten seiner Reisen ans Ende der Welt. Ebenso müssten sie ihre Entdeckungen präsentieren. Nicht diese kühle Sachlichkeit, sondern wie Abenteuer.

Dazu müsste jemand zum Mond reisen, warf von Lindenau ein, um einmal den Redeschwall von Olbers zu unterbrechen. Oder es müsste uns jemand von dort besuchen. Eine Abordnung der Seleniten, steuerte Harding bei.

Unsinn, blanker Unsinn, wenn sie mich fragen. Olbers setzte sich, gekränkt ob der Unterbrechung, zurück und schaute wieder aus dem Fenster. Die Erde dampfte. Die Sonne ließ die Bäume, die entlang der Kanäle standen, wie grüne Fackeln leuchten. Was war es doch eine herrliche Landschaft.

Charly blickte von den Seiten auf, schaute ebenfalls in die leuchtend grünen Bäume entlang der Friedhofsallee. Er erhob sich von der Bank, auf die er sich nach seiner Engelsrunde gesetzt hatte. Tina war ihm an diesem Morgen nicht begegnet. Vielleicht weilte sie noch in der Unterwelt, dachte er bei sich. Es wird Zeit, dachte er ferner, höchste Zeit. Martin wird schon auf dem Weg sein.

Musste er die Fahrt in der Kutsche schildern? Charly blieb nochmals vor der Skulptur mit Buch und Feder vor der Brust stehen. Er könnte diese auch weglassen, mit dem Eintreffen der Beteiligten beginnen. Die Kutsche kam auf den Hof gefahren und ihr entstiegen vier Herren, zack, fertig. Was diese auf der Fahrt miteinander redeten, war vielleicht gar nicht so wichtig. Wen interessierte das? War doch sowieso alles frei erfunden. Gildemeister könnte er komplett streichen. Er trug zur eigentlichen Handlung wenig bei. Historisch hatte es ihn gegeben, zweifelsohne. Seine Verdienste um die Astronomie waren allerdings bescheiden. Eigentlich diente er nur als vierte Person im Wagen, ein Statist sozusagen.

Charly hatte schon andere, bedeutendere Köpfe weggelassen. Lichtenberg zum Beispiel. Mit ihm unterhielt Schroeter in den ersten Jahren in Lilienthal einen ausführlichen und auch überlieferten Briefwechsel. Oder Ferdinand von Ende. Über ihn, vielmehr seine Theorie der vom Mond auf die Erde herabfallenden Steine, gab es eine fertige Passage. Leider konnte Charly bislang keine passende Stelle in seinem Buch finden, um diese einzubauen.

Tina hätte er ebenfalls gerne eine Rolle im Buch gegeben. Doch immer wieder entzog sie sich, blieb aber stets in seinem Kopf. In einer früheren Fassung trat sie als Verrückte in Lilienthal auf, redete auf dem Friedhof von Sankt Marien mit den Toten und spukte des Nachts zwischen den Instrumenten im Amtsgarten umher, den Amtmann stets an Gott mahnend. Charly schrieb diese Episode nach seiner morgendlichen Begegnung mit Tina. Vierzehn Tage später löschte er den kompletten Absatz wieder. Es lenkte die Handlung zu sehr ins Mystische und war darüber hinaus ohne Belang.

Er hatte schon so viele Personen weggelassen, dachte Charly bei sich. Fast so viele, wie es Gräber hier gab. Je weiter er sich während seiner Recherchen in die Geschichte der Himmelskunde vertiefte, umso mehr Namen tauchten auf. Die meisten waren heute bedeutungslos, wie die Namen auf diesen Steinen ringsum. Obwohl sie einst etwas Wichtiges entdeckten, einen Meilenstein in der Astronomie markierten, erinnerte sich niemand mehr an sie. Selbst Schroeter war heute völlig vergessen. Es mag sein, dass ihre Entdeckungen irgendwann überholt waren, sich als falsch oder nur halb richtig herausstellten. Dennoch erreichten sie eine gewissen Bedeutung in ihrer Zeit, waren eine wichtige Stufe auf der Himmelsleiter, über die andere zu höheren Einsichten gelangten. Eratosthenes von Kyrene, zum Beispiel, oder Aristarchos von Samos.

Wer von den hier Begrabenen hatte dies je erreicht? Die wenigsten! Der größte Teil wird beerdigt, ihre spärlichen Daten in Stein gehauen und anschließend vergessen. Vielleicht lebt er noch einige Jahre in den Erinnerungen seiner Familie und Freunde fort. Irgendwann wird das Grab abgetragen. Die roten

Aufkleber erinnern die Hinterbliebenen daran. Die Zeit ist endgültig abgelaufen. Lange genug wurde der oder die Tote hier ausgestellt. Lange genug haben die Lebenden pflichtgemäß ihr Gedenken durch schöne Gestecke und wöchentliche Pflege demonstriert. Andere sind bereits endgültig verstorben, niemand schaut mehr nach ihnen. Das große Vergessen ist grau und verdorrt.

Schrieb er das Buch, um selbst nicht vergessen zu werden? Erinnerte er an längst unbekannte Personen, um selbst präsent zu bleiben? Wer würde sich einmal an ihn erinnern? Seine Eltern waren beide schon lange tot. Sie starben kurz hintereinander. Erst seine Mutter, an Krebs, dann sein Vater, an Trauer. Es hatte ihn überrascht, dass sein Vater nicht über den Verlust hinwegkam. Charly selbst war gerade Anfang zwanzig und mitten im Studium. Der Tod seiner Mutter hatte sich angekündigt. Von der Diagnose bis zu ihrem Ende vergingen kaum zwei Jahre. Charly war der Moment, an dem seine Mutter ihm über ihre Erkrankung berichtete, deutlicher im Gedächtnis als der Morgen, da sie leblos im Bett lag. Sein Vater hatte sie nach Hause geholt. Sie sollte, nachdem die Ärzte sie aufgegeben hatten, nicht im Krankenhaus sterben. Tag und Nacht saß er bei ihr. Charly selbst hockte in seinem Zimmer im oberen Stock und vergrub sich in seine Bücher. Immerzu standen Prüfungen und Klausuren an. Eines Morgens weckte ihn sein Vater sehr früh. Es sei vorbei, die Mutter in der Nacht gegangen. Erst jetzt rief ihn der Vater zu einem letzten Abschied. Zuvor hatte er ihn nicht neben sich am Bett geduldet.

Ein Vierteljahr später starb auch sein Vater. Plötzlich, wie man so sagt, auf der Dienststelle, ein Herzinfarkt.

Der Notarzt konnte nichts mehr für ihn tun. Der Dienststellenleiter stand nachmittags an der Tür, überbrachte sein Beileid und bot seine Hilfe an. Der Tod seines Vaters war Charly nicht sehr nahe gegangen. Am Grab seiner Mutter hatte er noch geweint. Zwar nicht so viel wie bei seinem Großvater. Auf dessen Beerdigung war er völlig aufgelöst und musste von der Mutter zur Seite geführt werden. Am Grab des Vaters stand er stocksteif, nahm die Kondolenzen der wenigen Trauergäste entgegen und war zu keiner Regung fähig. Das kleine Urnengrab seiner Eltern hatte er letztes Jahr verlängert. Wozu wusste er selbst nicht. Er besuchte es selten. Er ließ sie ungestört im Tod, wie sie auch im Leben ungestört hatten bleiben wollen.

Sein Vater hatte nie an seinem Leben Anteil genommen. Es gab keine gemeinsame Unternehmung, an die sich Charly erinnern konnte. Als sich die außergewöhnlichen Begabungen beim kleinen Hans zeigten, nahm es der Vater hin, als wäre es ein Schnupfen. Die besten Zensuren, die zur Regel wurden, blieben unkommentiert. Ein möglicher Schulwechsel, von seinen Lehrern vorgeschlagen, verwelkte unbeantwortet auf dem Wohnzimmertisch neben alten Fernsehzeitungen und halb ausgefüllten Kreuzworträtseln.

Der Tagesablauf seiner Eltern war so monoton wie die Bahnen der Planeten. Kam der Vater heim, selten dass er sich auch nur um fünf Minuten verspätete, stand der Kaffee bereit, im Winter in der Küche, im Sommer auf der Terrasse. Es gab im nodelschen Haushalt nur diese beiden Jahreszeiten: Kaffee drinnen oder Kaffee draußen. Nach einer meist stillen Viertelstunde, in welcher der Vater die Zeitung durchblätterte, die Mutter die Reklamen, stand Charlys Vater auf und widmete sich dem Garten. Das war seine einzige Leidenschaft. Der Garten war sehr gepflegt, zeigte darüber hinaus allerdings keine besonderen Schönheiten. Nicht ein einziges Mal hatte der Vater auf dem Rasen mit Hans Fußball gespielt. Auf keinen Fall durfte er die Bäume besteigen oder in den Beeten graben. Selbst das Herumspringen unter dem Rasensprenger war ihm verboten.

Charly hatte von klein auf das Gefühl, überflüssig zu sein. Sein Vater wollte offensichtlich nur mit seiner Frau zusammenleben und nahm von Hans so viel Notiz wie von einem zugelaufenen Haustier. Mehr noch, er neidete ihm die Aufmerksamkeit, die Charly von seiner Mutter empfing. Nach dem Tod der Eltern fand er Briefe im Schrank der Mutter, aufbewahrt in einem alten Schuhkarton. Es waren Liebesbriefe voller Leidenschaft, allerdings nicht vom Vater. Sie waren mit einem Namen unterschrieben, den Charly nicht kannte und mit niemanden in Verbindung bringen konnte. Ein Absender war nicht zu erkennen. Nur die Daten am oberen Rand und das, was Charly zu entziffern vermochte, deuteten darauf hin, dass seine Mutter bis kurz vor seiner Geburt Kontakt zu diesem Fremden unterhielt. Mehrmals flehte sie dieser Mann an, zu ihm zu kommen, es sei schließlich sein Kind, er werde für sie beide sorgen. Hans las die Zeilen immer wieder.

Der Fremde war nie erschienen und hatte sich auch nach dem Tod seiner Eltern nicht zu erkennen gegeben. Die offensichtliche Affäre seiner Mutter überraschte Charly. Sie ließ die Kluft zwischen ihm und seinen Eltern noch größer werden.

Seine Mutter war für ihn bis dahin eine solide Hausfrau, die sich einen festen Takt im Ablauf des Tages gegeben hatte. Sie stand mit ihrem Mann auf, bereitete ihm das Frühstück, während er im Bad war, und schmierte ihm Brote fürs Büro. Abwechselnd, je nach Wochentag, wurden die Zimmer gereinigt. Danach Einkaufen, anschließend die Wäsche. Für Sonderarbeiten wie Fensterputzen war der frühe Nachmittag reserviert. Nach dem Kaffee mit ihrem Mann widmete sie sich dem Abendessen, der eigentlichen Mahlzeit des Tages. Niemals hätte sie auch nur ein Blatt vom Rasen genommen. Das war sein Reich. Nach dem gemeinsamen Essen flimmerte der Tag im Wohnzimmer, beginnend mit der Tagesschau, seinem pünktlichen Ende entgegen. Zuerst stand der Vater auf und ging ins Bad. Kurze Zeit später, nach letzten Handgriffen in der Küche, folgte Charlys Mutter. Niemals andersherum, nichts konnte diesen Ablauf stören, niemand wurde eingeladen, nie gingen sie aus.

Charly lebte im Hause Nodel neben seinen Eltern her. Während der Grundschule hatte sich seine Mutter noch etwas Zeit für ihn genommen. Sie saßen zusammen beim kleinen Einmaleins, beim Lesen und Schreiben und den ersten englischen Vokabeln, die sie allesamt falsch aussprach. Nach dem ersten Jahr auf dem Gymnasium waren diese gemeinsamen Stunden vorbei. Charly kam nach Hause, bekam schon mal etwas für zwischendurch, wie seine Mutter es nannte, und ging hinauf in sein Zimmer. Wie es dazu gekommen war, dass an seiner Tür Charly Brown klebte, Snoopy schlafend auf seiner Hundehütte über seinem Bett hing und schließlich Linus, der Liebling von Hans, als Schreibtischunterlage diente, wusste er nicht. Er selbst hatte sich nie für die Peanuts interessiert. Es schien ihm eher eine Kindheitserinnerung der Mutter zu sein, die sie ihm überstülpte. Später vermutete er, dass es schlicht ein Sonderangebot in einem Möbelkaufhaus war, in einer der unzähligen Reklamen beworben und wegen des günstigen Preises von der Mutter ausgesucht.

Die kindliche Einrichtung seines Zimmers blieb bis zu seinem sechzehnten Lebensjahr unverändert. Hätte ihn Martin, der einzige Freund in der Schule, nicht bei jedem Besuch aufgezogen und hätte Hans nicht – zum ersten Mal – massiv auf eine Veränderung insistiert, wäre es wahrscheinlich bis zum Verkauf des Hauses nach dem Tod der Eltern so geblieben. Martin neckte ihn allerdings nach der gemeinsamen Renovierung des Zimmers weiter. Jetzt fühle er sich nicht mehr wie im Kindergarten, sondern in den Kartenraum ihrer Schule versetzt. Auf den kahlen weißen Wänden prangten fortan die Planeten des Sonnensystems. Ein riesiger, leuchtend gelber Kreis füllte die linke obere Ecke aus. Das war das Zentrum. Die Größenverhältnisse der Planeten zueinander, ihre Entfernung von der Sonne im Zimmer waren von Charly penibel berechnet worden. Dünne schwarze Linien deuteten ihre Bahnen an, die sich alle irgendwo hinter dem gelben Ball verloren. Die jeweiligen Trabanten waren kleine Kreise im Orbit um die Planeten. Der Mond war von der Erde gerade einmal eine Handbreit entfernt. Es schien, als könnte man zu ihm hinüberspringen. Sogar schwarze Flecken, riesengroß, und peitschenartige Eruptionen hatte Charly auf und um die Sonne gezeichnet.

Charly verließ seinen Engel. Kein Wort hatte sie ihm zugeflüstert, keinen Geistesblitz gesandt. Er ging an der Bäckerei vorbei. Die Schlange vor der Tür reichte zur anderen Straßenseite und dort weiter bis zur Bushaltestelle. Seitdem immer nur zwei Personen eintreten durften und innen wie außen ein Mindestabstand von zwei Metern vorgeschrieben war, erinnerte das Einkaufen an Bilder der Nachkriegszeit oder des real existierenden Sozialismus. Charly stellte sich in die Reihe. Da nach mehreren Minuten keine Bewegung zu spüren war, ließ er es bleiben und ging. Es würde sich bestimmt noch etwas zum Frühstück in seiner Wohnung finden, dachte er. Und sicherlich hatte Martin, wie immer, für seine Gäste und das Osterwochenende reichlich eingekauft.

Martin Ochs verzweifelte. Obwohl er noch vor Öffnung des Einkaufszentrums in Michelstadt auf den Parkplatz aufgefahren war, konnte er keinen Einkaufswagen mehr ergattern und musste vor dem Eingang warten. Eine resolute Dame mit gelbem Leibchen stand unmittelbar vor ihm und verweigerte jedem Kunden ohne Wagen den Einlass. Die Schlange hinter Martin zog sich bald hundert Meter über die gesamte Front des Gebäudes. Verschlafen stand Clara neben ihm, einen Becher Kaffee in der Hand, und schimpfte unentwegt. Sie habe es gleich gesagt, dass heute alle einkaufen würden. Die Welt sei verrückt geworden. Alle hamsterten Nudeln, Konserven und Toilettenpapier. Die Menschen hätten doch endlich einmal Zeit! Sie könnten, statt Stunden auf dem Klo zu verbringen, auch etwas Richtiges kochen. Idiotisch sei das mit der Osterfeier. Man könnte es doch einmal ausfallen lassen, einmal in zwanzig Jahren! Die Bundeskanzlerin appelliere an alle, sie sollten zu Hause bleiben. Wenn sich die Leute nicht daran hielten, würde es womöglich Ausgangssperren geben wie in Frankreich oder Spanien. Er, Martin, sei mit seiner Verstocktheit ein Paradebeispiel dafür, dass es noch so weit käme. Es gebe die Welt und es gebe Martin Ochs. Gesetze und Erlasse gälten in seinen Augen nur für die anderen. Ein Herr Ochs sei an so etwas nicht gebunden. Jedes Jahr diese Osterfeier. Er werde sehen, dass keiner kommen würde.

Charly käme bestimmt, entgegnete Martin unbeeindruckt – und Paul und Franziska auch. Das hätten er und Paul am Donnerstag noch in der Agentur besprochen.

Charly zähle nicht. Er habe sein eigenes Häuschen auf dem Gelände. Da sei er mehr oder minder autark. Paul und Franziska müssten bei ihnen im Haus wohnen. Gerade darum ginge es beim jetzigen Kontaktverbot. Dass sich Personen nicht träfen und gegenseitig ansteckten. Selbst wenn sich alle im Freien aufhielten, würden sie im Haus aufeinandertreffen. Und sie sei mal gespannt, was die Nachbarn, die Michels, sagen würden. Die riefen glatt die Polizei. Die warteten doch nur auf so eine Gelegenheit.

Und Annegret käme doch wohl auch, wollte Martin, weiterhin unberührt von Claras Einwänden, wissen. Das sei Claras Aufgabe gewesen, sie nochmals zu erinnern.

Sie habe mit ihr telefoniert und es sehe tatsächlich so aus, dass Hethe käme. Ihr fiele zu Hause die Decke auf den Kopf, seitdem sie ihre Boutique schließen musste. Sie freue sich sogar, einmal rauszukommen. Nach wie vor hielt Clara Martins Absichten für albern und viel zu durchsichtig. Vor einigen Wochen war ihm dieser Einfall gekommen, bei einem Bummel durch die Stadt, wahrscheinlich aufgrund der Namensgleichheit von Anne und Annegret.

Hethe und Charly, das würde niemals funktionieren. Und überhaupt, die beiden passten gar nicht zusammen. Sie hätte die Tage Lore zufällig getroffen, plauderte Clara weiter. Es schien ihr der passende Moment zu sein. Der ginge es gar nicht gut. Sie musste ihr Café schließen, hätte nur noch ein wenig To-go-Verkauf, was hinten und vorne nicht ausreiche. Sie sei völlig verzweifelt und wisse nicht, wie es weiterginge. Sie habe daher Lore auch zur Feier eingeladen. Jetzt war es raus. Es war das erste Mal, dass Clara jemanden einlud. Zudem noch jemanden, der nicht zum Kreis der jährlichen Teilnehmer zählte. Martin schien es gar nicht gehört zu haben. Er starrte auf seine Einkaufsliste.

Immerhin hätten sich Paul und Franziska auch einmal auf einer seiner Osterfeiern kennengelernt, setzte Martin das vorherige Thema fort. Da habe es doch funktioniert.

Ob er damit behaupten wolle, dass die beiden zusammenpassten? Wenn es um materielle Dinge gehe, dann sicherlich, beantwortete Clara ihre Frage selbst. Paul, der gewissenlose Kapitalist, und die langbeinige, vollbusige Franzi, deren Leben eine vierundzwanzigstündige Shoppingtour wäre. Da habe Martin die Richtigen zusammengebracht, Gratulation! Für die beiden sei jeder Tag ein Primeday. Hethe dagegen sei eine kluge und selbstständige Frau, die sich mit ihrem Geschäft und ihrem eigenen Modelabel etwas aufgebaut habe. Sie würde sich bestimmt nicht mit einem solchen Großkind wie Charly abgeben. Und wenn, dann nur für ein sexuelles Abenteuer. Und gerade dafür sei Charly die absolut falsche Person.

Martin sagte nichts mehr. Wütend starrte er der Dame vor ihm ins Gesicht, bis diese sich nach innen verzog. Wieder riss er sich seine Philippe Patek vor Augen. Zehn Minuten stünden sie jetzt schon hier, zehn Minuten! Die Getränke hatte er bestellt, die würden geliefert. Darum mussten sie sich nicht kümmern. Wenn sie rechtzeitig zurück wären. Hoffentlich kam der Getränkehändler nicht zu früh.

Warum er nicht gleich alles bestellt habe, fragte Clara, als hätte sie seine Gedanken gelesen. Und der Fahrer mit den Getränken müsste es erst einmal finden, so abseits wie der Hof läge. Und dass keine Hausnummer zu erkennen sei, darauf habe sie ihn schon etliche Male hingewiesen. Er würde sehen, der fände das niemals. Und selbst wenn, wäre niemand da, um es anzunehmen. Anrufen könne der Fahrer auch nicht, da es dort hinten keinen Empfang gebe.

Panik stieg in Martin auf. Clara hatte recht. Daran hatte er gar nicht gedacht. Er musste sichergehen und hier noch ein, zwei Kisten Wein kaufen. Dazu die anderen Sachen. Das Fleisch brachte Paul mit. Martin hatte es beim Metzger seines Vertrauens in Darmstadt bestellt. Da ging er kein Risiko ein und da wurde auch nicht gespart. Alles andere hatte er sorgfältig auf eine Einkaufsliste geschrieben. Bei seinen Osterfesten überließ Martin nichts dem Zufall.

Normalerweise besuchten Clara und Martin nur zu zweit den Hof. Manchmal wochenlang auch gar nicht. Hof war auch nicht mehr der richtige Ausdruck. Hofreite sagte man wohl eher dazu. Gelegentlich benutzte Martin das Wort Anwesen, wobei Clara stets die Augen verdrehte. Der einstige Bauernhof war der Hof seiner Großeltern, oder besser gesagt, der Hof der mütterlichen Familie. Landwirtschaft wurde dort schon seit einer Generation nicht mehr betrieben. Das Land war verkauft oder verpachtet, die Gebäude abgerissen oder umgewandelt worden. Nachdem der Hof auf ihn übergegangen war, hatte Martin vieles verändert. Das Erdgeschoss im Wohnhaus wurde entkernt. Die kleinen Stuben wichen einem fast durchgängigen Wohn- und Essbereich. Ebenerdig ging es durch eine große Fensterfront in den Garten. Der ehemalige Stall wurde Gästehaus mit vier Schlafzimmern und zwei getrennten Bädern.

Am Ende des weitläufigen Grundstücks lag ein alter Geräteschuppen. In ihren Jugendjahren hatten Charly und Martin dort manche Party gefeiert. Gemeinsam bauten sie die abgelegene Hütte um. Sie zimmerten eine Bar, mit Regalen vor einer großen Spiegelwand. Es sah aus wie in einem Saloon. Es gab sogar eine Lichtanlage mit Discokugel. Stühle und Sofas sammelten sie auf dem Sperrmüll ein.

Damals nahmen die Osterfeiern mit lauter Musik, grölenden Gästen und riesigem Feuer ihren Anfang. Dort hinten, am Ende der Wiese, kurz vor dem Waldrand, störte sich niemand am nächtlichen Lärm und dem lauten Gebaren ausgelassener Studenten. In Zelten campierten die Teilnehmer am Rehbach oder schliefen volltrunken am Feuer unter freiem Himmel. Martin hatte Charly den ehemaligen Stall, ihre Partyhöhle, wie sie es nannten, vermacht. Es gab sogar ein Schriftstück darüber, das Charly auf Lebzeiten die Nutzung des Gebäudes und des umgebenden Landes zusprach. Laut dieser Urkunde konnte Charly das

Gebäude in jeglicher Art und Weise verändern. Noch zu Annes Zeiten hatte er das marode Holzhaus bis auf das Fundament abreißen lassen. Nach seinen eigenen Plänen sollte dort ein kleines Observatorium entstehen.

Leider war Charly kein allzu begabter Architekt. Sein Entwurf schien vom Gedanken getragen, es selbst bauen zu müssen. Seine handwerklichen Fähigkeiten waren jedoch begrenzt. Das schlug sich in den simplen Bauplänen nieder. Ein großer Wohnschlafraum, davor zwei kleine Kammern – alles ebenerdig. Die Grundfläche von zehn auf fünf Meter war mit profanen Holzwänden umstellt. Das Dach eine simple Giebelform mit etwas Überstand an den Seiten. Ein angrenzender Schuppen sollte Gartengeräte und Brennmaterial beherbergen. Martin lachte, als er die Pläne sah. Er verstehe gar nicht, warum er den alten Stall abgerissen habe, wenn er ihn nachträglich wieder aufbauen wolle. Sein Haus gliche dem Bau eines Einsiedlers oder einsam Gestrandeten. Eine selbst gezimmerte Notunterkunft des letzten Menschen auf Erden. Die Blockhütte eines Lederstrumpf oder des letzten Mohikaners sei raffinierter. Wenn er einverstanden wäre, würde er einmal Roland anrufen, der sei Architekt. Der schulde ihm noch einen Gefallen und könnte sich der Sache annehmen. Abgesehen davon, gebe es in der letzten Zeit einen Brandstifter in der Gegend. Es seien schon mehrere Scheunen und Jagdhüten niedergebrannt. Charlys Hütte würde brennen wie Zunder.

Genannter Roland entwarf nach einem längeren Besuch vor Ort und einem kurzen Gespräch mit Charly das jetzige Tiny House. Es war ein echtes Raumwunder und bot Platz für alles: Wohnzimmer, Küche, Bad, eine separate Toilette – die hatte Charly in seinem Entwurf komplett vergessen. Der Clou war der obere Stock. Er war nur zur Hälfte überbaut. Darin befand sich eine Kombination aus Schlaf- und Arbeitszimmer. Roland meinte, Astronomie und Schlafen hätten eines gemeinsam: Sie benötigten in der Regel die Nacht. Man stieg an der Seite eine schmale Treppe hinauf. Rechts war optisch der Schlafbereich abgetrennt. In der Mitte des Raumes stand das Teleskop.

Charlys Teleskop, ein Eigenbau mithilfe von Kollegen aus der ESOC, ließ sich auf Schienen auf die Dachterrasse hinausschieben und dort verankern. Die Brennweite des Instruments betrug mittels Mehrfachspiegelung mehr als dreieinhalb Meter und ermöglichte eine tausendfache Vergrößerung. Das Auflösungsvermögen lag bei einer viertel Bogensekunde, die Nachführung war computergesteuert und absolut variabel einstellbar. Das Gerät hatte so viel gekostet wie das gesamte Gebäude, das es trug.

Charly nannte seine private Sternwarte „Ulug Beg", in Erinnerung an das einstige Observatorium in Samarkand. Im 15. Jahrhundert hatte dort der damalige Timuridenfürst in einem Gebäude von dreißig Metern Höhe und einem Durchmesser von sechsundvierzig Metern einen gigantischen Quadranten errichten lassen. Es war das größte Observatorium des frühen Mittelalters. Über Jahre hinweg wurden mit unglaublicher Genauigkeit die Bewegung der Erde um die Sonne und die Bahnen anderer Himmelskörper beobachtet. Der exakte Lauf des Jahres konnte dadurch fast auf die Sekunde genau ermittelt werden. *Die Religionen zerstreuen sich wie Nebel, Reiche zerstören sich selbst, nur das Wissen der Gelehrten überdauert die Zeit*, soll Ulug Beg einmal gesagt haben.

Sein Sohn, von rachsüchtigen Religionsführern an-
gestiftet, ließ ihn absetzen und hinrichten und wurde kurz darauf selbst ermordet, die Sternwarte und
die angrenzende Universität zerstört. Einer der Astronomen konnte sich mit den Sterntafeln nach
Istanbul in Sicherheit bringen. Die exakten Daten aus
Samarkand, die später nach Westeuropa gelangten,
bildeten die Grundlage für die zu dieser Zeit dort
aufstrebende abendländische Astronomie.
Diese Geschichte wäre auch ein Buch wert und Charly
war sogar nach Usbekistan gereist, als es mit seinem
Roman über Lilienthal stockte. Völlig überwältigt
von dieser anderen Welt, die ihm bis dahin nur als
Herd politischer und religiöser Unruhen bekannt war,
verschob er das Projekt auf später.
In einer einsamen Zeremonie, von Anne war er längst
getrennt, taufte er seine private Sternwarte, die
in der Größe nur einen Bruchteil des historischen
Vorbildes ausmachte, mit einer Flasche Sekt, die
er gegen die Mauer warf. Ulug Begs Sinnspruch
hatte er auf eine Kachel brennen lassen und neben
dem Eingang befestigt. Viele Nächte verbrachte
Charly seitdem auf dem Dach. Bei guter Witterung
und außergewöhnlichen Konstellationen blieb er
manchmal tagelang hier draußen. Er beobachtete
den Mond, die Venus, Mars und Saturn. Penibel folgte
er den Eintragungen und Angaben Schroeters, wollte
sehen, was auch er gesehen hatte. Er beobachtete
die Schatten der Kraterwälle, ihre Veränderungen je
nach Lichteinfall und Stellung zur Erde. Charly folgte
den Jupitermonden, maß, obwohl längst genauestens
bekannt, ihre Durchmesser und errechnete die Größenverhältnisse zum Mutterplaneten.

Seite für Seite verfolgte er genauestens die Flugbahn von Jules Vernes Projektil, mit dem dieser seine Helden von der Erde zum Mond und um diesen herum hatte fliegen lassen. In Unkenntnis der Schwerelosigkeit reisen die Protagonisten, am Tisch sitzend und Tee trinkend, in einem raketenartigen Salonwagen, um den Trabanten. Welch schöne Vorstellung im Gegensatz zur technisch kühlen Wirklichkeit von heute. Inwieweit Vernes Romane, damals internationale Bestseller und in den Vereinigten Staaten unglaublich populär, dazu beitrugen, dass das amerikanische Space Center tatsächlich in Florida gebaut wurde, wollte er ebenfalls untersuchen, sobald er seinen Roman über Lilienthal abgeschlossen hatte.

Jules Vernes Erzählungen begründeten, neben dem Großvater, Charlys Leidenschaft für das Weltall und die Raumfahrt. Die Bände standen stets griffbereit in seinem Arbeitszimmer. Noch heute blätterte und las er darin, bewunderte Vernes Weitsicht in vielen technischen Bereichen. Hundert Jahre nach Erscheinen von *Die Reise zum Mond* betrat die Menschheit den Trabanten.

Einziges Relikt aus dem elterlichen Besitz war Charlys Wagen, ein alter Citroën DS, Baujahr 1969, dem Jahr der ersten Mondlandung. Sein Vater hatte das Auto gehegt und gepflegt und kaum gefahren. Den Weg zur Arbeit legte er in der Regel mit dem Fahrrad oder Bus zurück. Nur für den sommerlichen Urlaub an der Côte D´Azur wurde der Citroën ausgiebig genutzt. Danach stand er wieder wochenlang abgedeckt in der Garage. Niemals durfte Hans ihn später fahren und bekam stattdessen einen alten VW Käfer vor die Tür gestellt.

Fast neuwertig hatte Charly den DS geerbt. Und erstaunlicherweise hegte und pflegte er den Wagen ebenso, wie es sein Vater getan hatte. Charly wusch und polierte ihn von Hand, besserte kleinste Korrosionsstellen sofort aus und zerbrach sich den Kopf über die richtige Lederpflege. Martin prophezeite damals, dass, wenn es einmal zur Trennung zwischen Anne und Charly käme, seine spießige Verehrung für dieses Auto der Grund wäre. Er irrte sich. Anne liebte den Wagen ebenso. Die Göttin hatten ihn beide genannt.

Über den Citroën lernten sie sich kennen. Ein Zufall, eine Fügung, glaubten sie später. Eigentlich grundlos war Charly in die Innenstadt gefahren. Als er zu seinem parkenden Wagen zurückkehrte, stand diese junge Frau bewundernd davor. Es kam öfter vor, dass der Citroën bewundert wurde. In der Regel waren es Männer, die, mit beschirmtem Blick, das Innere inspizierten und sich neben ihm fotografieren ließen. Sie verwickelten Charly in Gespräche über Oldtimer, deren Wert, und unterbreiteten nicht selten verlockende Angebote.

Zum ersten Mal war es eine Frau. Sie erzählte, dass ihr Vater genau den gleichen Wagen, rote Farbe, weißes Dach, gehabt hätte. Damit seien sie in Urlaub gefahren, nach Frankreich. Sie erinnere sich genau an den Duft durch die offenen Fenster, die Landschaften der Provence, der Champagne, der Normandie. Charly schilderte seine Erlebnisse, die Aussichten von den Küstenstraßen des Alpes-Maritimes. Er lud sie spontan zu einer Spazierfahrt mit offenen Fenstern ein. Nicht durch die Bretagne, durchs Ried, wenn sie möge. Als er später die Geschichte Martin erzählte, wollte der es kaum glauben. Das habe er gesagt? Sie seien zum Rhein gefahren? Und übergesetzt? Nach Worms und zurück nach Mainz? Wann er sie wiedersehe?

Charly musste eingestehen, dass sie kaum ein Wort miteinander gesprochen hätten. Sie habe neben ihm gesessen, ihren Kopf dem offenen Fenster zugewandt, und den Fahrtwind genossen, der ihr übers Gesicht strich und in ihren halblangen Haaren spielte. Als sie später in Darmstadt ausstieg, kannte er noch nicht einmal ihren Namen. Genau dieses Schweigen machte ihm die Frau so sympathisch.

Martin konnte es kaum fassen. Jetzt hätte er einmal eine Frau kennengelernt und ließe die Chance ungenutzt verstreichen. Zwei Tage später stand die junge Frau vor Charlys damaliger Bude. Sie habe auf der Fähre einen Blick ins Handschuhfach geworfen und seine Adresse gelesen. Ob sie noch eine Fahrt unternehmen könnten?

Die gemeinsamen Ausflüge mit der Göttin blieben auch später ein fester Bestandteil in ihrer Beziehung. Ebenso die Reisen nach Frankreich, an die Urlaubsorte ihrer Eltern. Charly rechnete nach der Trennung fest damit, dass sich Anne zumindest für einen kurzen Trip mit der Göttin bei ihm melden würde. Er wartete vergebens.

Der Wagen rollte sanft über den Feldweg, an der Wiese entlang, bis zum Tor. Nach außen schirmte eine dichte Hecke das Gelände ab. Dahinter war ein Zaun. Schon während der Bauzeit war immer wieder Material gestohlen worden. Eine Alarmanlage, Fenstergitter und Läden aus Metall sicherten heute das Haus. Es war zum Verzweifeln, dass man in diesem Land nichts offen stehen lassen konnte.

Der Wagen von Martin stand nicht an seinem Platz im Hof, das hatte Charly eben gesehen. Er wunderte sich. Normalerweise kam Martin schon am Gründonnerstag heraus, um alles für sein großes Fest zu richten. Früher waren sie zusammen vorab hierhergekommen, schichteten das Holz und den Baumschnitt für das große Feuer, fuhren nach Michelstadt zum Einkaufen, mähten Wege in die Wiese und einen Platz für die Zelte. Draußen schlief schon lange niemand mehr. Die Vorbereitungen erledigte Martin nun gemeinsam mit Clara.

Sehr gut, dachte Charly. Wenn noch nichts zu tun war, konnte er sich vor sein Häuschen setzen und noch etwas lesen. Er konnte es sowieso nicht leiden, wenn er kam und gleich Arbeit auf einen wartete. Seit einigen Jahren kümmerten sich die Schmidts um den Garten, wenn Martin und er nicht hier waren. Sie wohnten am Ortsrand auf der anderen Seite des Dorfes. Ein eigenwilliges Ehepaar, das kaum Kontakt zu den übrigen Einwohnern pflegte. Keiner von beiden stammte ursprünglich aus Rehbach. Sie besaßen selbst einen großen Garten, in dem zahllose Katzen lebten. Ihren Lebensunterhalt bestritten sie mit Gelegenheitsarbeiten. Angeblich übersetzte er Bücher aus dem Englischen. Nebenbei war er Küster in der kleinen Kirche im Ort.

Seit die Schmidts sich um Haus und Garten kümmerten, war die Zeit vorbei, in der ein Großteil des Wochenendes mit Mähen, Rechen, Schneiden verloren ging. Heute kamen er, Martin und Clara hierher und alles war getan.

IV

*Und er hieß sie hinausgehen und
gegen den Himmel schau'n und sprach:
Siehst du die Sterne, kannst du sie zählen?
So soll euer Samen sein, den ich segnen will
und mehren,
auf dass er euch reiche Ernte bringe.
Lobet den Herrn, die Sonne, den Mond,
die Sterne.*

Mit dem einsetzenden Geläut entließ Pfarrer
Hönert die Gemeinde. Seit er mit Hieronymus
Schroeter auch privat verkehrte, flocht er immer
wieder Himmelserscheinungen in seine Predig-
ten ein oder wählte entsprechende Bibelstellen
als Ausklang des Gottesdienstes. Der Amtmann
saß in Amtsrock und mit frisch gepuderter Perücke in der vordersten Reihe. Gemeinsam mit
dem Studiosus Helmcke, der seine praktische
Ausbildung in Sankt Marien absolvierte, und
der nebenbei ein ausgezeichneter Organist war,
hatte Schroeter zuvor einige Musikstücke vorge-
tragen. Der Amtmann verstand sich ausgezeichnet auf die starken Blasinstrumente und spielte

vorzüglich das Horn. Auch mit der Trompete war er sehr vertraut. An der Flöte fehlte es ihm an Gefühl und Variation. Er traf sehr wohl jeden Ton, allerdings mechanisch und hart wie ein Blasebalg.

Schroeter stand auf, bekreuzigte sich und schritt als Erster langsam durch die Reihen nach draußen. Wie üblich blieb er dort stehen, empfing Grüße und grüßte zurück. Obwohl die französischen Gesetze solche Standesverehrungen untersagten, blieb es in den Kirchen bei diesen jahrhundertealten Riten. Nach kurzer Zeit kam auch der Geistliche heraus, stellte sich neben ihn, lächelte und segnete. So standen sie beieinander, die weltliche und die himmlische Macht. Je nach Hof und Familie gingen die Gläubigen die Dorfstraße hinauf oder hinunter. Einige waren mit Fuhrwerken gekommen, die etwas abseits standen. Nachdem sich die letzten Lilienthaler vor dem Portal von Sankt Marien verstreut hatten, wandte sich Schroeter dem Pfarrer zu und erinnerte an seine Einladung zu dem späteren Treffen auf dem Amtshof. Der Angesprochene dankte und sagte sein Kommen, wie er es ihm schon bestätigt habe, zu. Schroeter verbeugte sich, dankte ebenfalls und lief in seinem typischen, schnellen Schritt über den Klosterhof, durch den Bruch zu dem Bauernhaus an der Hohen Straße hinüber. In den kommenden Tagen würde er kaum Zeit dafür aufbringen können.

Ahlke stand am Ofen. Vor ihrem sonntäglichen Kleid trug sie eine Schürze. „Mien Ahlkchen, mien Ahlkchen", grüßte Schroeter. „Mien Jan, mien Jan", kam es zurück. Ihr Blick war so warm wie der gesamte Raum. Ihr Lächeln wie der Duft der Speisen. Schröter trat zu ihr hin, schaute in den großen Topf, in dem sie rührte, und heimlich in ihr Gesicht. Ihre Wangen waren ob der Hitze am Herd gerötet. Eine Haarsträhne klebte an der Stirn, schlängelte sich die Schläfe hinunter bis zum Hals. Die Bänder ihrer Haube tanzten im Takt der kräftigen Bewegungen. Das dürfe jetzt nicht ansetzen, sagte sie in ihrem bäuerlichen Dialekt, „sonst isses wohl verdorben". Ihre Arme arbeiteten ohne Unterlass. Ihr ganzer Körper schwang hin und her.

Schön habe er gespielt, das hätten auch alle anderen, die um sie herum in der Kirche saßen, gesagt. Besonders das zweite Stück habe ihr gefallen.

Es sei Sonntag, da habe sie in der Stube gedeckt, beantwortete Ahlke Schroeters suchenden Blick. Er möchte lieber hier bei ihr bleiben. Schroeter holte die große Tasse Tee und den Teller. Darauf Ahlkes Brot, das er so liebte, und das sie Sternenbrot nannte, schwarz wie die Nacht, mit hell leuchtenden Körnern darin. Es war dick mit Butter bestrichen, daneben ein süßer, schrumpeliger Apfel. Er setzte sich an seinen Platz am Tisch, wo er jeden Morgen zu sitzen pflegte.

Er wisse gar nicht, wer überhaupt käme, begann Schroeter zu plaudern. Selbst ob es Schumacher von Altona hierherschaffe, sei in diesen Zeiten fraglich. Hamburg sei zwar von Tettenborn erobert, doch führten sich die Befreier schlimmer auf als die jahrelangen Besatzer, wie man hörte. Der Rat der Hansestadt müsse eine unglaubliche Summe als angeblichen Sold aufbringen. Die russischen Offiziere wetteiferten mehr im Trinken und Stolzieren, als sich um die Befestigung der Stadt zu kümmern. Der Franzose stehe ja noch immer vor den Toren. Tettenborn sei mehr an seiner Ernennung zum Ehrenbürger Hamburgs interessiert als an der Führung seiner Truppen. Schroeter schüttelte ob so vieler Eitelkeit den Kopf.

Ahlke fragte zum wiederholten Male, warum er diese ganze Sache nicht abgesagt habe. Und warum es unbedingt an Ostern sein müsse? Schroeter ging nicht weiter darauf ein. Als er die Einladungen versandte, habe er gar nicht an Ostern gedacht. Absagen käme gar nicht in Frage.

Er habe Pastor Hönert eben nochmals erinnert. Leider müsse man auch den Arzt Dittmer in der Runde aufnehmen, was Schroeter ein weiteres Kopfschütteln abverlangte. Zum Glück besuche der aufgeklärte Dittmer nicht die Kirche, sonst müsste er ihm wohl auch dort den Vortritt lassen, echauffierte sich der Amtmann weiter.

Dittmer hätte auf seine Teilnahme bestanden, sobald er von diesem Treffen erfuhr. Schroeters Argumentation, es sei eine private Veranstaltung, ließ der Maire nicht gelten. Ebenso wenig, dass er kein Mitglied der Astronomischen Gesellschaft sei. Es handle sich offensichtlich um ein Ereignis von großer Bedeutung. Die Sternwarte und Lilienthal seien eins. Somit wäre es seine Pflicht als Maire, daran teilzunehmen und die Gäste zu begrüßen.

Nach der französischen Annexion wurde Lilienthal zunächst Teil des neu gegründeten Königreichs Westphalen, welches Napoleon seinem Bruder Jérôme vermachte. Dadurch änderte sich für Schroeter wenig. Die ehemaligen Verwaltungsstrukturen blieben erhalten. Der Amtmann fügte sich als gewissenhafter Staatsdiener dem neuen König so gut wie dem alten.

Schon nach kurzer Zeit entriss der Kaiser die Küstenländer dem Bruder wieder und gliederte sie seinem Reich an. Ein Schritt, der nicht nur die Familie Bonaparte nachhaltig erschütterte. Auch Schroeter war von einem auf den anderen Tag seiner Existenz beraubt. Nicht nur seine Stellung musste er aufgeben. Ganz Lilienthal und angrenzende Ländereien wurden einem gewissen Grafen Felix Julien Bigot de Préameneu, einem Günstling Napoleons, zum Geschenke gemacht.

Schroeters Schwester ward von den Ereignissen so erdrückt, dass sie wochenlang daniederlag. Mehr als einmal glaubte Hieronymus, Elisabeth, die ihm mehr Mutter als Schwester war, würde ihn für immer verlassen.

Dem neuen Herrn in Paris, der sein Geschenk nicht einmal in Augenschein nahm, war es nur an Geld gelegen. Um der Arbeit aus dreißig Jahren nicht verlustig zu gehen, pachtete Schroeter den Amtshof zurück, was ihn einen Großteil der Erträge kostete und seine finanzielle Not noch steigerte.

In der Hoffnung, daselbst eine Anstellung im Kaiserreich zu erlangen, führte Schroeter allerlei Aufgaben ehrenhalber und ohne Besoldung fort. Er schlug sich selbst als Moorkommissar vor, welcher die Moorkolonien erweitern und zu beträchtlicher Blüte bringen könne. In naher Zukunft würde dort nicht nur Getreide wachsen, sondern auch tüchtige Matrosen und Soldaten.

Allein, es nutzte nichts. Jegliche Bewerbung um ein höheres Amt wurde abgelehnt. Die Schifffahrtsleitung auf den Wasserzügen des Teufelsmoores könne er, gegen freie Wohnung auf dem Amtssitz, behalten. Um überhaupt etwas für den Erhalt der Sternwarte zu verdienen – und nicht gänzlich aus der gewaltigen Maschinerie der Verwaltung zu verschwinden –, trat Johann Hieronymus Schroeter, einstiger Justizrat und Oberamtmann König George des Dritten, die undankbare Stellung eines Steuererhebers von Kaiser Napoleon Bonaparte an.

Gebt dem Kaiser, was des Kaisers ist. Gebet Gott, was Gottes ist. Mit diesen biblischen Worten half sich Schroeter über sein bitteres Schicksal hinweg. Auch seine Schwester erholte sich und kam wieder zu Kräften. Wie immer fand der Amtmann Trost in einer Himmelserscheinung. Ein mächtiger Komet zeigte sich von April 1811 über Monate hinweg. Oft schon waren diese Wanderer am Firmament als Zeichen für kommende Ereignisse angesehen worden. Auf diese alte Mythologie versteifte sich Schroeter umso mehr, da er berechnete, dass der Komet zuletzt beim Untergange Trojas sichtbar ward. Ähnlich König Priamos sah sich der Amtmann von allen Seiten belagert. Nur würde er kein hohles Pferd in seine Mauern lassen. In Dittmer erkannte Schroeter den listenreichen Odysseus und direkten Gegenspieler.

Von daher war der Widerstand Schroeters gegen manch bürokratische Neuerung groß. Seit mehr als einem Jahr war Heinrich Dittmer als Maire von Lilienthal eingesetzt und somit Schroeters französischer Nachfolger, wenn man so wollte. Schroeter musste, auf Befehl des Bremer Präfekten, diesem Bürgermeister eine Amtsstube abtreten. Seine Einwände, er sei Pächter, verhallten ungehört. Er habe zwar den Amtshof, jedoch nicht den Amtssitz gepachtet. Ein kleines Zimmer wurde geräumt. Dieses lag, nur durch den Flur getrennt, seinem gegenüber. Nicht nur das! Erlasse jeglicher Art waren nur noch gültig, wenn Dittmer sie unterzeichnete. Schroeter sah sich somit als Dittmers Sekretär, sein Adjunkt, ein Affront! Das trojanische Pferd war in seiner Burg! Keinesfalls wollte es der ehemalige Amtmann unbeobachtet lassen und da, wo sich der Feind zeigte, mit aller Macht entgegenwirken.

Dem Maire fiel die Verwaltung des neu gegründeten Kantons Lilienthal zu. Damit nicht genug, bildete man allerorten Munizipalräte, in denen Bauern und Bürger mitbestimmen sollten. Ständig tagte irgendwo im Kanton ein solcher Rat. In Lilienthal bestand er aus zehn vom Volk gewählten Herren, die sich stundenlang über kleinste Kleinigkeiten die Köpfe zerbrachen. Selbst Dittmer, der diesen Räten vorstand, wurde es gelegentlich zu viel. Er schlug auf den Tisch und forderte Entscheidungen ein, oftmals vergeblich. Einmal flüsterte er sogar Schroeter zu, der an seiner Seite saß und das Protokoll führen musste, dass er sich die vorherige Ordnung, in der einzig der Amtmann entschied, zurückwünsche. Lediglich das Amt des Richters und Notars lag, dank seines Studiums der Jurisprudenz, unbestritten in Schroeters Händen.

In anderen Zeiten wären Heinrich Dittmer und Schroeter sicherlich gut miteinander ausgekommen. Doch unter den gegebenen Umständen waren die täglichen Amtsgeschäfte seit Monaten eine Rangelei um Zuständigkeiten und Erlasshoheit. Zudem ging ein Großteil der Ortsansässigen nach wie vor zum Amtmann, ganz gleich, wem Lilienthal nun gehörte.

Weder Schroeter noch Dittmer waren von ihrem Naturell her als streitsüchtig zu bezeichnen. Schroeter galt in den Amtsgeschäften als aufbrausend und ungeduldig. Auch war ihm eine gewisse Sturheit eigen. Dittmer parierte mit Ruhe und Aufmerksamkeit. In ihrer Pedanterie waren sich beide sehr nahe. Pausenlos wurden Briefe, Anmerkungen und Noten geschrieben. Jede Verwaltungsvorgabe aus Bremen oder Paris setzte einen Papierkrieg in Gang. Haarklein berief sich Schroeter, als ausgebildeter Beamter und Jurist, auf Paragraphen und das für die Umsetzung richtige Verfahren. Dittmer setzte seinen gesunden Menschenverstand dagegen und korrigierte. Laufburschen trugen die Schriftstücke zwischen den Stuben hin und her. Oftmals sollten sie auf jeweilige Antwort warten. Einzig dass ihr Zwist untereinander und nicht nach außen getragen wurde, war eine verlässliche Übereinkunft.

Die Einwohner Lilienthals wussten dennoch sehr genau über die Vorgänge Bescheid. Insgeheim diskutierten sie mit, welche Seite im Recht stand oder welche Richtung womöglich die für sie bessere wäre.

Die Gerichtsbarkeit oblag Schroeter allein. Liebend gern hätte der Amtmann auf genau diesen Teil seiner Aufgaben verzichtet. Nichts als Ärger und Streit war damit verbunden. Den ersten Moorbauern war noch zu Zeiten des Klosters – von Zisterzienser-Nonnen im dreizehnten Jahrhundert gegründet – Land übereignet worden. Sollte jemals etwas darauf gedeihen, war der Zehnte zu entrichten. Dies war der Preis. Über Generationen plagten sich die dadurch angelockten Familien auf dem widrigen Boden ab. Den ersten der Tod, den zweiten die Not, den Dritten das Brot.

War ein Stück Land urbar geworden, nahmen sie sich die nächste Parzelle vor. So dehnten die Altbauern, deren Landanspruch durch die Nonnen nicht exakt benannt worden war, ihre Gehöfte immer weiter aus. Im Laufe der Jahrhunderte hatten sich dazwischen weitere Familien niedergelassen. Manche als Torfstecher, andere waren Knechte bei den Großbauern. Alle bestellten nebenbei ihr eigenes Land und hatten etwas Vieh. Die kurfürstliche Regierung hatte zudem mehrmals Projekte zur Kolonisierung des Moorlandes durchgeführt. Bauern aus anderen Landesteilen waren mit Versprechen auf Besitz und Ertrag angesiedelt worden.

Wo auch immer die Felder aneinanderstießen, gab es Streit. Stur und starrköpfig beharrte dabei jede Seite auf ihrem angeblichen Recht. Eher würde der Mond seine Richtung ändern, bevor einer dieser Bauern nachgab, stöhnte Schroeter oft bei Ahlke am Tisch. Nie akzeptierten sie ein Urteil. Nichts konnte sie zufriedenstellen. Niemals zeigte einer Reue. Nirgends war der Streit hernach begraben. Mehrmals musste Schroeter harte Strafen verhängen, was ihm zwar Respekt, doch immer noch keine Ruhe einbrachte.

Der Maire müsse möglichst weit entfernt von ihm sitzen, redete Schroeter weiter vor sich hin. Auf gar keinen Fall ihm gegenüber, mehr zum Rande hin solle er platziert werden. Immerhin führe er die Astronomische Gesellschaft, da habe ihm der andere nichts hineinzureden. Ahlke bat zurück, er möge dies doch bitte mit seiner Schwester besprechen. Die Demoiselle sei für solche Dinge zuständig.

Der Amtshof würde wie für eine Hochzeit vorbereitet, scherzte Schroeter. Diesen Vergleich bereute der Amtmann sogleich wieder. Obwohl alle Lilienthaler Ahlke als Schröters Frau ansahen, war sie nicht mit ihm verheiratet. Dies wäre für einen königlichen Oberamtmann nicht standesgemäß, so Johanns Ansicht. Er war ihr treu und ergeben. Amtskollegen von Schroeter nahmen sich ganz andere Freiheiten heraus. Sie eiferten dem Vorbild ihrer Dienstherren nach. Mägde und Hausangestellte, Töchter und Witwen dienten ihnen zur freien Lustbefriedigung. Sie wechselten sie nach Belieben. Ansprüche durfte keine stellen. Schroeter dagegen sorgte für seine Familie. Ahlke schaute kurz von ihrer Arbeit auf und zu Schroeter hinüber. Der hüstelte etwas verlegen und blickte auf seinen Teller.

Ein Grollen war zu vernehmen, das rasch anschwoll. Die Küche und die Stube begannen zu zittern. Schroeter stürzte hinaus, Ahlke hinterher. Eine französische Patrouille galoppierte durch Lilienthal. Einige Reiter schienen verletzt. Entlang der Hohen Straße traten die Bewohner vor ihre Häuser und schauten dem dahinstürmenden Tross nach. Einige von ihnen hoben die Fäuste und drohten den Soldaten hinterher. Schroeter nahm Ahlke in den Arm und drückte sie an sich. Eine Geste, die er sonst in der Öffentlichkeit vermied. Auch Ahlke umfasste den Amtmann, schreckte aber sogleich auf und rannte in die Küche. „Nu isses angebrannt", rief sie von dort heraus.

Seit bald dreißig Jahren waren Ahlke und der Amtmann ein Paar. Als Schroeter 1782 nach Lilienthal kam, verdingte sich Ahlke, Tochter eines Häuslings, als Magd auf dem Amtshof. Lange Zeit verehrte er die viel Jüngere im

Stillen. Ahlke war so ganz anders als die Frauen, die er bisher kannte. Das waren meist Töchter aus gutem Hause, blasse Erscheinungen, in Konversation geübt und in unnützen Hausarbeiten erzogen. Ahlke war vital und kräftig, sogar ein kleines Stück größer als er selbst. An ihr schien alles natürlich. Adelheid war ihr Taufname. Ihr Vater, der Köthner bei einem Großbauern in Sankt Jürgen war, rief sie Leidjen. Schröter nannte sie Ahlke. Er schützte sie vor den herrischen Ausbrüchen seiner Schwester Elisabeth, die ihm seit jeher den Haushalt führte und die Arbeit auf dem Amtshof leitete. Über Jahre zeigte er seine Zuneigung, indem er sie in seiner Nähe, in seinen privaten Bereichen, arbeiten ließ. Schwer anpacken musste Ahlke trotzdem. Bald gab es Gerüchte, die lange Zeit nicht stimmten. Der Amtshof hatte viele Augen und Ohren.

Ende 1785 ward Ahlke schwanger. Nach außen hin wurde irgendein Knecht aus Trupe als Vater angegeben. Ihr Kind, auf den Namen Johann Friedrich getauft, kam unehelich zur Welt. Gleich nach der Geburt wurde es vom Amtmann adoptiert.

Das gemeinsame Leben auf dem Amtshofe gestaltete sich bald schwierig. Ahlke blieb Magd, sollte sich allerdings nur um das Kind kümmern. Elisabeth insistierte. Das andere Hausgesinde beschwere sich über die Bevorzugung. Die sei schon vorher offensichtlich gewesen, jetzt eindeutig. So könne sie keinen Haushalt führen und die Arbeit auf dem Amtshofe leide. Man nehme sich Freiheiten heraus, da jene gar nichts leisten müsse.

Schroeter erwarb an der Hohen Straße für Ahlke und Johann Friedrich einen Hof. Das Wohnhaus ließ er umbauen. Er verpachtete Hof und Land an Ahlkes Bruder. Der sollte die Bewirtschaftung übernehmen, er verlange nur den üblichen Zehnten. Schroeter wohnte weiterhin, um des lieben Friedens willen und wegen der Nähe zu seinen Instrumenten, im Amtshof, gemeinsam mit seiner Schwester. Täglich ging Schroeter hinüber zu seinem Pachthof, um nach dem Rechten zu sehen. Nicht selten auch nachts.

Der Junge wuchs heran. Pfannkuch, der schon betagte Pastor von Trupe, kümmerte sich zunächst um seine Bildung. Fast täglich kam der Geistliche, begleitet von seiner ältesten Tochter Sophie, einer Jungfer von fast dreißig Jahren, zum Amtshof herüber. Pfannkuch unterrichtete den kleinen Friedrich in Lesen und Schreiben, in Latein und in der Theologie. Die Mathematik übernahm Schroeter zunächst selbst. Leider zeigte sich nur eine mittelmäßige Begabung des Jungen in den Dingen der Naturwissenschaften. Der Amtmann ward ungeduldig und fordernd. Zu gerne hätte Schroeter in seinem Sohn ein Genie erkannt. Friedrich ängstigte sich bald vor den Stunden mit dem Vater, der zornig wurde und schimpfte. Einzig beim Musizieren schien er zufrieden.

Mit der Zeit wurde es Elisabeth zu viel. Er könne nicht, neben der Astronomie, Stunde um

Stunde mit der Unterrichtung zubringen. Der Hof und seine übrigen Geschäfte würden darüber vernachlässigt. Es müssten andere Lösungen gefunden werden.

Schröter stellte daraufhin Karl Ludwig Harding als Hauslehrer an. Der sollte Johann Friedrich fortan in den Wissenschaften unterweisen. Ein Glücksgriff, wie sich schon bald herausstellte. Nicht so sehr für den jungen Friedrich als für Schroeter selbst. Harding zeigte an der privaten Leidenschaft des Amtmannes das größte Interesse. Mehr und mehr ging er ihm des Nachts zur Hand. Schroeter und Harding befassten sich nach kurzer Zeit ausschließlich mit ihren astronomischen Forschungen. Der Junge störte und wurde nach Weimar geschickt, wo er das von Johann Gottfried Herder geleitete Gymnasium besuchte.

Wie sein Vater sollte er zunächst den Weg der Juristerei einschlagen. In langen Briefen berichtete der junge Friedrich der Mutter vom Leben in der kleinen Residenzstadt. Obwohl ihm bewusst war, dass Ahlke nicht lesen und schreiben konnte, schrieb er nur an sie. Schroeter verlas die Briefe bei seinen morgendlichen Besuchen.

Die Gassen in Weimar seien eng und schmutzig. Die Bewohner würden ihren Kot vor die Häuser schütten, was offiziell erst ab 23 Uhr erlaubt wäre. Kaum einer hielte sich daran. Im Winter seien die Brunnen mit Mist bedeckt, um sie vor dem Einfrieren zu schützen. Entsprechend rieche und schmecke das Wasser, das immerzu knapp wäre. Ein Besucher der Stadt, Ausländer und offensichtlich verworren, habe ihn auf dem Brühl angesprochen und gefragt, ob dieser ärmliche Fleck tatsächlich das deutsche Athen sei?

Beim Direktor Herder ginge ein Herr Goethe ein und aus, auch er selbst sei ihm schon mehrfach begegnet. Goethe sei Minister bei Hofe und zudem für das Theater zuständig, das der Herzog sehr liebe. Dort würden die merkwürdigsten Stücke gezeigt, die regelmäßig zu kleineren und größeren Skandalen führten. Überhaupt habe dieser Herr Goethe eine Menge Künstler um sich versammelt, deren Ausschweifungen das Stadtgespräch bestimmten. Darüber hinaus kenne der Minister Goethe den Vater und seine Arbeiten über den Mond. Er lasse ergebenst grüßen und wünsche sich, einmal nach Lilienthal zu reisen, um selbst durch eines der Teleskope zu sehen, die ihm Friedrich haarklein beschreiben musste.

Der Amtmann Schroeter ermahnte seinen Sohn, das Lernen nicht zu vernachlässigen und sich von den beschriebenen Kreisen fernzuhalten. Bei Dichtern und Literaten käme nichts Verlässliches heraus. Die Dichter mögen den Himmel beschreiben, die Sterne sollten sie den Astronomen überlassen. Die Wissenschaften seien das einzig Wahre. Er empfahl, wie er es selbst zu seiner Zeit in Erfurt getan, die freien Stunden mit der Beobachtung der Sterne zu verbringen. Schroeter sandte dem Sohn seine Ausgabe der *Anfangsgründe der Mathematik* von Abraham Gotthelf Kästner, bei dem er in seinen Göttinger Studienjahren einst Vorlesungen besucht hatte.

Doch statt sich nebenbei mit den Weiten des Himmels zu beschäftigen, fiel Friedrichs Interesse auf die kleinen Dinge. Die physikalische Abteilung des Gymnasiums verfügte über ein ausgezeichnetes Leeuwenhoeksches Mikroskop. Friedrich sammelte Insekten und anderes Getier. Neugierig studierte er Flügel, Beine, Zangen und was er den leblosen Körpern sonst entriss. In den Augen einer gewöhnlichen Stubenfliege entdeckte er Ähnlichkeiten zum Himmelsgewölbe. Er versuchte, das Gesehene in Zeichnungen festzuhalten. Leider fehlte ihm, wie seinem Vater, das Talent dazu. Es entstanden wirre, kindliche Skizzen. Mit den Jahren stellte er seine Studien des Mikrokosmos ein. Nach Abschluss der höheren Schule studierte Johann Friedrich die Juristerei mit dem Ziel, ebenfalls in die Verwaltung einzutreten.

Seine Ausbildung schloss der junge Schroeter, nach verschiedenen anderen Stationen, in Göttingen ab. Dort wohnte er, auf Vermittlung seines Vaters, bei Professor Gauß. Die Nähe zu dem großen Mathematiker weckte in dem jungen Mann dennoch keine Neigung zur Astronomie. Mit einem der Söhne von Gauß, vom genialen wie herrischen Vater täglich ob seiner Untauglichkeit drangsaliert, freundete sich Friedrich an. Die Freundschaft hielt ihr Leben lang.

Bei Ahlke sollten die Kutscher und andere Bedienstete untergebracht werden. Für die Mitglieder der Astronomischen Gesellschaft wurde der Amtshof hergerichtet. Es war höchste Zeit, dort nach dem Rechten zu sehen. Schroeter verabschiedete sich, wie jeden Morgen, mit einem sanften Strich über Ahlkes Wange. Auf dem gleichen Weg, wie er eben gekommen war, eilte der Amtmann zurück.

Die Vorbereitungen für den Empfang und die Unterbringung der geladenen Gäste waren im vollen Gange. Schon in der Tür hörte Schroeter die regierende Stimme seiner Schwester. Ihr sächselnder Tonfall schallte durchs ganze Haus. Aus Trotz und zur Abgrenzung hatte sie sich ihren ursprünglichen Dialekt bewahrt. Ihr Bruder befleißigte sich dagegen der trockenen hannoverschen Amtssprache, auch wenn ihm hin und wieder ein Brocken Sächsisch dazwischen geriet. Elisabeth klagte gegen das tollpatschige Gesinde und die faulen Burschen. Die Zimmer seien nicht ordentlich vorbereitet, die Ställe nicht gereinigt, es fehle an Futter und Brennholz. Der Kamin müsse ausgefegt, die Stube nochmals gelüftet werden. Kaum drehe man diesem Volk den Rücken zu, würden sie schwatzen und in den Ecken stehen.
Johann antwortete nur kurz. Er kannte seine Schwester. Seit er nach Lilienthal berufen war, führte sie im Amtshof das Regiment. Nichts ging nach ihrem Willen. Niemand war ihr fleißig genug. Nirgends fand sie die Dinge in Ordnung. Nie war sie mit etwas zufrieden. Frau Amtmännin ließ sie sich überall nennen oder auch Demoiselle Schroeter.
Schroeter ließ sie stehen. Die ersten Gäste konnten jeden Augenblick eintreffen. Er wollte sie mit einer warmen Suppe begrüßen. Oder

vielleicht einem Tee? Er war in diesen Dingen ungeübt. Über seinen Kopf hinweg waren sechzig Flaschen Wein in Bremen geordert worden. Als sie eintrafen und er die Rechnung sah, wollte er die Lieferung nicht annehmen. Elisabeth musste darauf bestehen. Man könne solche Gäste nicht mit Wasser und Bier bewirten.

Elisabeth rief, der Tisch im oberen Stock müsse noch eingedeckt werden. Es fehle an Gläsern und Stühlen. Man sei auf solche Feiern nicht vorbereitet.

Schroeter wiederholte, dass es sich um keine Feier, sondern ein Treffen der Astronomischen Gesellschaft handle. Braten, Wein, Schnaps, Suppen, Käse, Würste, Brot, er verstehe diesen Aufwand nicht. Es müsse nicht so üppig aufgetragen werden. Schroeter verschwand in seiner Amtsstube. Er wollte einen Gedanken zu Papier bringen, der ihm bei der morgendlichen Beobachtung in den Sinn gekommen war und ihn während des gesamten Gottesdienstes beschäftigt hatte:

Die vier Weltkörper, unsere Erde, der Mond, Venus und Mercur haben darin einen analogen Naturbau, dass in allen diesen Weltkörpern die höchsten, bis jetzt uns bekannt gewordenen Gebirge, in der südlichen Halbkugel liegen.

Georg Heinrich Tischbein plagte der Durst. Zudem knurrte sein Magen. Den grässlichen Fraß der Wirtin war er glücklicherweise losgeworden. Jetzt peinigte ihn der Hunger. In diesem Zustand konnte er unmöglich vor dem Amtmann erscheinen, schmutzig von oben bis unten, hungrig und durstig wie ein Bettler. Harjes fiel ihm ein, Arnd Harjes, der Drucker. Ehemals war er Kutscher beim Amtmann gewesen. Tischbein lehrte ihn während seines zweiten Aufenthaltes die Grundbegriffe der Kupferstecherei und des Pressendrucks. Gemeinsam richteten sie damals eine kleine Werkstatt ein und schon bald nannte sich Harjes Buchdrucker. Das Fuhrhandwerk gab er auf. Im Nachhinein war es erstaunlich, welch neue Berufe rund um die Sternwarte Lilienthal entstanden.

Zu Harjes wollte er gehen. Dieser würde ihm bestimmt helfen. Dort könnte er seine Kleider reinigen und sicherlich etwas zum Frühstück bekommen. Mit diesem Ziel vor Augen ging es sich wesentlich leichter.

Inzwischen brannte die Sonne. Der schwere Mantel, gestern ein nützlicher, wenn auch nicht verlässlicher Schutz gegen den Regen, hing wie Blei auf seinen Schultern. Dazu das übervolle Tragegestell. Georg Tischbein schwitzte, er schwitzte sogar ganz erheblich. Der Branntwein schien durch die Poren seiner Haut zu dringen, umgab ihn als übelriechender Dunst, der mehr und mehr die Fliegen anzog. Georg schallt sich einen Narren. Wie konnte er sich nur so in Angst und Schrecken versetzen lassen. Schuld waren diese beiden Fuhrknechte mit ihren schauerlichen Geschichten über die grausamen Taten der Franzosen. Und ihr furchtbarer Schnaps, den Georg jetzt verfluchte. Am Ende hatte Georg in alles eingewilligt, was die beiden ihm vorschlugen, was sie meinten, was am sichersten für ihn wäre. Allen Ernstes sollte er sich sogar maskieren, um nicht erkannt zu werden.

Im Nachhinein war die Sache aberwitzig. Er hätte sich in der Schenke ausruhen und in den frühen Morgenstunden zu Fuß aufbrechen sollen, so, wie er es auch geplant hatte. Vom Ostertor nach Horn, von dort die Straße entlang. Jetzt hatte er den Schaden. Dazu völlig grundlos. Nicht einer Menschenseele war er bisher begegnet.

Sein Weg führte nahe dem Galgen vorbei. Kühe standen auf dem Hügel. Von jeher liebte das Vieh diesen Ort, scharte sich auf und um ihn herum zusammen. Die Lilienthaler umgingen die Stelle, da es in deren Umgebung spuken sollte und schreckliche Gestalten hier ihr Unwesen trieben. Wahrscheinlich waren die alten Geschichten nun um vier weitere Geister ausgeschmückt. Georg erinnerte sich, wie er einst mit Sophie, der Tochter des Pfarrers Pfannkuch, des Nachts den Hügel besuchte. Schnell verscheuchte er die Bilder wieder.

An der Stelle, an der die Wörpe in die Wümme mündete, stand die steinerne Brücke. Die Straße von Bremen führte hier hinüber nach Lilienthal. Georg sah sie vor sich, nur wenige hundert Schritt entfernt. Endlich ein fester Weg, freute sich Tischbein. Plötzlich hörte er Reiter, die schnell näher kamen. Fast im Galopp überquerte eine Schwadron französischer Kavallerie die Brücke in Richtung Bremen. Die Hufschläge waren ohrenbetäubend. Georg war wie angewurzelt stehen geblieben. Niemand hatte ihn beachtet.

Von Achim heran näherte sich ein schwerer Reisewagen, voll bepackt mit Koffern. Zwei Reiter, einer vor, einer hinter der Kutsche, gaben Geleit. Im Innern saßen Wilhelmine von Witte, ihre neunjährige Tochter Minna und deren Zofe sowie der Hauslehrer Barry. Die Strapazen der Reise waren den Damen deutlich anzumerken. Auch der sonst so redselige Roger Barry saß mit geschlossenen Augen in der Ecke und döste vor sich hin. Vergnügt war man in Hannover vor drei Tagen aufgebrochen. Bis Nienburg verging die Fahrt wie im Flug und bei angeregter Unterhaltung. Die zweite Etappe nach Verden brachte erste Beschwerlichkeiten. Das gestrige Stück nach Achim verlief schweigend. Immer wieder von Kontrollen unterbrochen, zog sich die Strecke schier endlos dahin. Erst spät war man in der Herberge angelangt.
Mit Tagesanbruch setzte sich der kleine Tross, nach einer unruhigen Nacht, wieder in Bewegung. Minna schlief in den Armen ihrer Zofe. Wilhelmine saß schweigend den beiden gegenüber. In ihren Händen die Reisepapiere, die sie gar nicht mehr ablegte, so oft wurde danach gefragt. Einzig die beiden Blätter obenauf, bedeckt mit kindlicher Schrift in ernsten Zeilen, freuten sie. Es waren Minnas Gedichte, in denen sich der gestrige Tag widerspiegelte. Jeden Abend setzte sich das Mädchen hin und schrieb, meist in einem Zug, die in ihrem Köpfchen gesammelten

Strophen aufs Papier. Später wolle sie einmal Dichterin werden, sagte sie, und der Hauslehrer Barry an ihrer Seite strahlte voller Stolz.

Tagelang hatte Wilhelmine ihrem Mann, dem Hofrat Witte, in den Ohren gelegen, sobald sie von diesem Treffen in Lilienthal erfuhr. Der kannte die Leidenschaft seiner Frau für die Astronomie, hielt die Reise in diesen Zeiten allerdings für blanken Unsinn. Wilhelmine musste ihn förmlich beknien. Das sei die Zusammenkunft der größten Astronomen der Zeit, obwohl sie gar nicht wusste, wer alles an diesem Treffen teilnehmen würde. Sie hatte lediglich das Schreiben des Amtmanns Schroeter gelesen, in dem dieser seine vermeintlichen Vorgesetzten in Hannover pflichtgemäß in Kenntnis setzte. Darin hieß es lapidar, am Ostersonntag, den 18. April, versammle sich die Astronomische Gesellschaft im Amtshof zu Lilienthal zu ihrem jährlichen Treffen. Dies war eine kleine Unwahrheit. Schon seit Jahren hatte kein Treffen mehr stattgefunden. Schroeter wollte durch dieses verpflichtende „jährlich" einer zwar unwahrscheinlichen, doch immer möglichen Untersagung vorbeugen. Als der Lilienthaler Amtmann im Januar den Hofrat pflichtschuldig informiert hatte, waren die weitreichenden politischen Umwälzungen der kommenden Wochen nicht abzusehen gewesen.

Natürlich hatte man von der Vernichtung der Grande Armee in Russland erfahren. Bis ins Frühjahr schleppten sich versprengte Haufen, von Polen kommend, nach Sachsen und in andere Länder hinein. Der Austritt Preußens aus dem Rheinbund und die damit verbundene offene Kriegserklärung an Frankreich ahnte niemand. Österreich hatte inzwischen auch die Seiten gewechselt. Die russische Armee, selbst geschwächt, stand in Preußen. Russische Streifkorps, in erster Linie Kosaken, drängten weit ins Land nach und waren auch in ihrer Gegend gesehen worden. Überall gab es Scharmützel und Überfälle. Eine große, entscheidende Schlacht musste kommen.

All diese Argumente ließ Wilhelmine nicht gelten. Sie sei Zivilistin und habe mit den kriegerischen Auseinandersetzungen nichts zu tun. Das sei Sache der Männer. Es sei an der Zeit, dass auch Hannover eine Sternwarte erhalte. Man sei in dieser Sache völlig rückständig. Womöglich könne sie einen der namhaften Astronomen für diesen Plan gewinnen. Der Hinweis ihres Mannes, dass Hannover mit Wilhelm Herschel schon den namhaftesten Astronomen der Zeit stelle, kehrte sie um. Heute gehöre man zu Westphalen und dem französischen Kaiserreich. Ob dies sich so schnell ändere, wisse sie nicht. Daran glaube sie erst, wenn Napoleon tatsächlich besiegt sei. Es sei mehr als Schade, dass Herschel, aus Hannover stammend, heute in England, und damit auf der anderen Seite, forsche. Gerade um ihn zu ehren, müsse man in seiner Geburtsstadt tätig werden.

Am Ende gab der Hofrat nach. Die Zeit bis zur Abreise war geprägt von astronomischen Studien. Frau von Witte wollte sich keine Blöße geben. Sie wollte zeigen, dass man sich in Hannover, trotz fehlendem Observatorium, intensiv mit den Entdeckungen am Firmament beschäftigte. Neben den Forschungen Schroeters über den Mond – Frau von Witte besaß sämtliche Veröffentlichungen des Amtmannes – begeisterten sie die neuesten Arbeiten Herschels. Was immer sie darüber lesen oder aufschnappen konnte, faszinierte sie. Mehrmals die Woche ging sie zur Familie von Alexander Herschel zum Tee. Unaufhörlich fragte sie nach, was der berühmte Bruder Neues entdeckt habe. Dieser beschäftige sich fast ausschließlich mit Sternennebel und Doppelsternen, wie er die Erscheinungen nenne. Ständig entdecke er weitere davon. William, wie er sich nur noch nennen ließe, und die Schwester Caroline hätten großartige Kataloge darüber erstellt. Darin würde auch dargelegt, dass sich Sterne wohl aus Gaswolken bildeten und wieder auflösten. Der Himmel sei gar nicht ewig, ganz im Gegenteil. Es würden fortlaufend neue Sterne entstehen und andere verschwinden.

Bei einem anderen Besuch berichtete Alexander, der Bruder habe eine unsichtbare Strahlung entdeckt. Er habe Sonnenlicht durch ein Prisma geleitet und am roten Ende, wo nichts mehr zu sehen war, eine deutliche Wärme gespürt und auch gemessen. William schließe daraus, dass die Sonne eine für den Menschen unsichtbare Energie ausstrahle. Er habe daraufhin das Auftreten von bedeutenden Sonnenflecken mit Missernten auf der Erde verglichen und glaube an einen direkten Zusammenhang.

Frau von Witte schwindelte gelegentlich der Kopf, wenn sie sich wieder nach Hause begab. Alles schien mit dem Himmel verbunden, alles war in Bewegung, alles ein Entstehen und Vergehen. Manches verstand sie auch nicht. Die komplizierten Ausführungen, wie Abstände und Entfernungen der Sterne zu messen wären, zum Beispiel. Nach den gehörten Darlegungen wären es Größen, die der Mensch sich gar nicht mehr vorstellen könne. Viele, viele Tausend Sterne hätten Caroline und William mittlerweile erfasst. Sternennebel, die wieder Tausende von Sternen beinhalteten. Ihr Mann, Hofrat von Witte, mahnte, sie solle sich nicht durch die kühnen Behauptungen verwirren lassen. Manch forschender Geist verstiege sich in einen Rausch, der sich später als Trugbild herausstelle.

Je näher der Tag der Zusammenkunft rückte, umso mehr breitete sich ein wohliges Behagen in Frau von Witte aus. War es nicht schon jetzt eine Auszeichnung für Hannover, mit zwei der größten Astronomen der Zeit, Herschel und Schroeter, verbunden zu sein? Sollte es da nicht ein Leichtes werden, einen großen Geist direkt dorthin zu locken? Sie sah sich selbst schon des Nachts am Teleskop sitzen, mit scharfem Blick den Himmel erkundend, mit offenen Ohren gelehrig lauschend, ein aufgehendes Licht am Firmament der Himmelskunde, verehrt von allen Seiten ob ihres Dienstes für das Ansehen der Stadt.

Ein leises Hüsteln ließ Charly von den Blättern aufsehen. Einige Schritte entfernt stand eine ihm unbekannte Frau. Sie schien vom Hof, über die große Wiese, gekommen zu sein.

Charly brachte mal wieder keinen Ton heraus. Auf seinen fragenden Blick antwortete sie, dass vorne niemand geöffnet habe. Clara habe sie zu dem Fest heute eingeladen. Ob es denn überhaupt stattfände? Womöglich wurde es doch abgesagt und man habe vergessen, ihr Bescheid zu geben. Sie wollte schon Clara anrufen, aber leider habe sie hier keinen Empfang. Er müsse Charly sein. Clara habe ihr von ihm erzählt. Das sei jetzt übertrieben. Sie habe ihr nur gesagt, dass er am Ende des Grundstücks wohne, das heißt, ein Häuschen habe. Und dass, wenn sie käme und tatsächlich niemand da wäre, sie bei ihm nachschauen solle. Und da sei sie nun.

Charly brachte keinen Laut über die Lippen. Wie versteinert saß er da und glotzte. Sie habe ihn wohl gestört, entschuldigte sie sich und wollte wieder gehen.

Charly sprang endlich auf und streckte reflexartig seine Hand nach vorne. In der Bewegung fiel ihm ein, dass das Händeschütteln aktuell vermieden werden sollte, insbesondere bei fremden Personen. So wurde aus der spontanen Geste eine komische Einlage, bei der Charly zwei Mal vor- und zurückhopste und wie irre mit dem Arm wedelte. Erst als er wieder vor seinem Stuhl stand, vermochte er etwas zu sagen. Auch dabei geriet ihm alles durcheinander. Schön, sagte er, wunderbar, doch, doch, er sei Charly, Hans eigentlich, aber sie dürfe, wie alle andern, gerne. Ja, ja, der Empfang, niemand habe hier welchen. So wäre das, man käme hierher und aus. Habe auch sein Gutes. Er sei ja da und wo die anderen, da habe er sich ebenfalls gewundert, das wüsste er nicht, bestimmt bald, sie könne gerne hier, wenn sie möchte, einen Kaffee?

Ohne eine Antwort abzuwarten, stürzte Charly davon. Kurz darauf zerbrach innen im Häuschen etwas, gefolgt von einem leisen Fluch. Er müsse sich keine Umstände machen, rief sie ihm hinein. Charly erschien gehetzt an der Tür. Ob sie ihn gerufen habe? Er solle sich nur keine Umstände machen, wiederholte sie. Ach so, das mache nichts, nur eine Tasse, nicht weiter tragisch. Milch? Zucker? Habe er beides nicht.

Charly erhielt hier nie Besuch – in Darmstadt eigentlich auch nicht. Außer Martin, ganz selten mit Clara zusammen, kam niemand bei ihm vorbei. Gelegentlich stellte sich Charly sogar vor, er wäre der einzige Mensch auf Erden, der letzte Überlebende einer Katastrophe, Überbleibsel eines Irrweges der Natur.

Die Erscheinung selbst traf ihn wie ein Blitz. Es musste ein Trugbild, eine Halluzination sein. Wenn er ehrlich zu sich selbst war, hatte er seine Erinnerungen an Anne immer mehr seinem Engel auf dem Friedhof angepasst. Viele Kleinigkeiten stimmten nicht überein. Vor allem hätte Anne niemals ein um ihren Körper geschlungenes Tuch getragen. Sie hasste Kleider. Selbst im Hochsommer trug sie Jeans. Das höchste der Gefühle war eine Leinenhose, dreiviertellang, bis über den Knöcheln. Sie habe keine Beine für Röcke, hatte sie immer behauptet. Außerdem sei sie in den Hüften zu breit. Jeans würden dies kaschieren. Manchmal dauerte es Minuten, bis sie sich hineingezwängt hatte. Darüber trug sie dann meist etwas Weites, einen selbstgestrickten Pullover oder ein gerade geschnittenes T-Shirt.

Seine Besucherin umhüllte ein leichtes, geblümtes Kleid, mit kurzen Ärmeln und einem Band am Ausschnitt, das locker herabhing. Darunter waren die Spitzen eines blauen BHs zu sehen, der farblich perfekt zum Muster passte. Zwei kleine Knospen verrieten die Spitzen ihrer Brüste. Das Kleid war aus einem dünnen, leicht transparenten Stoff. Vielleicht etwas zu leicht und zu dünn für die morgendliche Uhrzeit. Es war angelegt in der Zuversicht auf einen sommerlich warmen Frühlingstag.

Als sie eben vor ihm stand und Charly zu ihr hinüberblickte, konnte er den Schatten ihres Körpers unter den zarten, nach unten fallenden Würfen erkennen. Kein Zweifel, dies war sein Engel, sein Engel in Menschengestalt. Einzig die Frisur war eine andere. Die Statue hatte längeres Haar, das in Wellen auf den Rücken herabfiel. Die Frau vor ihm trug schulterlanges, leicht gelocktes Haar, was ihrem Gesicht einen frechen Ausdruck verlieh. Und die Nase war etwas zierlicher.

Frau von Witte war ein zweiter Gedanke in Charlys Kopf. Bislang hatte er die weiblichen Figuren in seinem Roman – im Grunde nur Ahlke, alle anderen blieben nebulös undeutlich – an Anne angelehnt. Es fehlten in seinem Leben weitere Frauen, die als Vorlage hätten dienen können. Anfänglich pinnte er sich Bilder aus Zeitschriften und Modekatalogen – die er bei seinem Friseur durchsuchte und einsteckte – an die Wand gegenüber seines Schreibtisches.

Jeder der Astronomen sollte ursprünglich mit seiner Frau nach Lilienthal reisen. Es war ein Zugeständnis an Anne, die, als Charly ihr erstmalig seine Buchidee beschrieb, neben den vielen Männern die entsprechenden Frauen vermisste. Sein Argument, es sei für die damalige Zeit völlig unüblich gewesen, dass die Frauen mitreisten, ließ sie nicht gelten. Er schriebe seinen Roman doch heute, oder nicht? Er solle daher die wichtige und oftmals unerwähnte Rolle der Frauen, die den Männern ihre Forschungen und Arbeiten erst ermöglichten, nicht verschweigen. Sie selbst sei ein lebendes Beispiel dafür. Würde sie sich nicht um Haushalt, Wäsche, Essen kümmern, könne er nicht stundenlang über seinem Buch brüten oder draußen irgendwelche Sterne betrachten.

Charly bemühte sich redlich, etwas über die Frauen von Harding, Bessel, von Lindenau und so weiter in Erfahrung zu bringen. Auch Johann Friedrich war zum damaligen Zeitpunkt bereits verheiratet und kürzlich Vater geworden. Schroeter war somit Großvater. Mehr als dürre Namen, gelegentlich mit Geburts-, Heirats- und Sterbedaten, war nicht zu ermitteln.

Einzig über Olbers hieß es, dass ihn der frühe Tod seiner zweiten Frau und der Tochter – sie starben allerdings nach den Ereignissen in Lilienthal – so sehr betrübte, dass er sich völlig aus dem öffentlichen Leben zurückzog.

Charlys weibliche Figuren blieben allesamt Abbilder irgendwelcher Mannequins, jede bildhübsch, doch viel zu dünn an Charakter, Körper und Geist, dass er sie nach der Trennung von der Wand riss und aus seinen Notizen entfernte. Dieser Vorgang lag so weit zurück, dass er es seinem jetzigen Bemühen um Kürzung gar nicht zurechnete.

Charly stand vor seiner Besucherin, die Kaffeetasse in der Hand, und konnte seine Augen nicht abwenden.

Sie habe ganz vergessen, sich vorzustellen: Annegret, sagte sie lächelnd und streckte ihm auffordernd die Hand entgegen. Und sie verbiete jedem, sie so zu nennen. Hethe würden ihre Freunde sagen. Das möge sie. Charly, sagte Charly, und wollte ihre Hand nehmen. Leider hielt er noch immer die Tasse. Wieder trat eine komische Situation ein. Charly versuchte, die Tasse um Hethe herum auf dem Tisch abzustellen. Es war wie die Andeutung einer Umarmung. Beide kamen sich sehr nahe. Hethe legte spontan ihre Hände auf Charlys Schultern und deutete einen Kuss in die Luft an. Charly erstarrte einen Moment, unentschlossen, was er tun sollte, und schloss sie in seine Arme. Keiner von beiden wusste so recht, wie er aus der etwas zu intimen Begrüßung wieder herauskam. Es dauerte einige Sekunden, in denen sie dastanden und sich festhielten. Sie hätten alte Bekannte sein können, vielleicht sogar mehr, die sich eine Ewigkeit nicht gesehen und sich sehr über ihr Wiedersehen freuten. Hethe trat einen Schritt zurück, lächelte etwas verlegen, beide schwiegen. Sie wollte ihn wirklich nicht stören, versuchte Hethe ein Gespräch zu beginnen und deutete auf die Blätter. Sie habe ihn nicht gestört, antwortete Charly, machte einen Schritt nach vorne und schloss Hethe nochmals in die Arme. Das fühle sich gut an, sagte er und ließ sie wieder los.

Der Metzgermeister und sein Geselle mussten nach draußen eilen, sonst wäre es sicherlich zu einer Schlägerei gekommen. Paul Jakobi war mit seinem Porsche SUV vorgefahren, hatte ihn in zweiter Reihe auf der Straße abgestellt und wollte an der Schlange vorbei den Laden betreten. Er solle sich gefälligst hinten anstellen, rief jemand der Wartenden. Er hole nur etwas ab, entgegnete Paul, ohne sich umzudrehen, und wollte seinen Weg fortsetzen. Er habe gesagt, er solle sich anstellen, kam es deutlich zorniger zurück. Ihm sei völlig gleich, was er hier wolle, auf alle Fälle wäre er nach ihm dran.

Paul fuhr herum und wollte denjenigen ermahnen, sich doch bitte um seine eigenen Dinge zu kümmern. Gerade noch rechtzeitig erkannte er den Körper zu der unfreundlichen Stimme. Ein stiernackiger, untersetzter Mann, die Arme breit wie Oberschenkel und vollständig tätowiert. Die kleinen Augen im runden Gesicht blitzten giftig, die Wangenmuskeln zuckten. Paul versuchte dem Herrn nochmals freundlich zu erklären, dass er lediglich etwas Bestelltes abholen wolle, was keinerlei Zeit in Anspruch nehme und weshalb keiner der hier Stehenden auch nur eine Sekunde länger warten müsste. Völlig unbeirrt blieb der Muskelprotz bei seiner Haltung. Er solle sich in die Reihe stellen, sonst mache er einen Putzlappen aus ihm.

Zwei Dinge in Pauls Verhalten wirkten in diesem Moment äußerst provozierend auf sein Gegenüber: das wortlose Umdrehen und ein Vibrieren der Lippen, was ein verächtliches Geräusch erzeugte. Sein Fuß stand noch in der Luft, als er den festen Griff auf seiner Schulter spürte. Die Zeit schien einen Moment still zu stehen. Alle verharrten gebannt, jedes Geräusch erstarb.

Die Anwesenden waren alle auf der Seite des Tiers in Menschengestalt. Jeden hatte das Auftreten dieses Schnösels, seine Luxuskarosse, das Blockieren der Fahrbahn, die lässigen Designerklamotten, der Duft des teuren Aftershaves, sein stolzierender Gang, bis aufs Blut gereizt. Alle hätten ihn passieren lassen, ihren Ärger hinuntergeschluckt, sich insgeheim ob ihrer Tatenlosigkeit geschämt. Jetzt wollten sie gerne sehen, wie dieser Nachkomme eines Neandertalers aus dem degenerierten Homo sapiens einen Putzlappen verfertigte. Um besser sehen zu können, verließen die Wartenden die Reihe.

Zu Pauls Glück sprangen in diesem Moment zwei maskierte Herren in weißen Schürzen dazwischen, wedelten mit den Armen und riefen in einem fort: Abstand halten, Abstand halten! Gehorsam rückten alle hinter die auf dem Gehsteig aufgeklebten Markierungen zurück. Paul warf wiederum ein, dass er nur etwas abholen wolle, worauf ihm der Meister kurz und bündig sagte: Hinten anstellen!

Gerade bekam Paul noch mit, wie sein verfeindeter Herkules das Handy zückte und offensichtlich die Polizei anrief. Überlaut, dass alle es hören konnten, gab er durch, vor der Metzgerei soundso stehe ein Wagen in zweiter Reihe und blockiere die Fahrbahn. Wutschnaubend stapfte Paul davon, riss die Beifahrertür auf und befahl Franzi, sich dort in die Schlange zu stellen. Mit aufheulendem Motor jagte er davon. Franzi, die vom Streit gar nichts mitbekommen hatte, grüßte freundlich und reihte sich ein. Mit honigsüßer Stimme lud sie Pauls ehemaliger Kontrahent ein, sie könne gerne vorkommen, wenn sie nicht viel zu erledigen habe.

Martin wollte schier wahnsinnig werden. Nach zwanzig Minuten kam endlich wieder jemand aus dem Supermarkt heraus. Der frei gewordene Einkaufswagen wurde vor seinen Augen aufwendig desinfiziert. Martin wollte soeben zupacken, als die Dame in Gelb nach seiner Schutzmaske fragte. Ohne Schutzmaske kein Zutritt. Die lagen noch im Auto. Zwei lächerliche Stofffetzen, von Clara selbst, aus alten Krawatten von ihm, genäht. Die Gummibänder schnitten sie aus einer Unterhose heraus, da nirgendwo welche zu bekommen waren. Clara bot an, die Masken zu holen, dennoch musste Martin den hinter ihm wartenden Herrn vorlassen.

Nochmals vergingen endlose Minuten, bis wieder ein Kunde den Markt verließ. Es war eine ältere Dame. Ihr Einkauf bestand offensichtlich nur aus wenigen Artikeln, so leer hing der Beutel an ihrem Arm herab. Wieso sie dafür über eine halbe Stunde brauchte, schoss es Martin durch den Kopf. Sollte sie doch zu Hause bleiben. Sie gehörte eindeutig zur Risikogruppe. Alle Welt musste sich ihretwegen einschränken. Es gebe kein Mehl und keine Hefe, informierte die Dame Martin und Clara. Sie müssten gar nicht danach suchen, sie habe gefragt. Seit acht Tagen kein Mehl und keine Hefe. Wie nach dem Krieg sei das, wie nach dem Krieg. Das Muttchen wackelte davon.

Martin wollte nun endlich in den Markt hinein, sie waren schon viel zu spät dran. Wieder hielt ihn die Dame in Gelb zurück. Jede Person bräuchte einen Einkaufswagen, erklärte sie. Der Stoff vor Martins Mund und Nase ventilierte. Clara legte ihre Hand auf seinen Arm. Er solle schon mal vorgehen, sie werde ihn bestimmt finden.

Der schmutzig weiße Lieferwagen fuhr bereits zum dritten Mal durch den Ort. An jeder Straßeneinmündung flammte kurz das linke Bremslicht auf, das rechte war wohl defekt. Ein nachfolgender Kombi, der schon mehrmals zum Überholen angesetzt hatte, jagte mit aufheulendem Motor und wild hupend vorbei, was die Fahrerin des Lieferwagens mit einem derben Fluch und einer vulgären Geste quittierte.

Lore lächelte zu Lisa hinüber. In ihrem Blick lag die Erinnerung an das gemeinsame Erwachen. Sie hatten sich gestern Abend geliebt und heute Morgen gleich nochmals. Aus ein paar verschlafenen Berührungen war die Gier entsprungen. Heftig wie niemals zuvor verschlangen sie sich ineinander. Keuchend und stöhnend durchwühlten sie das Bett. Gekonnt verschaffte die jüngere Lisa der älteren Lore einen unglaublichen Höhepunkt. Wie nach einem tiefen Schmerz sank Lore in die Kissen.

Die beiden Frauen waren noch nicht lange ein Paar. Lisa hatte sich bei Lore vorgestellt und nach Arbeit gefragt. Das war, bevor Lore aufgrund der Pandemie ihr Café schließen musste. Nur ein, zwei Mal konnte Lisa für ein paar Stunden einspringen. Lisa war, entgegen ihrer Aussagen, offensichtlich eine Anfängerin in der Gastronomie. Nichts konnte sie sich merken, übersah neue Gäste und verschmutzte Tische, war ungeschickt beim Bedienen. Trotzdem fand Lore Gefallen an der wesentlich jüngeren Lisa, ließ ihr alles durchgehen und lud sie nach Feierabend zum Essen ein.

Lisa ließ Lore bestellen und erzählen, staunte sie förmlich an und wählte von der Karte die teuersten Speisen und Getränke, die ihr allesamt unbekannt wären. Nach dem dritten Abend landeten sie im Bett bei Lore. Es war eine spröde Nacht, in der Lore die

Initiative übernehmen musste. Nichts im Vergleich zu diesem Morgen. Nochmals lächelte Lore.

Sie hoffe, dass sie den Hof wiederfinden werde. Lore, hinter dem Steuer, musste fast schreien. Die beiden Frauen fuhren in dem alten, klapprigen Lieferwagen, den Lore, wie vieles andere, vom Vorbesitzer des Cafés übernommen hatte. Sie ließ den Wagen neu beschriften und wahrscheinlich war es die Folie, die den alten Kasten noch zusammenhielt. Die Beklebung an den Seiten war inzwischen blass und verwaschen. Vom ursprünglichen Aufdruck „Kleines Café" war nur noch „....nes Café" zu lesen. Aus den letzten Buchstaben der Anschrift ließ sich „Hansen Rum" zusammenscrabbeln. Der lange Ludwig, der links und rechts der Werbung stand, war erstaunlich gut erhalten. Wie zwei antike Wächter beschützten sie die mehr oder minder sinnlose Botschaft.

Der Laderaum war bis zur Decke angefüllt mit Kartons und Altpapier. Nur mit Mühe hatte Lore ihren Koffer und Lisa ihre kleine Reisetasche dazuzwängen können. Seit vierzehn Tagen fahre sie das Altpapier nun schon spazieren, erklärte Lore bei der Abfahrt. Jedes Mal, wenn sie es zum Recyclinghof schaffe, stehe eine riesige Schlange von Autos davor. Sie habe es schon zu jeder Tageszeit versucht. Es sei immer dasselbe. Die schienen alle endlich Zeit zum Aufräumen zu haben, schloss sie resigniert. Die Welt ginge unter und der Deutsche schaffe schnell noch mal Ordnung zu Hause!

Der Motor hämmerte, beide Fenster waren offen. In der Fahrerkabine sah es nicht besser aus als im Kastenaufbau dahinter. Unzählige Zettel, alte Lieferscheine, schmutzige Servietten, Dutzende

Pappbecher, Bonbonpapiere, halb geleerte Wasserfla-
schen und zerknäulte Schachteln lagen darin herum.
Alles war mit einer dicken Staubschicht umhüllt. Die
Schrift auf den Belegen war bis zur Unleserlichkeit
verblichen, die Kaffeereste in den Bechern zu Orakeln
vertrocknet. Als Lisa beim Einsteigen einiges auf den
Mittelsitz zusammenschob, stieg ein flirrender Nebel
auf. Millionen kleiner, glitzernder Körnchen tanzten
im einfallenden Sonnenlicht. Erst als sie Darmstadt
verließen, legte sich die Wolke oder war mit dem
Fahrtwind nach draußen gezogen.

Sie sei früher öfter mal dort gewesen, vor vielen
Jahren, in ihrer Studentenzeit, erzählte Lore. Sie kenne
Claras Freund, den Martin, schon ewig. Es sei ein
Wunder, dass die beiden ein Paar wurden. Überhaupt
dass Martin sich an jemanden binde. Der sei immer ein
Macho und Weiberheld gewesen. Der und Clara, dass
passe gar nicht zusammen.

Ob sie einmal mit Clara befreundet war, richtig
befreundet, wollte Lisa wissen.

Lore wich aus. Nein, da sei nichts gewesen, nichts
Richtiges zumindest. Sie glaube schon, dass Clara
mehr auf Frauen stehe, aber das wisse sie noch nicht.
Sie habe sich schon ein paar Mal von den Männern
verarschen lassen. Sie müsse sich gar nichts vor
diesen Idioten beweisen. Sie sei eine Topanwältin,
viel cleverer als diese Schwanzträger. Irgendwann
komme sie schon noch dahinter, vielleicht nach der
Episode mit Martin.

Lisa sagte nichts mehr und schaute aus dem Fenster.
Lore hing einigen Erinnerungen nach. Wahrscheinlich
käme auch dieser Charly, platzte es aus ihr heraus. Auf
den könne sie sich freuen. Der sei ein solcher Honk,

so etwas habe sie garantiert noch nicht gesehen. Manchmal sehe sie ihn in der Stadt. Der laufe immer noch rum wie damals, völlig verpeilt. Er arbeite bei der ESOC, das Genie. Der wäre schon damals völlig abgespact gewesen. Wenn er betrunken war, hätte er immer von den Sternen und so gefaselt. Eigentlich trank er nichts. Die Jungs machten sich einen Spaß daraus, ihn abzufüllen. Dann gings los. Der konnte dir zig Sterne zeigen und erklären, endlos. Irgendwann war die Gaudi vorbei und langweilig. Da stand er dann mutterseelenallein auf der Wiese und hat sich selbst die Sterne gezeigt. Lore lachte.

An die Musik dürfe man ihn auf keinen Fall ranlassen. Einmal hätte er die gesamte Party geschmissen, weil er nur irgendwelche Mondsongs laufen ließ. Pink Floyd und Police gingen ja noch, aber der Rest, fürchterlich. Alle lagen völlig abgeturnt in den Ecken herum und murrten. Aber es war nichts zu machen. Der Martin habe ihn immer beschützt. Der konnte tun und lassen, was er wollte. Wem es nicht passe, der könne ja gehen. Wahnsinn, Lore schüttelte den Kopf und dachte offensichtlich zurück. Wahrscheinlich habe ihn Charly in der Schule immer abschreiben lassen, schloss sie ihre Gedanken ab und lachte wieder.

„Das scheint ja ein tolles Fest zu werden", sagte Lisa.

V

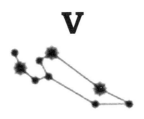

Wie er gehört habe, sei das große Teleskop in keinem guten Zustand. Olbers versuchte das Schweigen im Wagen zu brechen und das Gespräch wieder auf den Anlass ihrer Reise zu lenken.

Nach zwanzig Jahren sei das kein Wunder, antwortete Harding. Es wäre eher beachtlich, dass das Instrument und seine tragende Konstruktion überhaupt so lange standgehalten hätten. Es sei zudem nicht das erste Mal. Annähernd alle fünf Jahre müsse der Reflektor herabgenommen, Balken und Seile erneuert werden. Er habe in seiner Lilienthaler Zeit zweimal eine solche Rekonstruktion überwacht. Eine über Wochen dauernde, aufwendige Arbeit, die zudem viel Geld verschlinge. Die gierigen Handwerker würden sehr wohl verstehen, dass sie bei allem, was die Sternwarte beträfe, vom Amtmann doppelten Preis verlangen könnten. Es sei herzzerreißend, den guten Schroeter während solcher Zeiten zu sehen. Würde sein Sohn todkrank dahinsiechen, er könnte nicht betrübter sein, als wenn das Siebenundzwanzigfüßige auf Böcken liege.

Dazu die stets wiederkehrenden Überschwemmungen. Er erinnere sich an ein Frühjahr, es müsse im Jahr vor der Jahrhundertwende gewesen sein, da habe die gesamte Sternwarte über Wochen im Wasser gestanden. Harding sah wieder die weite, glitzernde Fläche rund um den Amtshof vor sich. Darin, wie aus den Fluten geboren, die merkwürdige Konstruktion des großen Teleskops.

Vielleicht sei das zwanzigjährige Bestehen der eigentliche Anlass, fragte von Lindenau. Es handle sich schlicht um eine Jubiläumsfeier.

Dies sei nun gar nicht die Art des Amtmannes, antwortete Gildemeister. Auf solche Ereignisse würde sich Schroeter gar nichts einbilden. Wenn das Teleskop marode wäre, so würde er sie sicherlich um Unterstützung angehen. Geld, wie schon gesagt, sei wohl der Grund für das Treffen, schlicht Geld.

Er wisse aus sicherer Quelle, Olbers flüsterte in verschwörerischem Ton, dass Schroeter sein Observatorium den Franzosen zum Kauf angeboten habe. Man habe ihm den Brief gezeigt und um seine Beurteilung gebeten.

Er habe dies doch hoffentlich befürwortet, fragte Gildemeister. Lieber zahlten die Franzosen als sie.

Das gehe doch gar nicht an, was soeben gesagt wurde. Harding war sichtlich überrascht und konsterniert. Die Lilienthaler Instrumente seien doch schon an den englischen Hof verkauft. Er habe selbst, in seiner Zeit als Inspector, die Korrespondenz dazu geführt. Schroeter könne unmöglich eine Sache zwei Mal verkaufen. Dass der Amtmann zudem eine jährliche Summe für den Unterhalt der Sternwarte bezog, verschwieg er. Ob dieses Geld in Zeiten französischer Besatzung gezahlt wurde, wusste Harding nicht.

Das genau sei der Punkt, warum er, Olbers, nicht wisse, wie er entscheiden solle. Es verhielte sich wohl so, dass Schroeter lediglich seine neueren Geräte anbiete, all jene, die er nach der Jahrhundertwende angeschafft hatte. Unterm Strich wäre damit aber die gesamte Sternwarte verkauft. Natürlich verschlinge ein solches Observatorium enorme Summen, weit mehr als das Salär eines Amtmannes gestatte. Schroeter sei hier völlig freizügig und ginge ständig über seine Verhältnisse. Über Jahre hätten er und dieser Gefken neue Fernrohre konstruiert und gebaut. Vielmehr Gefken habe gebaut, Schroeter konstruiert und gezahlt. Ein Vermögen habe dies verschlungen, nur um noch größere Spiegel fertigen zu können. Er selbst habe Schroeter darüber hinaus immer wieder finanziell unterstützt, ohne viel Aufhebens selbstverständlich. Olbers blickte wieder in die Runde, nur Gildemeister nickte.

Man habe auch allerlei Spiegel und Instrumente zu guten Preisen verkauft, warf Harding ein. Die Lilienthaler Reflektoren stünden in einem ausgezeichneten Ruf und würden in den namhaftesten Observatorien benutzt.

Er wolle dies gar nicht in Abrede stellen, lenkte Olbers ein, obwohl das für Gauß nach Braunschweig gelieferte Gerät zunächst völlig unbrauchbar gewesen wäre.

Ein Fehler in der Halterung, verteidigte Harding, der nichts auf Lilienthal kommen lassen wollte. Professor Gauß, welcher eigens anreiste, Gefken, Schroeter und er selbst hätten das zehnfüßige Teleskop mehere Male, mit den besten Resultaten, geprüft. Der Schaden müsse wohl beim Transport entstanden sein.

Jedenfalls war der Spiegel verzogen und lieferte kein Bild.

Wozu der in seiner Ehre sehr betroffene Gefken schnellstmöglich Ersatz fertigte und daselbst in Braunschweig einsetzte.

Das sei wohl wahr, gab Olbers zu und sah einige Augenblicke aus dem Fenster. Seiner Meinung nach sei die Spiegelgröße nicht das dringlichste Problem, die fortlaufende Nachführung müsse gelöst werden, sprach er seine Gedanken aus. Er habe nie gerne am großen Teleskop gearbeitet. Hätte man endlich das Objekt fixiert, so wäre es auch schon wieder entschwunden. Das Sichtfeld sei viel zu klein. Die anschließende Bewegung der Räder versetze die gesamte Konstruktion so in Schwingung, dass zunächst nichts mehr zu erkennen sei. Es dauere Minuten, bis wieder ein verlässliches Bild entstehe. Darauf beginne das Spiel von vorne. Er liebe weit mehr die kleinen Instrumente. Diese seien in der Handhabung viel eleganter. Auch könnten diese alleine bedient werden. Man müsse nicht ständig nach unten rufen, um wie viele Grade die Räder gedreht werden müssen, oder an der Glocke ziehen. Es sei ein entsetzliches Lärmen am Riesenteleskop und ihm völlig zuwider.

Durch größere Spiegel würde sich auch eine größere Öffnung und damit auch ein größeres

Blickfeld ergeben. Er könne Schroeters Streben schon nachvollziehen, beschwichtigte Harding.

Nur wenn es ihm nicht wieder um eine noch größere Brennweite ginge, entgegnete Olbers. Dann sei nämlich nichts gewonnen. Wie sie alle wüssten, vermindere die größere Brennweite die Helligkeit. Die gewonnene Vergrößerung ginge zu Lasten der Schärfe. Darüber hinaus, um die Beobachtungsdauer deutlich zu erhöhen, müsste ein solcher Spiegel mindestens doppelt, nein, viermal so groß sein wie der jetzige. Das sei unmöglich. Niemand könne einen solchen Spiegel herstellen.

Bis zu Herschels Zeit habe man überhaupt nicht geglaubt, jemals solche Instrumente zu besitzen. Er, von Lindenau, sei überzeugt, dass es sehr bald noch weitaus größere geben werde. Der Fortschritt der Wissenschaft, und damit der Technik, ließe sich nicht aufhalten.

Was nütze all das, wenn das Gesehene nicht festgehalten werden könne, fragte Olbers zurück. Harding würde ihm sicherlich zustimmen, dass es ein Ding der Unmöglichkeit sei, am großen Teleskop eine Zeichnung oder auch nur eine Skizze anzufertigen. Die Bewegung der Objekte wäre so schnell, dass keine Zeit bliebe, auch nur den Stift in die Hand zu nehmen. Man müsse aus dem Gedächtnis arbeiten. Es grenze an ein Wunder, dass Tischbein damals überhaupt einige Abbildungen zu Stande brachte. Er habe von dessen Künsten nicht viel gehalten, bis er es selbst einmal versuchte.

Harding stimmte zu. Man habe bei allen Beobachtungen mit mehreren Instrumenten gearbeitet und sich, wie ein Jäger, herangetastet.

Erst mit dem siebenfüßigen Teleskop, danach mit dem zehnfüßigen Dollond und so fort. Das Riesenteleskop war das im Zweifel entscheidende und diente zur letzten Gewissheit. Damit wolle er die Leistung von Meister Tischbein nicht schmälern, im Gegenteil. Dieser habe begierlich jeder Kleinigkeit nachgeforscht, jeden Strich eindringlich geprüft.

Ob denn Tischbein auch zu dem Treffen käme, wollte Gildemeister wissen. Er kenne ihn gut aus der Zeit der gemeinsamen Arbeit an den Karten von Bremen. Er sei zweifelsohne ein Meister seines Fachs. Allerdings müsse er sagen, dass eine gewisse Diskrepanz zwischen dessen gewöhnlichen Arbeiten und den schroeterschen Karten bestehe. Diese entsprächen so gar nicht seiner sonstigen Kunstfertigkeit.

Harding pflichtete bei. Er habe Meister Tischbein von Göttingen aus immer wieder mit Arbeiten, vorrangig seiner Sternenkataloge, betraut und ihm dabei freie Hand gelassen. Das ausgezeichnete Ergebnis kenne jeder der Anwesenden. Auf die Darstellungen des Mondes, Mars, Venus, Jupiter und der Sonne habe der Amtmann großen Einfluss genommen. Es existiere ein strenges System an Schraffuren und Strichen. Tischbein habe sich getreulich daran halten müssen und unter fortdauernder Aufsicht Schroeters gestanden.

Angeblich lebe er in seinem Hause unter ähnlichen Umständen. Um den häuslichen Segen solle es nicht gut bestellt sein, erzählte Gildemeister. Die Pastorentochter Pfannkuch, die er damals heiraten musste, bereite ihm die Hölle auf Erden. Sie, und die beiden Töchter, bildeten ein weibliches Bollwerk im Hause Tischbein, vor dem der brave Meister jedes Mal kapituliere. Jeden sauer verdienten Groten zögen ihm die völlig der Mode ergebenen Frauen aus der Tasche. Wie einen Ochsen vor dem Pflug würde sie ihn antreiben. Dabei zählte die ehrbare Tochter bei der Hochzeit schon dreißig Jahre. Keiner der Bauern wollte sie haben, weil sie sie alle schon kannten. Dabei zwinkerte er vielsagend.

Meine Herren, fuhr Olbers ermahnend dazwischen. Solche Reden möchte er nicht hören, das sei plumpes Geschwätz. Überhaupt, warum sollte Tischbein zu diesem Treffen kommen. Dafür sehe er gar keinen Anlass.

Arnd Harjes wusste zunächst nicht, wer da vor ihm stand. Er wollte diese von oben bis unten verdreckte Gestalt schon davonjagen. Lediglich die Stimme, die ihn freudig begrüßte, kam ihm bekannt vor. Ob er ihn nicht hereinlassen wolle, fragte diese. Das musste Georg Tischbein sein. Umarmen mochte er ihn dennoch nicht.

Kaum eingetreten, begann Georg eine lange, verworrene Geschichte zu erzählen. Arnd verstand nur die Hälfte. Letztlich sei er, Tischbein, von einem garstigen Torfbauern ins Moor geworfen worden. Oder von einem Trupp Franzosen. Harjes fragte nicht nach. Vielmehr wollte er gerne wissen, was der Freund aus Bremen, in diesen Zeiten, hier in Lilienthal zu tun habe? Georg berichtete von der Einladung des

Amtmannes. Darum sei er zu ihm gekommen. Er könne in diesem Aufzug nicht vor Schroeter erscheinen. Und ob es womöglich etwas zum Frühstück gebe. Er habe seit gestern nichts gegessen.

Arnd Harjes rief nach seiner Frau. Sie kenne ja noch Meister Tischbein, worauf diese nur verächtlich die Nase rümpfte. Ja, sie könne sich noch gut an den anderen da erinnern. Ob sie beide jetzt wieder zu Murkens Gasthof gingen. Letztes Mal wären sie gemeinsam im Mühlbach gelandet, völlig betrunken, eine Schande. Über Wochen sei sie das Gespött im Dorfe gewesen. Da bräuchte sie dessen Kleider gar nicht zu reinigen. Die sähen nachher gleich wieder so aus.

Tischbein entschuldigte sich vielfach für sein letztmaliges Auftreten. Das seien damals unglückliche Umstände gewesen. Er trinke in der Regel nicht, deshalb habe er auch nicht mehr genau gewusst, was er tat. Und Arnd habe ihn aus dem Mühlbach ziehen wollen, in den er versehentlich gefallen wäre. Bei seiner Errettung sei Arnd dann ebenfalls hineingestürzt.

Wenn sie ihn so ansehe und an ihm rieche, denke sie nicht, dass es damals, wie habe er gesagt, unglückliche Umstände waren. Sie sehe das Unglück schon wieder vor der Tür stehen. Und dass er nicht trinke, könne er Gott weiß wem vormachen.

Harjes fuhr seine Frau an, sie solle sich gegenüber einem Freund und Gast nicht so verhalten. Tischbein befahl er, sich zu entkleiden, seiner Frau, ein kräftiges Mahl zu bereiten. Mit Bier, wenn noch welches im Haus sei. Wenn nicht, solle sie den Sohn zu Murkens schicken, welches holen. Vor sich hin fluchend zog sich Arnds Frau in die Küche zurück.

Sie meine es nicht so, beruhigte Harjes den Freund. Es seien schwere Zeiten, es fehle an allem. Tischbein nickte wissend. Beide Männer schwiegen eine Weile. Er sei seit letztem Jahr einer der Munizipalräte, berichtete er dem Freund voller Stolz. Nach Brünnings habe er die meisten Stimmen erhalten. Barnstorff und Hage seien ebenfalls gewählt. Allerdings wäre man seit Wochen nicht mehr zusammengekommen. Das herrschende Kriegsrecht würde es verbieten. Was wären dies für schöne Abende gewesen. Man habe sich bei Murkens getroffen und getagt. Die Witwe Lena führe jetzt den Gasthof, flüsterte Arnd vertraulich und leise zu Tischbein. Da ginge es abends hoch her. Es wären zwar Franzosen bei ihr einquartiert, aber die störten nicht. Man ginge sich aus dem Weg. Wenn er länger in Lilienthal bliebe, sollten sie unbedingt zusammen hingehen.

Tischbein schüttelte den Kopf. Nein, nein, wehrte er ab, das sei keine gute Idee. Ihm widerführen hier immer recht merkwürdige und schlimme Dinge. Jedes Mal, wenn er sich in Lilienthal aufhalte, oder schon auf dem Weg hierher. Das Schlimmste sei sicherlich die Ehe mit seiner Frau. Er wisse nicht, warum er so gestraft werde.

Ach was, versuchte Harjes Georg aufzumuntern. Er habe sich damals einfach zu einsam gefühlt, hier in Lilienthal. Und da die alte Jungfer Pfannkuch immer ihren Vater zum Unterricht des jungen Schroeters brachte, da habe ihn der Hafer gestochen. Da sei er nicht der Erste gewesen, lachte Harjes und schlug seinem Freund auf die Schulter.

Das wisse er längst selbst, gab Tischbein bitter zurück. Die Tochter, die bald nach der Hochzeit zur Welt kam, habe ihn lange für alles entschädigt. Sie sei sein Ein und Alles. Die zweite dagegen hielte immer schon zur Mutter und eifere dieser in allem nach. Jetzt habe sich die Ältere mit einem Bildhauer verlobt, einem KÜNSTLER! Die Strafen schienen kein Ende zu nehmen.

Frau Harjes kam mit Brot, Butter und einem halben Hühnerbraten herein. Mürrisch und schweigend stellte sie alles auf den Tisch. Georg bat um einen Krug Wasser, er sei am Verdursten. Wasser, sagte sie verächtlich, würde in ihrem Haus nicht zu Wein werden. Wieder fuhr Harjes seine Frau an, bat den Freund um Nachsehen, es seien magere Zeiten.

Wie es ihm erginge, wollte Tischbein von Harjes wissen. Schlecht, antwortete dieser. Es würde kaum noch etwas gedruckt werden. Wenn er einmal einen Auftrag hätte, wäre es schwierig, an Papier zu kommen. Die Franzosen würden den Handel damit unterbinden, um aufrührerische Schriften zu verhindern. Es herrsche neuerdings eine strenge Zensur. Auch vorher liefen die Geschäfte schon miserabel. Der Amtmann würde kaum noch Bücher verfassen. Und die, die er schon habe drucken lassen, lagerten bei ihm im Amtshaus. Der Kommissionshandel mit Vandenhoeck in Göttingen sei praktisch zum Erliegen gekommen. Zudem gebe es wohl fortlaufende Auseinandersetzungen, insbesondere mit Herschel, der viele Forschungen aus Lilienthal in Frage stelle. Kaum würde Schroeter etwas an die Öffentlichkeit bringen, sei ihm der Widerspruch aus England gewiss. Der Amtmann sei darüber ganz verunsichert und zögerlich geworden. Umgekehrt werfe er in seiner Verteidigung dem königlichen Astronom unsaubere Beobachtung und voreilige Schlüsse vor. Die beiden seien wie Castor und Pollux, so habe es letzthin jemand genannt. Und Schroeter sehe sich selbst als den sterblichen Castor, Herschel dagegen als den göttlichen Pollux. Er zweifle mehr denn je an seinen Werken.

Daher kümmere sich Schroeter kaum mehr um den Verkauf. An Nachdrucke sei nicht zu denken. Es kämen keine Gäste mehr, schon seit Jahren nicht, seit Bessel die Sternwarte verlassen habe. Man würde den Amtmann nur noch alleine im Amtsgarten sehen. Das große Teleskop sei zudem marode, das Gebälk durch die Witterung brüchig geworden. Es seien gute Nachrichten, dass es ein großes Treffen gebe. Bestimmt würde darüber eine Dokumentation verfasst. Vielleicht würde die Gesellschaft wieder etwas herausbringen. Ob er sich noch an das damalige Werk erinnere, fragte Harjes.

Tischbein nickte, zum Sprechen war er kaum in der Lage. Mit Heißhunger schlang er die Bissen hinunter und redete mit vollem Mund.

Natürlich erinnere er sich, da könne der Freund sich sicher sein. Einen Augenblick später wurde es klarer. Er habe damals ja das Wappen der Gesellschaft gestochen. *Nicht vergeblich blicken wir auf der Sterne Auf- und Untergang.* Dazu Pallas, Ceres und Juno als holde Schönheiten, umringt von den Tierkreiszeichen. Tischbein zeichnete mit einem Hühnerbein in der Hand in die Luft. Welch großartiger Beginn, sann er verträumt.

Und welch dramatischer Untergang, ergänzte Harjes sofort. Hochfliegende Pläne habe ihm der Amtmann damals vorgelegt. Den gesamten Himmel wolle die Gesellschaft erforschen, großartige Entdeckungen stünden unweigerlich bevor. Ganze Bibliotheken würde man bald füllen können. Am Ende nichts.

Daran sei nur dieser verdammte Krieg schuld, schmatzte Tischbein.

Schroeter saß in seiner Amtsstube. In der Hand hielt er einige Blätter, darauf seine Rede, die er vor den versammelten Gästen zu halten beabsichtigte. Nach einer kurzen Begrüßung ging es rasch zum Kern seiner Einladung. Die Gesellschaft habe sich bei ihrer Gründung der genauen Erforschung des Himmels verpflichtet. Nach dem Tierkreis habe man Reviere aufgeteilt. Jedem der Mitglieder obliege dessen fleißige Durchmusterung, bis hin zu getreuen Sternenkarten. An dieser Stelle wollte er Harding lobend erwähnen, sich selbst von Kritik nicht ausnehmen.

Die damalige Absicht habe alsbald ihre Notwendigkeit und Richtigkeit bewiesen. Ohne die Konzentration auf die einzelnen Abschnitte wären die so rühmlichen Entdeckungen schwerlich gelungen. Doch das Auffinden der Planetoiden Ceres, Pallas und Juno hätte die Sternen-Detektives alsbald berauscht. Die Mitglieder der Himmelespolizey jagten seitdem mehr dem Unentdeckten nach, als das Sichtbare zu bestimmen und in verlässlichen Karten festzuhalten. Man baue Stockwerk auf Stockwerk, ohne auf das Fundament zu achten.

War diese Mahnung zu harsch, fragte sich Schroeter. Womöglich würde er wie ein Schulmeister empfunden werden. Andererseits war er der Vorsitzende der Gesellschaft und durfte sich wohl ein strenges Wort erlauben. Der Amtmann setzte viel Hoffnung in dieses Treffen. Würde die alte Aufgabe der Himmelspolizey wieder aufgegriffen, würde die Lilienthaler Sternwarte wieder gebraucht werden. Man könnte ihm dann schwerlich seitens der französischen Verwaltung eine finanzielle Unterstützung abschlagen.

Elisabeth kam in die Amtsstube gelaufen. Draußen stehe der Bauer Meyerdierks und wolle ihn sprechen. Sie habe ihm schon gesagt, dass er heute keine Zeit hätte. Er ließe sich allerdings nicht abweisen. Es sei dringend und wichtig. Schroeter stand von seinem Schreibtisch auf und ging hinaus. Was es gebe, wollte er von Meyerdierks wissen. Dieser erklärte etwas umständlich, dass das Wasser bei Trupe immer höher steige. Der Regen der letzten Tage lasse die Wümme anschwellen. Die Kanäle schafften es nicht mehr. Um den Konventhof würde es ebenfalls schlecht aussehen. Er habe auch einen Knecht nach Butendiek geschickt. Der müsse bald wieder hier eintreffen.

Das sei unmöglich, entgegnete Schroeter. Vom Regen allein könne das Wasser nicht so steigen. Das müsse noch andere Ursachen haben. Schon seit Jahren hatte er den Verdacht, dass durch den Kanalbau rund um Bremen die Flutbewegungen des Meeres über die Weser immer stärker bis zu ihnen wirkten. An der Wümme konnte neuerdings eine Tiede gemessen werden. Seine diesbezüglich mahnenden Schreiben waren allesamt ignoriert worden.

Wie dem auch sei, das führe jetzt zu keiner Lösung. Man müsse schauen, wohin das Wasser möglicherweise abgeleitet werden könne. Zunächst wolle man auf Nachricht von Butendiek warten. Schroeter gab Anweisung, sein Pferd zu satteln.

Elisabeth, die das Gespräch verfolgt hatte, protestierte. Er könne jetzt unmöglich das Haus verlassen. Jeden Moment kämen die Gäste an. Er müsse sie begrüßen und empfangen.

Seine Gäste wüssten um seine anderweitigen Verpflichtungen und würden sein Fehlen sicherlich nachsehen. Er gedächte auch nicht, lange fortzubleiben. Falls eine Überschwemmung drohe, müsse jetzt zügig gehandelt werden. Er werde sich umkleiden. Damit ließ Schroeter seine Schwester stehen, die dem Bauer Meyerdierks einen vernichtenden Blick zuwarf. Dieser trollte sich schweigend grüßend hinaus.

Erneut waren Reiter zu hören. Nicht im Galopp, dafür in größerer Anzahl. Von der Kirche kommend, bog eine Abteilung in den Hof ein. Andere verteilten sich vor Friedhof und Zehntscheuer. Über die Mühlbrücke kamen ebenfalls Reiter. In verschiedenen Sprachen wurden Befehle gerufen. Alles stand still.
Schroeter kam aus dem Amtshaus gestürzt, seinen Reitmantel noch im Arm. Von der Spitze trabte ein Offizier auf den Amtmann und den Bauern Meyerdierks zu. Der Soldat salutierte und stellte sich als Hauptmann Massenbach vor. Er diene unter dem Grafen Wallmoden und befehlige diese Kompanie der Russisch-Deutschen Legion. Er bitte für sich und seine Männer um Verpflegung. Insbesondere die Pferde bräuchten Futter.
Der Amtmann grüßte zurück: Er sei Johann Hieronymus Schroeter, Oberamtmann von Lilienthal. Man werde schauen, was man tun könne. Es seien schwierige Zeiten, die Speicher und Magazine leer. Meyerdierks, der über den Anblick des preußischen Offiziers hocherfreut schien, bot an, von seinem Hof und denen der anderen Bauern Lebensmittel beizuschaffen. Hauptmann Massenbach dankte, gab Zeichen und stieg ab. Alle Reiter folgten seinem Beispiel,

nahmen die Pferde an den Zügeln und führten sie davon.

Schroeter lud Massenbach ins Amtshaus ein. In der Tür begegnete er Elisabeth, die ihm ins Ohr zischte, mit keinem Wort den Wein und die Speisen für den Empfang zu erwähnen. Schroeter stellte seine Schwester vor, führte den Hauptmann in sein Amtszimmer und bot Tee an, den dieser dankend annahm. Die Männer setzten sich, Elisabeth eilte davon. Schroeter erklärte, dass er eigentlich zum Deich an der Wümme habe aufbrechen wollen. Es drohe ein Hochwasser. Man müsse Vorkehrungen treffen. Der Offizier lächelte wissend, was den Amtmann irritierte.

Was seine Befehle seien, wollte Schroeter von Massenbach wissen. Er könne darüber nicht im Detail sprechen, antwortete der Offizier. Es seien Vorbereitungen im Gange. Man wolle die Bewegungen des Feindes beobachten und nach Möglichkeit einschränken. Die Franzosen hätten sich weitestgehend nach Bremen zurückgezogen. Er solle mit seinen Männern das Umland besetzen. Ob die davoneilende französische Patrouille etwas mit ihnen zu tun gehabt habe, fragte Schroeter. Durchaus, gab Massenbach strahlend zurück. Man sei bei Grasberge aufeinandergetroffen. Die Franzosen hätten schon nach wenigen Schüssen Reißaus genommen. Der Amtmann warnte. Man solle die Franzosen nicht unterschätzen. Er kenne General Vandamme. Der sei ein Heißsporn und äußerst ehrgeizig. Wann der Rest seiner

Truppen eintreffen werde? Er befehlige nur diese Kompanie, antwortete Massenbach etwas reserviert. Die nächstgrößeren Verbände seien die von Tettenborn in Hamburg. Schroeter erschrak. Wenn dies alles sei, was er aufzubieten habe, dann werde er sich unmöglich hier halten können. Die Wümme würde zunächst Schutz bieten, antwortete Massenbach. Den Fluss und die Brücke würden seine Männer zu verteidigen wissen. Die Wümme könne an vielen Stellen übergangen werden, warnte Schroeter. Man solle aus Rücksicht auf die Bevölkerung Vandamme nicht reizen. Dieser würde vor Repressalien nicht zurückschrecken. Das solle der Amtmann seine Sorge sein lassen, gab sich der Offizier gelassen. Elisabeth brachte den Tee.

Olbers stand dem französischen Hauptmann gegenüber. Immer wieder pochte er auf seine Papiere und hielt sie seinem Gegenüber unter die Nase. Dessen Kopfschütteln blieb dasselbe. Die gespitzten Lippen des Soldaten wiesen jeden Einspruch ab. Die anderen Fahrgäste verfolgten die Szene von der Kutsche aus. Entnervt kehrte Olbers zurück.
Die Straße über Lehe sei gesperrt. Russische Kosaken wären in der Nähe von Worpswede gesichtet worden. Niemand dürfe passieren. Alle Genehmigungen seien bis auf Weiteres aufgehoben. Man habe Patrouillen ausgeschickt und warte auf Nachrichten. Bis dahin müsse man warten. Er schlage vor, beim alten Holländer, so nannte er ein Wirtshaus in der Nähe der Horner

Kapelle, eine Rast einzulegen. In ein oder zwei Stunden könne man sicherlich weiterreisen.

Der schwere Reisewagen stand auf freiem Feld, umringt von einigen Reitern. Zunächst diskutierte Roger Barry mit dem vierschrötigen Hauptmann, anschließend versuchte Wilhelmine ihr Glück. Man sei seit Tagen unterwegs, um nach Lilienthal zu gelangen. Man könne nicht so kurz vor dem Ziel abgewiesen werden. Dabei zeigte sie auf ihre Tochter, die noch immer in den Armen der Zofe schlief.
Befehl sei Befehl, antwortete der Soldat immer wieder. Er empfehle, in Osterholz zu warten, bis sich die Lage geklärt habe. Die paar Russen wären sicherlich bald wieder vertrieben. Das feige Pack gehe jedem Kampfe aus dem Weg. Gerne begleite er sie mit seinen Männern dahin. Es sei nicht weit. Er kenne dort auch ein gutes Gasthaus. Sobald als möglich würde man Nachricht senden.

Charly legte die Blätter zur Seite und schaute verlegen zu Hethe hinüber. Diese hatte ihn, nach längerem Hin und Her, überreden können, ihr etwas aus seinem Buch vorzulesen. Schon nach der ersten Seite wollte Charly wieder aufhören. Hethe bat nochmals und versicherte, dass es sie brennend interessiere. Sie gehe und lasse ihn in Frieden, wenn er nicht auf der Stelle weiterlese. Außerdem habe er eine angenehme Stimme, der sie gerne lausche.

Jetzt stellte sie jede Menge Fragen. Wo das alles spiele, wer die Personen seien, ob das tatsächlich so stattgefunden habe. Charly, der, bis auf Anne und Martin, bisher keinem Näheres von seinem Roman erzählt hatte, kam in Fahrt. Zunächst verhaspelte er sich und war viel zu schnell. In wenigen Sätzen war er vom Anfang zum Ende gekommen. Hethe konnte seinen Ausführungen nicht folgen und fragte nach. Darauf verlor sich Charly in vielen, vielen Einzelheiten. Es sprudelte nur so aus ihm heraus. Bei Ahlke hakte Hethe nochmals nach. Sie hätte gar nicht gedacht, dass es damals schon alleinerziehende Mütter gab. Das wäre doch sicherlich eine Ausnahme, oder? Charly konnte nur mit den Schultern zucken. Diesen Aspekt habe er nicht weiter untersucht, gestand er. Es sei sicherlich unüblich gewesen – oder auch nicht. Inoffiziell wäre Ahlke ja verheiratet gewesen, sozusagen. In seinem Testament hätte Schroeter sie später seine zeitlebens *Ehegeliebte* genannt. Hethe lächelte.

Charly legte seine Gedanken zu den verschiedenen Personen dar, erklärte Hintergründe, die im Text gar nicht auftauchten, verwies auf historische Fakten. Wieder stoppte ihn Hethe. Was sie am brennendsten interessiere, wäre das Warum? Warum habe er dieses Buch geschrieben? Das müsse doch eine unendlich aufwendige Arbeit sein, wenn sie ihn richtig verstehe. All diese Personen, deren Biografien, die Orte, die geschichtlichen Ereignisse und, was sie noch nicht ganz begriffen habe, diese technischen Details mit Spiegeln, Legierungen und Brennweiten. Warum das alles?

Charly schwieg. Da war sie wieder, die Frage nach dem Warum. Gegenüber Anne konnte er sie damals nicht beantworten. Offen gestanden wollte er es nicht. Es erschien ihm damals zu mühsam und gleichzeitig diffus. Seine Erklärungen, die mehr ein Beschreiben geworden wären, hätten ihr nicht genügt. Er ahnte Annes Reaktionen auf seine Gründe schon im Voraus. Sie hätte jeden einzelnen auf sich bezogen und behauptet, dass er durch das Buch eine noch größere Distanz zu ihr aufbauen wolle. Beständig würde er ihr demonstrieren, dass sie kein verkanntes Genie sei, sondern eine dumme Gans, die von Astronomie und Mathematik gar nichts verstehe. Jeder gemeinsame Ausflug, jede Reise, wäre nur eine Recherche von ihm. In den drei Tagen in Prag habe er sich lediglich mit Brahe, Kepler und dieser monströsen Uhr beschäftigt. Anstatt ein Hobby zu suchen, das sie zu zweit aus-üben könnten, steigere er sich immer weiter in seine einsamen Nächte hinein. Ob er nun dasitze und schreibe oder alleine irgendwo durch sein Fernrohr starre, sie käme darin nicht vor.

Gegenüber Hethe begann Charly zu erzählen. Er berichtete von seinem Großvater, der ihm näher ge-wesen wäre als seine Eltern. Er beschrieb die ersten gemeinsamen Beobachtungen am Himmel, er wiederholte einige Geschichten, die sein Opa ihm zu den Sternenbildern erzählte. Charly war wieder der kleine Junge, der fasziniert dem alten Mann zuhörte. Er beschwor die schönen Stunden herauf, wie sie in der Dunkelheit, bei warmem Kakao und belegten Broten, auf den Aufgang des Mondes warteten.

Später, als er alleine in die Sterne blickte und sich immer intensiver damit beschäftigte, und vor allem durch sein Studium, hätten die Sterne ihren Zauber verloren. Heute, bei seiner Arbeit in der ESOC, wäre davon gar nichts mehr zu spüren. Sein Horizont hätte sich zu großen Teilen auf Erdumlaufbahnen begrenzt. Die Unendlichkeit dahinter wäre wie eine Kulisse, vor der der Mensch ein armseliges Stück aufführe. Die vielen Sterne bekämen längst keine Namen mehr. Man würde sie nur noch systematisch nummerieren. Sagen und Mythen seien daraus verschwunden. Niemand erzähle mehr Geschichten zu den Bildern am Firmament. Asteroiden, für deren Auffinden zu Schroeters Zeit Professorentitel vergeben wurden, kenne man heute zu Hunderten. Unser ganzes Sonnensystem sei durchzogen von diesen Sternensplittern. Einen weiteren zu finden wäre heute lästige Routine. In der modernen Astronomie störten diese Dinger nur, da sie die Flugbahnen von Sonden und Satelliten kreuzten.

Wirkliche Entdeckungen seien heute rein theoretischer Art. Wellen und Strahlen würden eingefangen und ausgewertet. Mittels physikalischer Gesetze, ob sie passten oder nicht, beschreibe die Astronomie unbekannte Phänomene wie schwarze Löcher oder dunkle Materie. Letztlich würde alles in Formeln und Modellen enden, die kaum noch jemand verstehe …

Charly wolle doch jetzt nicht schon am Vormittag das anstehende Osterfest in seinem Weltschmerz ertränken. Hethe und Charly erschraken, wie bei einer Heimlichkeit ertappt. Martin und Clara standen am Eingang zur großen Wiese. Hethe sprang auf, umarmte spontan und ungehemmt ihre Freundin, während Martin einige Schritte zurückwich. Alle sollten sich an die Regeln halten, betonte er. Clara nahm Hethe demonstrativ in den Arm und ging mit ihr in Richtung des Hofes davon.

Charly blieb wie benommen sitzen. Er schien noch einigen Gedanken nachzuhängen. Martin fragte, seit wann er hier wäre, um sogleich von ihren unglaublichen Strapazen des morgendlichen Einkaufs zu berichten. Wenn der Teufel eine Schwester hätte, dann wäre es diese Frau im gelben Leibchen vor dem Supermarkt. Und innen, er könne sich das gar nicht vorstellen. Menschenleer wäre es gewesen. Und wenn man durch Zufall doch einem anderen Kunden in diesen unendlichen Weiten begegnete, so sei dieser entweder panisch zur Seite gesprungen oder, zur Salzsäule erstarrt, stehen geblieben. Er hätte in einem Gang minutenlang einem anderen Herrn gegenübergestanden. Keiner von ihnen wollte zurückweichen. Aneinander vorbei ging es, unter Wahrung des Mindestabstandes, auch nicht. Er, Martin, habe dann nachgegeben, weil sie sowieso schon viel zu spät dran gewesen wären. Sonst hätte er es mal drauf ankommen lassen.

Und schließlich an der Kasse. Nur jede zweite besetzt. Kilometerweite Abstände zwischen den Wartenden. Man sollte so etwas wie einen Drive-in-Supermarkt erfinden. Vorne gebe man seine Bestellung auf.

Natürlich nicht einzeln hintereinander, wie bei McDonald`s oder Burger King, nein, mindestens zwölf, wenn nicht zwanzig Spuren sollte es geben. Nachdem man seine Einkaufsliste verlesen oder eingetippt hätte, fahre man vor, zahle und nach ein paar Minuten würden einem die Einkäufe in den Kofferraum gepackt. Eine Kombination aus Online- und stationärem Handel. Stationshandel würde er es nennen. Das wäre doch praktisch, jedenfalls viel praktischer als dieses ewige Rumgestehe vor der Tür. Vielleicht könnte man es mit einer Art Autokino kombinieren. Während man auf seine Einkäufe wartet, könne man sich einen Film ansehen oder etwas essen oder beides zusammen. Wenn er so darüber nachdenke, sei das eine tolle Sache. Er werde sie in seine Liste aufnehmen.

Mit der „Liste" meinte Martin eine ausufernde Sammlung obskurer Ideen, die ihn fast täglich ansprangen. Ob diese Liste tatsächlich existierte oder nur einen abgelegenen Teil in Martins Gedächtnis darstellte, wusste niemand. In irgendeiner fernen Zukunft einmal wolle er diese Liste abarbeiten. Diesen Vorsatz verkündete Martin zu allerlei Gelegenheiten, besonders wenn er betrunken war.

Charly sagte nichts, ließ den Freund reden. Martins Redeschwall endete abrupt. Ob er Annegret schon gekannt habe? Wie sie sich getroffen hätten? Es wäre eine Idee von Clara gewesen, sie einzuladen. Sie wollte mal die übliche Runde durch etwas frisches Blut aufmuntern. Es kämen dieses Jahr sowieso nicht viele, man dürfe ja nicht. Eigentlich bleibe man fast unter sich. Nur noch Paul und Franzi fehlten. Er verstehe nicht, wo sie blieben. Sie sollten doch nur das Fleisch abholen. Wahrscheinlich mussten sie noch irgendwo ein Schnäppchen jagen. Aber das ginge ja gar nicht, hätte doch alles geschlossen. Ob ihm Annegret schon erzählt habe, dass auch sie ihren Laden hatte schließen müssen?

Charly, der bis dahin reglos zugehört und Martins Geschwätz wie eine unvermeidliche Naturerscheinung ertrug, schaute auf. Martin fuhr fort. Sie habe eine tolle Boutique in der Stadt, ob er die nicht kenne. Na gut, er mache sich nicht so viel aus Mode. Aber Annegret entwerfe selbst, tolle Sachen, sehr kreativ. Clara schwöre darauf und kaufe nirgendwo anders. Sie habe eine eigene Marke. Die könnte etwas überarbeitet werden. Er habe ihr schon seine Hilfe angeboten. In der Agentur hätten sie Spezialisten für so etwas. Die Wiedererkennung sei das Wichtigste. Und die emotionale Aufladung. Das hätte er Annegret schon erklärt. Wie sie ihm denn gefiele?

Sie möchte nicht Annegret genannt werden, antwortete Charly kurz und stand auf. Hethe würde ihr gefallen. Zu mehr kam er gar nicht, da Martin schon wieder loslegte. Ach, das wüsste er gar nicht. Er würde sie immer Annegret nennen. Sie habe sich nie darüber beschwert. Er sehe sie auch nicht so oft. Sie sei, wie gesagt, Claras Freundin. Die beiden Freunde folgten Clara und Hethe über die Wiese nach vorne. Ob Charly schon den Schmidt getroffen habe. Der wollte eigentlich heute kommen und helfen, das Holz für das Feuer aufzuschichten.

Das war merkwürdig. Überrascht blickte Charly zu Martin hinüber. Es war feste Tradition der Osterfeierlichkeit, dass sie beide das Holz zusammentrugen. Seit Anfang an begann damit der fast schon zeremonielle Tagesablauf. Martin zog seinen merkwürdigen Arbeitsanzug – ein khakifarbenes Hemd, eine schwarze Zimmermannshose und klobige, uralt aussehende Wanderschuhe – an. Wenn das Wetter nicht mitspielte, schützte ihn eine grüne Lederjacke. Die letzten Male blieb sie unbenutzt an der Garderobe hängen.

Es war der einzige Tag des Jahres, dass Martin so etwas trug. Es waren merkwürdige, aus der Zeit gefallene Kleidungsstücke. Martin erzählte gerne die Geschichte, wie er sie einst, im Neckermann-Versandkatalog entdeckte und bestellte. Es waren für ihn Relikte aus einer analogen Welt. Den Katalog, einer der letzten aus dem Jahre 2009, hütete und pflegte er wie seinen Augapfel. Er hatte ihn sogar einbinden lassen. Gelegentlich präsentierte er ihn Gästen nach dem Abendessen, die fasziniert darin blätterten. Es war jedes Mal wie der Eintritt in eine fast vergessene Welt. Meist steuerte jeder der Anwesenden Geschichten aus dem elterlichen Haushalt bei: die Großmutter, die ihre Schürzen bei Neckermann bestellte. Sie habe auch Hemden, Hosen und Wäsche für ihren Mann dort geordert. Die Herren waren mehr an Fotoapparaten, Werkzeugen und Technik interessiert. Die Kinder schwelgten über den Spielwaren, die männliche Jugend über Bademoden und Dessous. Insgeheim versuchte Martin alle Jahrgänge nach dem Kriege zu ergattern. Für eine der seltenen Ausgaben aus den Sechziger- oder Siebzigerjahren zahlte er fast jeden Preis.

Es war dies auch ein Punkt auf Martins Liste. Wenn er später einmal Zeit hätte, würde er anhand der Kataloge die Geschichte der Bundesrepublik nachzeichnen, erzählte er seinen Besuchern gerne. Es würde ein Bilderbuch werden, im wahrsten Sinne des Wortes, und aus thematisch zusammengestellten

Katalogausschnitten bestehen. Dabei ginge es ihm nicht nur um die Veränderungen in der Mode oder die Entwicklung der Technik. Besonders die Auswahl der Models über die Jahrzehnte, die Dekoration der Artikel, die Bildsprache an sich, würden ihn interessieren. Darin könne man mehr erkennen als in vielen Hundert Seiten Text. Anhand der Abbildungen in den Katalogen könne er die Welt und die Zeit dahinter entwerfen.

Ostern war mittlerweile der einzige Anlass, an dem Martin sich in seinem Garten betätigte. Noch Tage danach würde er über Rückenschmerzen klagen, die ihn ob der Plackerei peinigten. Dabei war alles von Herrn Schmidt sorgfältig vorbereitet. Die Feuerstelle, ein von Steinen eingefasstes Rund, war freigelegt. Die Wiese, wenn nicht ganz, so doch im weiten Umkreis darum gemäht. Hinter den Garagen lag dünnes Geäst vom Baumschnitt neben dickeren Zweigen und gespaltenen Stämmen. Selbst die alte Mistgabel, mit der Martin später das Feuer schürte oder herausgefallene Äste wieder in die Flammen warf, stand bereit.

Früher waren Martin und Charly mit einem Leiterwagen, den sie selbst zogen, in den Wald gegangen. Mit dabei eine Axt, eine Säge und einige Flaschen Bier. Mehrfach fuhren sie Brennholz heran. Es war Martin immer eine Freude, es zu einem riesigen Kegel aufzuschichten. Im Kern Reisig und dürre Zweige. In verschiedenen Lagen drumherum immer dicker werdende Äste. Den Mantel bildeten richtige Stämme. Der Scheiterhaufen ähnelte am Ende einer Raketenspitze. Wie bei einem Start verlief auch das Anzünden. Martin zählte einen Countdown, ehe er mit einem Streichholz im Herzen Feuer legte.

Ein erstes, zaghaftes Knistern war zu hören, beglei-tet von kleinen Rauchfäden, die Martin wie Omen interpretierte. Schon während des Aufschichtens sprach er unentwegt davon, dass das Feuer einen Zug haben müsse, sonst würde es nicht brennen, sondern nur glimmen und qualmen. In den ersten aufsteigenden Rauchfahnen las er die Qualität ihrer Arbeit ab. Waren nur wenige Schwaden zu sehen, sagte er ein schönes Feuer voraus, das sich von alleine entwickeln würde. Falls der Rauch in undefinierba-ren Wolken herausquoll, riss Martin rundherum mit der Mistgabel Öffnungen in den Mantel. Hektisch wedelte oder blies er Luft hinein.

Schon züngelten Flammen im Innern, fraßen sich hungrig nach oben, hüpften von Zweig zu Zweig. Es knackte und krachte. Funken sprühten. Trockenes Laub leuchtete hell auf und verlosch. Der Kern be-gann zu strahlen. Eine mächtige Hitze war zu spüren, die Martin und Charly ein paar Schritte zurückdräng-te. Die schnellen gelben Spitzen wurden bald stumpf. Der rasende Lauf versiegte. Blaue Wellen traten her-vor. Sie hatten es nicht so eilig, nagten gemächlich, doch unaufhörlich am Holz, halfen sich hinauf in die Spitze, schlossen sich ringsum zusammen. Damit setzte das Finale ein. Das Feuer steigerte sich, wur-de rasend und gefräßig. Meterhoch regten sich die Flammen und schlugen nach oben aus. Funken stie-gen wie Kometenschwärme in den Nachthimmel. Im weiten Umkreis war alles erleuchtet. Dahinter die tiefdunkle Nacht.

Stumm standen die Gäste um das Feuer und starrten hinein. Das Innere pulste und glühte, als hätte der zuvor leblose Holzhaufen ein loderndes Herz bekommen. Fratzen und seltsame Gesichter huschten vorbei. Andere Geister zeigten sich minutenlang, schienen etwas sagen zu wollen, ehe ihre Gestalt zerbrach.

Das Aufschichten des Feuerholzes an diesem Tag war gegen damals ein Kinderspiel. Waren sie früher bis abends damit beschäftigt gewesen, dauerte es heute noch nicht einmal zwei Stunden. Hatten sie bis vor einigen Jahren das Holz im Wald selbst gesammelt, Äste zersägt und abgestorbene Bäume gefällt, war jetzt mit einer Schubkarre alles erledigt. Einzig das Bier war geblieben. Die Anzahl der Flaschen hatte sich sogar erhöht.

Clara, die einmal mit Hethe herauskam, um den Fortgang zu begutachten, meinte sogar, dass das Trinken die Herren mehr in Anspruch nehme als das Heranfahren und Aufschichten des Holzes. Martin widersprach heftig und es entwickelte sich ein kleiner Disput, in dem Martin die Kratzer an seinen Armen vorzeigte, die ihm die trockenen Rosenzweige versetzt hatten.

Hethe nutzte die Gelegenheit, um Charly zu sagen, dass sie gerne das unterbrochene Gespräch fortsetzen würde. Und sie sei gespannt zu erfahren, wie es in seinem Buch weiterginge.

Paul platzte mit grimmigem Gesicht in die Runde. Ohne Begrüßung ging er zu Martin und fauchte ihn rüde an, dass dieser nächstens sein Fleisch selbst abholen könne. Oder es solle jemand anderes tun. Dabei blickte er zornig zu Charly hinüber. Clara und Hethe würdigte er keines Blickes. Franzi kam herangestöckelt und stellte sich stumm dazu. Sie hatte schon eine halbe Stunde Pauls Tiraden ertragen müssen. Wieso sie das

Angebot dieses Gorillas angenommen und sich vor ihn gestellt habe? Warum sie sich von diesem Idioten habe bequatschen lassen? Ob sie nicht gemerkt habe, wie der sie anmachte? Das sei eine einzige Provokation gegen ihn gewesen. Dieser Arsch habe mehrfach, als er wieder im Wagen vor dem Geschäft stand, frech zu ihm herüber gegrinst. Sie habe mit diesem Typen sogar gelacht.

Franzi entgegnete, dass der Herr zu ihr sehr nett und freundlich gewesen wäre. Und er, Paul, müsse sich auch mal überlegen, wie er so auftrete. Es gebe ja dieses Sprichwort. Wie man in den Wald gehe, so käme man wieder heraus. Paul schnaubte am Lenkrad.

Martin bedankte sich für die nette Begrüßung. Er wisse zwar nicht, was ihnen widerfahren sei, aber schlimmer als ihr Einkauf an diesem Morgen könne dies unmöglich gewesen sein. Übrigens sei Annegret dieses Jahr mit dabei, ob sie sich kennen würden. Paul nickte einmal düster in Hethes Richtung, Franzi winkte und lächelte, sagte, sie würden sich gut kennen.

Paul rief, immer noch zornig, zu Charly hinüber, er solle ihm mal helfen. Nodel, hilf mir mal beim Ausladen. Paul nannte Charly grundsätzlich nur bei seinem Nachnamen. Damit wollte er nicht nur seine Abneigung gegen den besten Freund seines Geschäftspartners zum Ausdruck bringen. Für Paul war „Nodel" die passendste Beschreibung für Charly schlechthin. Er kannte niemanden sonst, der so eins war mit seinem Namen. Für ihn war Charly „der Nodel". Und „nodel" war für Paul alles, was unsinnig, obskur, merkwürdig, abwegig, verschroben, jenseitig, skurril oder sonst in irgendeiner Art seltsam war. Nichts konnte positiv seltsam sein. So etwas gab es in Pauls Vorstellung nicht. Inzwischen bezeichnete er viele Dinge als nodel. Eine Tasse mit zwei Henkeln, einen für Links-, einen für Rechtshänder, war völlig nodel. Eine App für die Zahnbürste, total nodel. Das ist ja nodel, pflegte er zu sagen, wenn ihm jemand etwas vormachen wollte oder er das Gefühl hatte, übervorteilt zu werden. In seinen Augen unsinnige Aussagen von Politikern bezeichnete er als nodel und dessen Träger gleich mit. Der ist wohl nodel? Glaubte Paul betrogen oder belogen zu werden, fragte er, ob man annehme, dass er nodel sei.

Paul war mit Martin fast so lange befreundet wie dieser mit Charly. Sie hatten sich in ihrer Studienzeit kennengelernt. Wie die Frauen in Martins Umgebung konnte auch Paul die Freundschaft zwischen Martin und Charly nicht begreifen. Er konnte sie nicht verstehen und fand es einfach nur lächerlich. Anfänglich vermutete er eine verwandtschaftliche Beziehung zwischen den beiden, dann ein tiefes, dunkles Geheimnis. Da beides nicht zutraf, die Macht der Gewohnheit, als wäre Charly so etwas wie ein Kleidungsstück aus Kindertagen. Tausend Mal getragen, verwaschen und längst zu klein.

Lange Zeit versuchte Paul die Teilnahme von Charly an Treffen, Ausflügen, Partys und anderem zu hintertreiben. Als er und Martin die Agentur gründeten, glaubte sich Paul endlich am Ziel. Sie arbeiteten rund um die Uhr zusammen, oft auch am Wochenende. Dennoch verschwand dieser Nodel nicht. Fast eifersüchtig zählte Paul Martin vor, wie oft er sich mit diesem Typen träfe. Sie hätten weiß Gott Besseres zu tun. Es half alles nichts.

Der Gipfel war für Paul der Sommer kurz nach der Gründung der Agentur. Sie wollten dies an einem nahegelegenen Badesee feiern. Charly kam mit diesem komischen alten Citroën seines Vaters angefahren. Es war heiß und alle stürzten sich ins Wasser. Charly blieb völlig angezogen auf seinem Handtuch sitzen. Lediglich die Ärmel seines gemusterten Hemdes, es schien ebenfalls von seinem Vater zu sein, rollte er nach oben. Kein Tropfen Wasser ließ er an sich ran. Als dann die ersten Mädels ihre Oberteile auszogen und sich oben ohne sonnten, packte er hastig sein Zeug und verschwand.

Sie müssten wieder an der Abzweigung vorbeigefahren sein. Lore wendete zum vierten Mal. Sie hatte sogar ihre Brille aufgesetzt, um die wenigen Straßenschilder lesen zu können. Sie könne sich an eine große Wiese erinnern, einen Bach, der daran vorbeifloss und Wald dahinter.
Hier bestehe fast alles aus Wiese und Wald, nörgelte Lisa. Verdammt viel Landschaft ringsum. Und wenn die anderen solche Langweiler wären wie von Lore beschrieben, stehe einem tollen Wochenende ja nichts mehr im Wege.
Lores weitere Beschreibungen der wahnsinnigen Feten hier draußen fruchteten nicht mehr. Lisa sah sich in die Diaspora verschleppt, in der irgendwelche Greise jenseits der vierzig einem jahrzehntelangen Osterritus nachgingen. Ihre Erwartungen zersprangen vollends, als Lore eingestehen musste, dass die von ihr erzählten Episoden mindestens zwanzig Jahre zurücklägen. Und so wirklich witzig fand sie die Geschichten auch nicht. Einer war betrunken in den Bach gefallen. Ein anderer, der ihm heraushelfen wollte, hinterher. Was war daran komisch? Warum konnte sich Lore so darüber amüsieren?

Lisa, die Füße gegen das Handschuhfach gestemmt, die Beine mit beiden Armen umschlungen, starrte seit Minuten stumm geradeaus. Lore suchte, mal über die Brille hinweg, mal durch die Gläser hindurch, nach Wegmarken, die ihr irgendwie von früher bekannt waren. Wieder fuhren sie an der kleinen Kirche vorbei. Links davon lag, verwaist und verlassen, ein Ponyhof. Der war Lore völlig fremd. Sie wiederholte zum dritten Mal, dass es diesen damals nicht gegeben hätte. Die zahlreichen Parkplätze ließen erahnen, wie begehrt bis vor Kurzem ein Besuch hier gewesen sein musste. Jetzt flatterte ein rot-weißes Band quer vor der Einfahrt. Trostlos und öde sperrten Gatter dahinter die ohnehin leeren Koppeln ab.

Lore versuchte Clara anzurufen, nutzlos, kein Empfang. Lisa prüfte es sofort nach. Verzweifelt schlug sie ihren Kopf gegen die Rückenlehne. Na prima, flüsterte sie vor sich hin.

Jetzt wüsste sie es wieder, freute sich Lore, nachdem sie am Ende der Straße nach links abgebogen war und an einem Fischteich kurz angehalten hatte. Da sei der Bach, dort hinten müssten sie nach rechts und dann immer weiter, bis es nicht mehr weiterginge. Sie kamen nur im Schritttempo voran. Vor ihnen suchte der Lieferwagen eines Getränkehändlers offenbar eine bestimmte Hausnummer.

VI

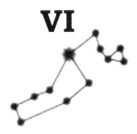

Massenbach nippte an seiner Tasse. Die Unterhaltung zwischen ihm und dem Amtmann war zum Erliegen gekommen. Schroeter hatte wiederholt die Stärke der französischen Seite betont. Die Garnison in Bremen besitze auch Geschütze. Der Hauptmann musste eingestehen, dass er selbst über keinerlei Artillerie verfüge. Dies widerspreche auch dem Sinn ihres Einsatzes. Seine Reiterei sollte schnell und beweglich sein, dem Feind gezielte Nadelstiche versetzen.

Schroeter mahnte erneut, an die Bevölkerung zu denken. Sie verbliebe an Ort und Stelle. Er habe gehört, dass die Allianz, nach einem zweifelsohne grandiosen Sieg, das befreite Lüneburg wieder habe räumen müssen. Es sei hernach zu harten Strafen und Vergeltungen gegenüber den Einwohnern durch die wieder einrückenden Franzosen gekommen.

Das sei wohl richtig, auch er habe davon gehört, bestätigte der Hauptmann. Die Lüneburger hätten sich während der Befreiung tapfer erhoben und in die Kampfhandlungen eingegriffen. Wer könne es ihnen verdenken, dass sich die jahrelang angestaute Wut gegen die verhassten Besatzer schließlich entlud. Dass sich die Allianz wieder habe zurückziehen müssen, wäre der militärischen Übermacht des Gegners geschuldet gewesen.

Mit dem Nachteil, dass die Einwohner nicht entfliehen konnten. Man habe sie schutzlos dem Zorn der Franzosen überlassen. Gebe Gott, dass dieses Schicksal den Lilienthalern erspart bliebe.

Wo Krieg herrsche, käme es nun einmal zu unschönen, doch unvermeidlichen und ungewollten Schicksalsschlägen. Wie sich der Amtmann die Vertreibung Napoleons aus Europa vorstelle? Man könne diesen nicht einfach hinausbitten.

Er müsse hier nicht das Schicksal bemühen, versetzte Schroeter. Man habe noch alle Maßnahmen selbst in der Hand. Er kenne sich mit dem Kriegshandwerk nicht aus. Er befürchte aber, dass der Ausgang, bei der klaren Unterlegenheit auf Massenbachs Seite, absehbar wäre. Er, Schroeter, sei neben seinem Amte auch Astronom. Über viele Jahre beobachte er den Lauf der Gestirne. Er kenne sich aus, in der Wirkung von großen zu kleineren Kräften. Es sei ein Gesetz, dass sich das Kleinere dem Mächtigeren beugen müsse.

Was er ihm da anraten wolle, fragte Massenbach jetzt hitzig und mit lauter Stimme. Solle er dem Kampf aus dem Wege gehen, sich feige zurückziehen? Er habe einen anderen Empfang erwartet. Es scheine ihm, der Amtmann stehe auf zu gutem Fuß mit dem Feind.

Das verbitte er sich, wurde nun auch Schroeter laut. Er sei königlich-britischer Beamter und wisse sehr genau, auf welche Seite er gehöre. Ob der Hauptmann ihn des Verrats bezichtigen wolle?

Ob er ihn als Offizier zum kampflosen Rückzug überreden wolle, stach Massenbach zurück. Niemand habe größere Liebe denn die, dass er sein Leben lasset für seine Freunde – und seine Heimat.

Danach herrschte Stille. Der Hauptmann starrte in seine Teetasse, Schroeter auf seinen Schreibtisch. Immer wieder dieser Disput über offensichtliche Dinge, dachte der Amtmann bei sich. Sein ganzes Leben begleiteten ihn solche Auseinandersetzungen. Er war ihrer so müde. Dieses ewige Feilschen um die Wahrheit, die doch offensichtlich vor einem lag und keinerlei Deutung beanspruchte.

Herschel kam ihm in den Sinn. Jede Entdeckung aus Lilienthal stellte dieser zunächst in Abrede. Schroeter erinnerte sich seiner Dissertation vor mehr als zwanzig Jahren. Zur Zweihundertjahrfeier der Universität Erfurt war er als Ehrengast eingeladen. Er verlas seine Arbeit über die Oberfläche der Venus. Unter Beifall wurden seine Beobachtungen angenommen, er selbst vor den versammelten Honoratioren mit der Doktorwürde ausgezeichnet und sein Manuskript auf Kosten der Fakultät veröffentlicht. Voller Stolz sandte Schroeter ein Exemplar, mit persönlicher Widmung, zu Händen seines großen Vorbildes nach England. Doch statt des erwarteten Lobes erhielt er kalte Ablehnung als Antwort. Nicht nur das. Sein bis dahin hochgeschätzter Landsmann trat vor die Royal Society und griff jede Beobachtung Schroeters auf das Schärfste an. Grundlegendes Argument Herschels dabei war, dass er über die größten und mächtigsten Instrumente der Zeit verfüge und mit keinem jemals Anzeichen für Gebirge und Täler auf der Venus habe entdecken können. *I cannot hesitate a single moment to say, that, had any such things as flat spherical forms existed, they could not possibly have escared my notice, in the numberless observations with my 7, 10, 20 and 40-feet reflectors, which I have so often directed to that planet.* So stand es später in den *Philosophical Transactions.* Als bringe alleine der Besitz solcher Instrumente auch den Besitz der Wahrheit.

Die Tür ging auf. Zwei Soldaten führten den Arzt Dittmer herein. Dieser habe sich ihnen als Maire von Lilienthal vorgestellt. Er sei hier der Bürgermeister und wünsche den Hauptmann zu sprechen.

Hauptmann Massenbach stand auf, grüßte kurz und erklärte gegenüber Dittmer, das Amt Lilienthal sei mit dem heutigen Tage befreit. Die alte Ordnung wäre somit wieder in Kraft und der Amtmann der leitende Beamte im Dienste der Allianz.

Massenbach wurde nach draußen gerufen. Dittmer und Schroeter verblieben alleine im Raum.

Schroeter erinnerte sich an seine Absetzung vor einigen Monaten. Sie war brieflich, doch nicht weniger plötzlich, erfolgt. Schroeter entschuldigte sich für das harte Auftreten des Offiziers. Er habe darauf keinen Einfluss genommen.

Dittmer dankte. Er sagte, er habe, vor der Tür wartend, genügend von der Unterhaltung mitanhören können. Er wisse, dass es Schroeter, wie auch ihm selbst, in erster Linie um den Ort und seine Bewohner ginge.

Schroeter bat Dittmer um Unterstützung. Er müsse den Hauptmann über die Stärke der französischen Kräfte in Bremen aufklären. Sie müssten vereint dafür sorgen, dass es nicht zum Kampf kam, schon gar nicht in Lilienthal.

Massenbach kehrte zurück. Dittmer ergriff sofort das Wort. Ihm bliebe keine andere Wahl, als die Entscheidungen des Hauptmanns zu akzeptieren, vorerst. Er sehe sich für die kurze Dauer, die Lilienthal von diesem marodierenden Haufen besetzt sei, seines Amtes enthoben. Er zweifele keinen Augenblick, dass sich schon morgen die Verhältnisse wieder umkehren würden. Sicher wäre General Vandamme in Bremen schon unterrichtet. Ebenso sicher würden dort Vorbereitungen für die Rückeroberung getroffen. Ihm scheine es, dass die Männer, über die der Hauptmann verfüge, nicht sonderlich gut ausgerüstet seien. Er habe einige Reiter ohne Stiefel gesehen. Er habe den Eindruck, der Hauptmann und seine Schar glaubten, sie müssten nur in einen Ort hineinreiten und damit wäre dieser schon im festen Besitz. Da würde er schon sehr bald eines Besseren belehrt werden. Er habe, so scheine es, keine Vorstellung, wer sein Gegner sei. General Vandamme würde seine Klinge gewissenhaft schärfen, bevor er zuschlage, dessen könne er gewiss sein.

Ob er ihn ängstigen wolle, fragte Massenbach mit spöttischer Stimme zurück. Das könne er getrost unterlassen. Seine Männer seien womöglich nicht so gut ausgerüstet wie die Franzosen. Was ihnen allerdings an Stiefel, Gewehren und Geschützen fehle, wogen sie mit Mut, Entschlossenheit und Kampfeswillen wieder auf. Ein Großteil seiner Kompanie sei in Russland dabei gewesen. Sie hätten diesen Bonaparte und seine stolze Armee über die Beresina gejagt.

Er bitte um Entschuldigung, antwortete Dittmer. Er habe den Mut und die Tapferkeit des Hauptmannes und seiner Soldaten nicht in Abrede stellen wollen. Sicher würden sie sich unerschrocken dem Kampfe stellen. Er, Dittmer, sei Arzt, Militärarzt, um genau zu sein. Er habe den Krieg von dieser Seite kennengelernt. Er sehe am Ende die Ergebnisse des heldenhaften Ringens im Felde. Der Hauptmann könne versichert sein, dass dies nichts Heldenhaftes mehr an sich habe, wenn später seine Männer mit durchschossenen Körpern, fehlenden Gliedern und zerfetzten Gesichtern auf seinem Tische lägen. Daran möge er denken, wenn er jetzt seinen jungen Soldaten in die Augen blicke.

Massenbach befahl Dittmer zu schweigen. Er erkundigte sich bei Schroeter, ob der Ort über ein Gefängnis oder dergleichen verfüge. Der Hauptmann rief die Wache und ließ Dittmer dorthin abführen. Er untersagte bei strenger Strafe, mit dem Gefangenen zu sprechen.

Kaum war Dittmer fort, wandte sich Massenbach an Schroeter. Er bat, ihn in den Garten zu begleiten. Die Männer hätten dort seltsame Apparaturen entdeckt. Der Amtmann möge ihm deren Sinn und Zweck erklären.

Charly setzte ab. Heimlich schaute er zu Hethe hinüber. Ihre Schuhe, klein, mit dünnen Riemen und den Abdrücken ihrer Zehen, standen vor der Liege. Anne hatte immer ganz andere Modelle getragen, bequeme, wie sie es nannte. Es waren meist Turn- oder Wanderschuhe billigster Machart, die sie auch nicht pflegte. Nach kürzester Zeit waren sie ausgetreten, voller Schmutzflecken und Macken. Zudem flogen sie überall in der Wohnung umher. Wurden sie erst täglich getragen, lagen sie nach wenigen Wochen vereinsamt unterm Sofa, auf dem Flur, neben dem Bett, in der Küche. Irgendwann warf Anne sie in den Altkleidercontainer. Sie glaubte tatsächlich, ihre Schuhe könnte noch jemand gebrauchen und würde sich sogar darüber freuen.

Hethes Schuhe waren ganz anders. Ihre Farbe, die er zunächst einfach hell genannt hätte, war in Wirklichkeit ein zarter Sandton, vielleicht sogar mit einem gewissen dunklen Verlauf zur Ferse hin. Sie ließen den Fußrücken und die Fesseln frei. Die Zehen schauten vorne heraus und die Nägel waren knallrot lackiert. Charly liebte es, Frauen beim Gehen zuzusehen, das Spiel der Sehnen bei jedem Schritt. Oder wenn Frauen unterm Tisch ihre Schuhe halb auszogen und mit ihnen wippten. Er empfand an einem schmalen Fuß mehr Weiblichkeit als in einem üppigen Busen. Wobei Hethe, wie er schon gesehen hatte, auch hiervon einiges unter ihrem Kleid verbarg. Mit geschlossenen Augen lag sie ihm gegenüber. Barfuß war sie mit ihm herübergekommen. Ihre Fußsohlen schimmerten grün von der kürzlich ge-mähten Wiese. Ihre Beine glänzten seidig. Ein Knie lag über dem anderen.

Nachdem das Osterfeuer vorbereitet, die Einkäufe verstaut und die Zimmer bezogen waren, kehrte eine gewisse Ruhe ein. Eine Ruhe von kurzer Dauer. Martin bemerkte soeben, man liege nun, nach den anfänglichen Verzögerungen, wieder perfekt in der Zeit. In diesem Moment wurden die Getränke geliefert. Dahinter fuhr ein weiterer Kastenwagen vor, dem zwei Frauen entstiegen. Sichtlich irritiert und konsterniert stand Martin vor der klapprigen Karre. Clara schob sich an ihm vorbei, halste und umarmte Lore, grüßte zu Lisa hinüber. Martin stand noch immer wie angewurzelt da. Die Frauen gingen achtlos an ihm vorbei. Lisa musterte ihn spöttisch von oben bis unten. Clara stellte die neuen Gäste vor. Es wurden Ellenbogen aneinander gestupst und Füße miteinander verwickelt. Lore, die alle aus ihrem Café kannten, präsentierte sich als Entertainerin. Vor Charly blieb sie einen Moment stehen, da dieser weder Arme noch Beine bewegte. „Immer noch der Alte", begrüßte ihn Lore und wandte sich resignierend ab.

Martin erwachte aus seiner Starre und bat Clara, doch einmal mit ihm ins Haus zu kommen, sie müssten etwas besprechen. Die beiden waren noch nicht wirklich drinnen, als Martin sich wütend umdrehte und fragte, was Lore hier zu suchen habe.

Clara antwortete ruhig und gelassen, sie habe sie eingeladen. Das habe sie ihm auch schon vor Wochen gesagt. Das wäre mal wieder typisch, dass er nicht zuhöre, wenn sie …

Martin, sichtlich zornig und von den Bieren im Garten schon etwas benommen, wollte nichts dergleichen hören. Das ginge so nicht, nicht beim Osterfest und schon gar nicht in der jetzigen Zeit. Lore könne gerne an irgendeinem anderen Wochenende kommen, jedoch nicht heute. Abgesehen davon. Er käme in Teufels Küche, wenn die Polizei sie kontrolliere. Paul und Franzi gehörten über die Agentur förmlich zur Familie, könnten zu ihrer Sozialeinheit hinzugerechnet werden. Charly wohne am anderen Ende des Grundstücks, er wäre somit raus. Damit würden sie sich im Rahmen der Bestimmungen bewegen. Aber jetzt Lore, mit ihrer Freundin, das passe gar nicht. Sie habe ihn ja selbst gewarnt, vor den Michels und anderen Nachbarn, die ihn anzeigen könnten. Nein, es ginge nicht, Lore müsse wieder fahren.

Das sei ja wohl jetzt nicht sein Ernst. Auf gar keinen Fall werde sie Lore wieder wegschicken. Sie sei ihre Freundin und sie habe sich sehr über ihr Kommen gefreut. Außerdem würden alle Lore kennen. Und dass ausgerechnet er jetzt auf die Corona-Regeln poche, sei lächerlich.

Martin schnaubte. Er habe das Gefühl, dass sie absichtlich seine Pläne hintertreibe. Mit Lore und ihrem Liebchen seien jetzt zwei Frauen mehr in der Runde. Nicht nur Annegret, sondern Lore und wie hieß das junge Ding? Lisa! Also insgesamt drei. Das wären mindestens zwei zu viel. Das würde Charly nur ablenken.

Er wisse sehr genau, dass sich Lore nichts aus Männern mache. Und so wie es aussähe, Lisa auch nicht. Da müsse er sich keine Sorgen machen.

Charly würde solche Dinge gar nicht wahrnehmen, gab Martin zurück. Diesem Argument musste Clara zustimmen. Ein Sinn für sexuelle Orientierung war an

Charly nicht wahrnehmbar. Clara hatte in den ersten Monaten ihrer Beziehung zu Martin vermutet, dass Charly insgeheim schwul wäre. Er verdecke diese Neigung durch sein merkwürdiges Verhalten und seine Schrammen, wie sie es nannte. Später musste sie zugeben, dass Charly offensichtlich ein sexuelles Neutrum war. Selbst Schwule, die bei Partys und anderen Gelegenheiten mit ihm zusammenkamen, schüttelten den Kopf und ließen ihn stehen.

Martin gab, um sich selbst zu beruhigen, den Gästen einige Stunden frei. Man habe ja einiges vor, da sei es gut, sich vorher etwas auszuruhen. Am späteren Nachmittag sollten sich alle wieder hier einfinden.

Hethe fragte Charly, ob sie mit zu ihm kommen könne. Sie habe die letzten Wochen so viele Stunden alleine in ihrer Wohnung verbracht, dass ihr etwas Gesellschaft lieber wäre. Als sie wieder auf seiner Terrasse saßen, bat sie ihn, ihr weiter vorzulesen.

Sie sei nicht eingeschlafen, falls er deshalb aufhöre zu lesen. Hethe öffnete die Augen, legte ihre rechte Hand darüber und lächelte. Charly fühlte sich ertappt und blätterte schnell ein wenig im Manuskript. Sie könne ihn alleine lassen, falls er sich etwas ausruhen möchte. Charly verneinte vehement. Die zwei Bier würden ihm zwar etwas den Kopf verdrehen, aber sonst gehe es ihm gut. Vielleicht könnten sie etwas spazieren gehen, fragte Hethe. Sie komme so selten raus aus der Stadt. Ob es nicht einen schönen Weg rund um den Ort gebe.

Wenn sie Lust habe, könne er ihr etwas Besonderes zeigen, schlug Charly vor: die alte Bodenstation. Die sei nicht weit von hier. Begeistert stimmte Hethe zu. Sie müsse sich nur noch andere Schuhe holen. In diesen Dingern könne sie unmöglich laufen.

Schweigend gingen sie nebeneinander die Straße hinunter und umkreisten den Teich in der Ortsmitte. Auf ihm trieb ein schwarzer Schwan dahin. Hethe fragte, ob dies als schlechtes Zeichen zu deuten wäre, ähnlich wie schwarze Katzen oder schwarze Schafe. Oder ob man vor ihm Angst haben solle, wie vor dem schwarzen Mann? I wo, beruhigte sie Charly. Obwohl neuerdings an der Börse ein unverhofftes Ereignis schwarzer Schwan genannt werde, sei dieser Trauerschwan von Herrn Michels ausgesetzt worden. Es sei einmal ein Paar gewesen. Keiner wüsste, wo das zweite Tier abgeblieben wäre, wahrscheinlich gestohlen. Erst jetzt bemerkte Hethe, dass es sich bei dem sacht dahinschwimmenden Tier um ein Imitat aus Kunststoff handelte. Auf die Ferne habe sie das zuerst gar nicht erkannt. Es war ihr sehr peinlich. Sie fühlte sich ertappt und gestand, dass sie für solche Entfernungen eine Brille tragen müsse. Sie habe sie in ihrer Tasche vergessen.

Charly beruhigte sie. Auch er habe die ersten Male einen lebendigen Schwan vermutet. Er sehe ja wirklich echt aus. Der Zweck wäre wohl, beantwortete er Hethes Nachfrage, Nilgänse vom Wasser fern zu halten. Diese breiteten sich überall aus. Der schwarze Vogel irritiere und ängstige sie. Sie mieden den Teich. Also doch wie beim Spiel mit dem schwarzen Mann, schloss Hethe. Ja, im übertragenen Sinn passe dies, gab sich Charly lehrerhaft und altklug. Soweit er wisse, sollte mit der Figur des schwarzen Mannes die Pest, der schwarze Tod, dargestellt werden. Wenn er jemanden antippte, sei der in seiner Gewalt und müsse ihm helfen, andere anzustecken. So hätten sie es in seiner Kindheit gespielt. Einer fing an und musste alleine die anderen anrufen. Die gefangen wurden, mussten ihm helfen. So sei die Gruppe der schwarzen Männer immer größer geworden. Am Ende hätten die wenigen anderen keine Chance mehr gehabt.

Ja, so ähnlich hätten sie es auch bei Geburtstagen und Ausflügen gespielt, erinnerte sich Hethe. Eigentlich würde es ja gut in die heutige Corona-Zeit passen. Man sollte es: *Wer hat Angst vor dem maskierten Mann* nennen. Wenn er einen anniese oder auch nur anatme, sei man angesteckt. Beide lachten. Aber bestimmt wäre das Spielen von schwarzer Mann, wo so viele Betätigungen und Sportarten untersagt seien, ebenfalls verboten. Ganz abgesehen davon, dass sich heute einige am Namen stoßen würden, sie meine, an dem alten Namen mit dem schwarzen Mann. Das sei heute nicht mehr zulässig.

Er selbst sei während seiner Recherchen über Lilienthal auf eine ganz andere Deutung gestoßen. Während der Befreiungskriege hätten sich viele Männer freiwillig zu den Waffen gemeldet. Die Preußen steckten diese in schwarze Uniformen, um sie von den regulären Truppen zu unterscheiden. Diese Einheiten hätten aus fanatischen Kämpfern bestanden, allerdings schlecht ausgebildet und ausgerüstet. Bald schon seien die schwarzen Männer in der Bevölkerung verschrien gewesen, denn sie plünderten bei Freund und Feind, da sie kaum Verpflegung bekamen. Daher komme die Angst vor ihnen. Mit Menschen schwarzer Hautfarbe habe das Spiel überhaupt nichts zu tun, so sehr dies mancher Partei vielleicht gefiele.

Charly und Hethe standen an der Einmündung zur Hauptstraße. Charly zeigte das Tal hinunter und erklärte, dass es in Richtung Michelstadt weitere Zuchtbecken gebe. Wie Perlen seien sie entlang des Rehbachs aufgereiht. Sie aber müssten jetzt zur Kirche und von dort nach rechts, zur alten Eiche hinauf. Dahinter ginge es in die Senke und schon seien sie da.

Warum er sich in dieses Kaff zurückgezogen habe, wollte Hethe wissen. Ob ihm das nicht zu einsam wäre?

Er lebe ja nicht hier, sondern besitze noch eine Wohnung in Darmstadt, in der Inselstraße. Hier draußen sei er meist nur am Wochenende oder wenn es etwas Besonderes am Himmel zu beobachten gebe.

Ob dies oft der Fall wäre?

Es komme darauf an. Eigentlich wäre immer etwas zu sehen.

Sie müsse gestehen, dass sie sich mit dem Nachthimmel überhaupt nicht auskenne. Sie blicke zwar gerne hinauf, doch meist nur in Erwartung einer Sternschnuppe, damit sie sich etwas wünschen könne.

Am Friedhof bei der Dorfkirche trafen Hethe und Charly auf einen älteren Herrn. Das graumelierte Haar umkränzte in leichten Wellen die hohe Stirn. Eine klobige Hornbrille mit dicken Gläsern hoben die Augen aus dem Gesicht und gaben ihnen einen stechenden Blick. Sein verwaschenes Flanellhemd trug er bis zum Hals geknöpft. In seiner rechten Hand hielt er einen feuerroten Gartenschlauch. Mit ihm bewässerte er offensichtlich frisch eingepflanzte Thujen, die um einen Gedenkstein standen. Charly grüßte über die Mauer und stellte Annegret als Frau Theunert vor. Es könne schließlich nicht jeder Schmidt heißen, feixte Herr Schmidt und zwinkerte über seine Brille hinweg. Herr Schmidt würde sich um Martins und seinen Garten kümmern, erläuterte Charly. Und um diesen Gottesacker, ergänzte Herr Schmidt mit einer ausholenden Geste. Die würden viel Arbeit machen, die Toten. Gerade habe er die Neuanlage zum Gedenken an die Gefallenen fertig gestellt. Herr Schmidt deutete auf den großen Findling, in den einige Namen eingraviert waren. „Philipp Moritz, Gustav Schnabel, Martin Wieland, Adalbert Stifter" las Hethe unwillkürlich die obersten Inschriften. Ja, ja, sagte Herr Schmidt, die kenne heute keiner mehr. Gestorben und vergessen.

Die Schieferplatten, dabei stampfte er auf, hätte er selbst behauen müssen. Die Kollegen der Stadt hätten fälschlicherweise Blöcke angeliefert. Das sei eine menschenunwürdige Arbeit, das könnten sie ihm glauben. Mit Meißel und Hammer hätte er sich über Tage geplagt. Herr Schmidt blickte zu seinen Füßen hinunter. Manche seien etwas klein geworden, gab er zu. Eine Platte sei ihm allerdings so akkurat gelungen, vorne und hinten spiegelblank, und groß wie eine aufgeschlagene Lutherbibel, dass sie die einfassen und an der Kirche anbringen würden. Für Mitteilungen des Pfarrers an die Gemeinde.

Nur der gefallenen Männer würde mal wieder gedacht, raunte Hethe verächtlich. An die vielen Frauen, die daheim starben, während sie Familie und Haus versorgten, denke niemand. In jedem Kaff stünden

Kriegsdenkmäler für die gefallenen Helden. Nicht eines für die tapferen Frauen. Die anwesenden Herren nickten pikiert.

Ob alle Gäste eingetroffen und sie mit dem Holz für das Feuer zurechtgekommen seien, fragte Herr Schmidt konziliant. Charly bejahte. Herr Ochs habe ihn gebeten, zu helfen, da sie, dabei blickte er auf Hethe, diesmal verhindert wären. Er wollte sich gerade auf den Weg hinunter machen. Nicht mehr nötig, antwortete Hethe. Die beiden starken Männer hätten schon alles erledigt. Dann sei es ja gut, plauderte Herr Schmidt weiter und drehte das Wasser ab. Er habe schon ein schlechtes Gewissen gehabt. Wegen der vielen Bestimmungen habe er nicht gewusst, ob er überhaupt hinkommen und helfen dürfe. Am Ende würden sie sich noch alle anstecken.

Die alte Frau Kiesler sei Anfang des Monats verstorben, angeblich an Corona, erzählte Herr Schmidt weiter und deutete auf einen Berg aus Blumen und Kränzen weiter hinten. Sie sei schon über neunzig gewesen. Da sterbe man eben. Alle sagten, es war Corona. Sie wäre sonst bestimmt hundert geworden. Letzten Donnerstag habe man sie beerdigt. Eine traurige Sache, berichtete Herr Schmidt. Gerade mal zwei Personen durften mit ans Grab. Eine Trauerfeier in der Kirche gab es nicht. Da standen ihre Tochter, auch schon siebzig, und deren Mann, fast achtzig, mit dem Pfarrer wie verloren auf dem Friedhof. Und stellen sie sich mal vor, was auf ihrem Grabstein stehen sollte: *Haltet euch nicht auf.* Doll, nicht? Der Pfarrer habe es der Tochter ausgeredet. Das würde nicht gehen, wo das doch ein Ort der Besinnung und des Innehaltens wäre. Die Tochter habe aber darauf bestanden, es sei schließlich der letzte Wille ihrer Mutter gewesen, den gelte es zu respektieren. Am Ende hätten sie sich darauf geeinigt, dass es auf dem Sockel steht. Damit sei es auf dem Stein, aber unlesbar unter der Erde. „Ein schöner Kompromiss, wenn sie mich fragen." Herr Schmidt schüttelte den Kopf. In seinem Fall würde er W.I.E.H. auf den Stein gravieren lassen. Das könnten sie dann vergraben oder auch nicht. Tja, da solle sie mal drüber nachdenken, beantwortete er Hethes fragenden Blick. Wenn sie mal in seinem Alter wäre, würde sie es verstehen.

Die alte Frau Kiesler bekomme ja nichts mehr mit, aber schade wäre es doch, redete Herr Schmidt ohne Punkt und Komma weiter. Wo sie früher so beliebt gewesen sei, die alte Frau Kiesler. Sie habe ja lange das Lebensmittelgeschäft, unten, an der Hauptstraße, gehabt. Bis sie fast achtzig war, hätte sie dort hinterm Tresen gestanden. Jeder im Ort kannte die Frau Kiesler und Frau Kiesler kannte jeden. In ihrem Laden konnte man noch anschreiben lassen, wenn es sein musste. Wo ginge so etwas heute noch.

Einige wären doch gekommen. Standen hier die Mauer entlang. Herr Schmidt beschrieb einen weiten Bogen. Viele, wenn er es sich recht überlege. Am Grab selbst hätten sie nicht so gut gesehen wie da, auf ihrer Tribüne. Der Pfarrer habe auch extra laut gesprochen, damit die Umstehenden es hören konnten. Dennoch war es ein seltsamer Anblick. Und mucksmäuschenstill sei es gewesen. Später habe er all die Wartenden einzeln einlassen müssen. Als ob er Eintrittskarten zum Friedhof kontrollieren müsse, so sei das gewesen. Vorne herein, um die Kirche herum und dann abwechselnd rein und raus. Der Pfarrer hätte das so angeordnet, wegen Corona. Das war ein merkwürdiger Trauerzug. Das hätte ihr bestimmt gefallen, der alten Frau Kiesler. Sie war ja immer für einen Scherz zu haben und hätte selbst gerne und viel gelacht.

Herr Schmidt würde auch übersetzen, warf Charly ein, aus dem Englischen. Sofort winkte dieser ab. Brotarbeiten, nichts als Brotarbeiten. Und schon lange nicht mehr. Potz Cooper, Joyce und Bullwer-Lytton, heute habe er keine Zeit mehr für so was. Als Küster verdiene er wesentlich besser. Die würfen etwas ab, die Toten.

Vielleicht könne Herr Schmidt sein Buch übersetzen, strahlte Hethe beide an. Charly hob abwehrend die Hände. Es sei doch gar nicht sicher, ob es überhaupt veröffentlicht werde.

„Sie schreiben", fragte Schmidt und hob die rechte Braue. Das wüsste er ja gar nicht. „Was schreiben Sie denn?"

„Nichts, gar nichts, ein Zeitvertreib", wand sich Charly.

„Eine kleine Geschichte über Lilienthal."

„Den Flieger Lilienthal?"

„Nein, den Ort Lilienthal, bei Bremen."

„Über Schroeter und seine Sternwarte?"

„Sie kennen es? Es ist selten, dass jemand die Geschichte kennt. Ob er auch ein Astronom sei?"

„Nein, nein, das nicht. Wenn, so nur amateurhaft. Ein paar Vorlesungen in Breslau, damals." Er habe sich mal, vor langer Zeit, als er noch jung war, mit Lilienthal beschäftigt. „Faszinierende Sache, wollte ich immer einmal hin und mir das ansehen. Hat sich leider nie ergeben, kam immer etwas dazwischen. Das wird wohl ein unerfüllter Traum bleiben."

Herr Schmidt verabschiedete sich plötzlich. Er habe noch zu tun. Vielleicht kämen er und seine Frau später auf ein Gläschen hinunter, wie immer, wenn das Feuer brenne.

Charly und Hethe gingen weiter. Er habe sie auch gekannt, die Frau Kiesler. Obwohl er ihren Namen nicht kannte und auch glaubte, sie wäre längst tot. Der Laden stehe ja schon seit Jahren leer. Unten, an der Hauptstraße, direkt neben dem Malermeister Erich Kendziak. Martin und er hätten früher oft bei ihr eingekauft. Da habe es alles gegeben. Also keine Wurst, Fleisch, Eier und Gemüse – das hätten die Bauern selbst gehabt. Mehr so die exotischen Sachen, wie Ravioli in der Dose und serbischer Bohneneintopf. Bei ihren ersten Feten habe ihnen Frau Kiesler partout keinen Schnaps verkaufen wollen. Da sei nichts zu machen gewesen. Der Martin, den sie schon von klein auf kenne, solle die Finger von solchen Sachen lassen. Der Bauer Otje habe ihnen dann seinen Selbstgebrannten untergejubelt, den er *Alte Kanzlei* nannte. Die Flaschen hatten sogar ein Etikett. Martin hätte immer nur von der Kanzel gesprochen. „Reich mal die Kanzel rüber." Schädelspalter wäre viel passender gewesen.
Am oberen Ende der Straße, kurz vor dem Feld, lief eine Kreissäge. Man hörte ihr gleichmäßiges Summen, unregelmäßig zu einem schrillen Kreischen gesteigert, schon am Friedhof. Als Hethe und Charly dort ankamen, sahen sie zwei Männer unbestimmbaren Alters. Sie waren über und über mit Sägemehl bestäubt. Jeder von ihnen trug dicke, grellgelbe Ohrenschützer über halbrunden Schutzbrillen. Mal schrie

221

der eine, mal der andere. Ihre Stimmen versuchten sowohl den Lärm zu übertönen als auch die dicken Schalen über ihren Ohren zu durchdringen: „Die da links!" „Die Da Links!" „DIE DA Links!" „DIE DA LINKS!!!" „Da sind Nägel!" „DA SIND Nägel!" „NÄGEL!!!"

Sie zersägten Eisenbahnschwellen und altes Bauholz. Wenn einer von beiden gar nichts verstand, hob er eine Ohrmuschel und wandte die betreffende Seite dem Schreienden zu. Ihr Brüllen war bestimmt bis zur Ortsgrenze zu hören. Charly und Hethe schauten eine Weile dem Spektakel zu und lachten. Einer der beiden hob seine rechte Hand vor den Mund und vollführte damit eine Kippbewegung. Der andere griff in einen Eimer und holte zwei Bierflaschen heraus. In diesem Moment entdeckten sie ihre Zuschauer und prosteten ihnen zu.

Bald darauf sahen sie die alte Eiche vor sich auf der Kuppe. Ein prächtiger und mächtiger Baum. Russeneiche würde er genannt, erläuterte Charly. Angeblich wären Napoleons Truppen auf ihrem Weg nach Russland hier vorbeigezogen, kam er Hethes Frage zuvor. Seiner Meinung nach völlig abwegig. Niemals sei Napoleons Heer durch den Odenwald gekommen. Der Name solle wohl eher das Alter des Baumes unterstreichen. Etwas außer Atem standen sie davor. Es brauche viele Arme, um ihn zu umfassen. Charly und Hethe probierten es sogleich aus. Mindestens vierhundert Jahre, sagte Charly, während er nach Hethes Händen fingerte. Er nutzte auch gleich die Gelegenheit, um ein paarmal mit dem Daumen darüberzustreichen. Es reichte nur für die Vorderseite. Hinten war der Stamm von oben bis unten gespalten. Darin Kaskaden von Spinnweben, die mit dem Wind atmeten.

Dann wäre die Eiche ja älter als seine Geschichte in Lilienthal, rechnete Hethe vor – fast zweihundert Jahre! „Stell dir das einmal vor. Sie stand schon, da war noch keine deiner Figuren geboren. Wenn Bäume erzählen könnten!"

Das wäre, glaube er, ziemlich langweilig. Sie blieben nun mal nur an einer Stelle. Und wenn er sich hier so umschaue, dann müsse es ziemlich öde sein, hier jahraus, jahrein zu stehen. Da sind vierhundert Jahre schon eine Strafe.

Wieso? Der Ausblick wäre doch fantastisch. Hethe drehte sich begeistert einmal im Kreis, ohne Charly mitreißen zu können. Er sei schrecklich unromantisch, sagte Hethe und ließ ihn stehen. Ob er immer alles so negativ sehe. Das würde jede Stimmung zerstören.

Das sei nicht unromantisch gemeint, versuchte Charly die Situation zu retten, und schon gar nicht negativ, eher sachlich. „Wenn die Welt nun mal so ist, wie sie ist …" „Dann muss man sie sich etwas schöner machen", warf Hethe ein und ging auf dem Weg weiter. Charly eilte ihr hinterher. Ob sie wisse, wie alt das gesamte Universum wäre? Hethe schüttelte den Kopf. Um die vierzehn Milliarden Jahre. Das Sonnensystem etwa viereinhalb Milliarden Jahre. Licht von anderen Sternen brauche Millionen von Jahren bis zur Erde. Das wären die Zeiträume, mit denen er sich sonst beschäftige. Da seien dreihundert Jahre quasi nichts dagegen. Und ein Menschenleben gleich doppelt nichts. Selbst wenn man die Kulturgeschichte der Menschheit mit etwa zehntausend Jahren veranschlage, komme man nur auf einen winzigen Bruchteil des Weltalters. Oder andersherum. Wenn das Gesamtalter des Universums ein Tag wäre, so seien sie gerade einmal eine Sekunde auf der Welt. Man könnte es noch weiter einkürzen und zum Beispiel nur die letzten zweihundert Jahre nehmen. Davor waren die Wissenschaften, wie sie heute existierten, nicht vorhanden. Natürlich habe es zuvor schon Astronomie gegeben. Und es sei erstaunlich, was in der Antike, im Mittelalter und später, in der Renaissance, entdeckt wurde. Nichtsdestotrotz habe die moderne Astronomie, die wirkliche Himmelskunde, erst mit der Entwicklung der großen Teleskope Ende des achtzehnten Jahrhunderts begonnen. Wenn man also nur diesen Zeitraum ansetze, wäre die moderne Wissenschaft noch weniger als ein Wimpernschlag. Umgekehrt glaube der Mensch aber, aus diesem winzigen Augenblick heraus, den Ablauf des gesamten Tages herauslesen und darstellen zu können. Das sei eitel, vermessen und grenze an Größenwahn. Niemand wüsste, in welchem Zustand sich das Universum befinde. Man blicke doch nur in die Vergangenheit. Vielleicht habe es Gott gerade vom Tisch gefegt. In ein paar Millionen Jahren käme dann der Aufschlag und alles ginge zu Bruch.

Hethe war erschrocken stehen geblieben. Er mache ihr Angst, sagte sie. Und das meine sie mit negativ und unromantisch. Wenn das die Welt wäre, in der er lebe, dann müsse es ziemlich düster darin sein. Sie habe sich, wenn sie in den Sternenhimmel schaute, immer schöne Dinge vorgestellt. Sie habe nach Sternschnuppen gesucht, an den Mann im Mond geglaubt und auch gehofft, dass irgendwo ein Punkt für sie leuchte. Geborgenheit, das wolle sie sagen, Geborgenheit spüre sie. Was er beschreibe, sei kalt und abweisend. Sie könne sich nicht vorstellen, so zu leben. Da käme sie sich völlig verloren vor, verloren und einsam.

Schweigend gingen sie einige Schritte nebeneinanderher. Ob sie wisse, woher der Begriff Sternschnuppe stamme, fragte Charly. Hethe verneinte. Im Mittelalter habe man sich den Himmel als großes Gewölbe vorgestellt. Und die Sterne darin wären Kerzen, wie in der Kirche oder an der Decke in der Stube. Die Kerzen, die man damals verwendete, seien meist aus Talg hergestellt gewesen, der nicht vollständig verbrannte. Man hätte sie schneutzen oder schnuppen, also anstupsen müssen, damit die unter dem Docht sich sammelnde Flüssigkeit die Flamme nicht erstickte. Der überflüssige Talg wäre dabei in einem hell leuchtenden Bogen herausgeflogen. Sternschnuppen wären also dadurch entstanden, dass Gott am Himmelsgewölbe die Kerzen schneutzte.

Das sei eine schöne Geschichte. So etwas gefalle ihr. Wenn sein Buch solche Sachen erzähle, was sie hoffe, dann würde es bestimmt ein Erfolg werden. Er werde sehen, ob er es irgendwo einbauen könne, versprach Charly.

VII

Das weiße Gerippe der Parabolantenne leuchtete zwischen den Bäumen heraus. Wie ein riesiger Kelch stand sie dort unten im Tal. Eigentlich müssten sie um die Felder herum gehen. Charly wies auf eine kleine asphaltierte Straße. Er nehme, wie alle aus dem Dorf, immer den direkten Weg. Dabei zeigte er auf einen ausgetretenen Pfad im gepflügten Boden. Die Kinder würden oft in der alten Bodenstation spielen, verbotenerweise. Sie kletterten die Antenne bis ganz oben hinauf. Das sei natürlich gefährlich. Er habe schon ein paar Mal erlebt, wie Mütter ihre Buben dort unten ausschimpften und an den Händen ins Auto zerrten. Drei Tage Stubenarrest stünde darauf. Hethe musste lachen. Er sei ein seltsamer Kauz, sagte sie. Ständig wechsle er das Thema.

Durch die erst fleckig belaubten Bäume und Sträucher war ein Gebäude zu erkennen. Auf dessen Dach eine Vielzahl von Antennen. Sie könnten sich jetzt vorstellen, dass sie die letzten Überlebenden auf der Erde wären, schlug Charly vor. Sie näherten sich den verlassenen Spuren der Menschheit. Von hier aus strebten die Erdenbewohner danach, fremde Galaxien zu erobern. Ferne Welten versprachen ein neues Leben. Leider habe man sie beide hier vergessen.

Und sie müssten jetzt ganz alleine umherwandern, wollte Hethe wissen.

Nein, antwortete Charly, dort hinten, in den Wäldern, hätten sie sich ein Haus aus Holz erbaut, eine Blockhütte. Das sei ihr Domizil. Sie wären jetzt auf ihrem täglichen Rundgang in der Umgebung, um sicherzugehen, dass tatsächlich niemand außer ihnen zurückgeblieben sei. Sie wollten nämlich niemanden mehr hier haben, hätten sich wunderbar eingerichtet. Der Rest der Menschheit habe alles zurückgelassen, als sie der großen neuen Zukunft entgegenflogen. Millionen Bücher in den Bibliotheken, Gemälde und Skulpturen in den Museen. Man habe es ja digital im Handgepäck. Die Originale würden nur Platz wegnehmen und zusätzliches Gewicht bedeuten.

Einmal im Monat würden sie beide nach Darmstadt fahren – mit dem Fahrrad, versteht sich – um sich einen neuen Kirchner, Macke oder Feininger aus dem Landesmuseum für ihre Wände zu holen. Die Straßen dorthin wären kaum noch passierbar. Von allen Seiten würde die Natur diese Narben schließen. Die Asphaltdecken glichen zerrissenen Stoffbahnen.

Ihre Möbel kämen von der Mathildenhöhe. Den Eingang zu ihrem versteckten Reich bewachten Bronzen aus der Sammlung Spierer, von Max Ernst oder Rodin. Zum Glück hätte es mit dem ewigen Gedudel aus Radio- und Fernsehapparaten ein Ende. Und die immer schlechten Nachrichten aus Zeitungen wären auch mit davongeflogen. Die würden jetzt im Rest des Universums verbreitet.

Wovon sie leben würden, fragte Hethe nach. Irgendetwas müssten sie auch essen und trinken.

Das sei gar kein Problem. Ihr großer Garten würde sie mit frischem Gemüse versorgen, Obst wüchse hier überall. Das Wasser in den Bächen habe sich so weit regeneriert, dass es aus dem Lauf getrunken werden könne. Zur Not könnten sie sich mit Konserven aus den zahllosen Supermärkten eindecken, die hielten ewig. An der Bergstraße kenne er einige Winzer. Denen würden sie die Keller plündern. Also, er sähe sie die nächsten ein-, zweihundert Jahre bestens versorgt.

„Und sie beide wären ein Paar, oder wie müsse sie sich das vorstellen?", schloss Hethe spitzfindig.

„Ja, äh, nein, vielleicht, oder jeder für sich, nur so zusammen ...", haspelte Charly herum.

Ob er wirklich niemanden vermissen würde, erlöste ihn Hethe.

Nein, kam es sofort von Charly zurück, da gebe es niemanden.

Nicht einmal Martin oder Clara?

Martin wäre doch der Erste, der ein Ticket in eine andere Welt buchen würde. Nur um dort wieder eine Agentur zu gründen, fügte Charly noch an. Und Clara könne ihn nicht sonderlich leiden, wie alle von Martins Frauen.

Das stimme nicht, widersprach Hethe. Sie habe sehr nett von ihm gesprochen, als Clara sie zum Fest einlud.

Wirklich? Charly war tatsächlich überrascht und schwieg ein paar Schritte. Wie es bei ihr wäre, wollte er wissen. Würde sie jemanden vermissen?

Da wären schon zwei Menschen, ohne die könne sie unmöglich hier zurückbleiben.

Ach so, entfuhr es Charly. Er nahm sogleich einen halben Meter mehr Abstand.

Ja, der Junge sei sieben, das Mädchen fünf. Sie habe zwei Kinder. Die seien übers Osterwochenende bei ihrem Vater.

Und den würde sie nicht vermissen?

Um Gottes Willen, der könne zum Mond oder sonst wohin reisen – oder gleich in die Hölle fahren. Wenn sie es sich recht überlege, sei es ein angenehmer Gedanke, sich mit diesem Menschen nicht mehr den gleichen Planeten teilen zu müssen. Ihre Eltern? Da könne sie gut und gerne drauf verzichten. Die würden ihr heute noch nachtragen, dass sie sich von dem Vater ihrer Kinder getrennt habe. Sie wäre doch so gut versorgt gewesen. Geld hätte er, habe er immer noch. Unmengen von Geld. Das sei aber auch alles. Ihre Kinder werde sie nach dem Wochenende erst wieder entwöhnen müssen.

Hethe und Charly kamen auf einen verkommenen Vorplatz. Die einst glatte Asphaltdecke war an vielen Stellen aufgebrochen. Wie Pockennarben spross das Grün durch die graue Fläche. Rechts eine Reihe von überdachten Parkplätzen. Auf ihnen wuchsen Birken und Buchen in Büschen. Der braun ummantelte Flachbau vor ihnen strahlte die Tristesse des Zerfalls aus. Einsam, verloren und fremd stand das Gebäude hier mitten in den Feldern. Die Natur versuchte, diese menschliche Verirrung wieder rückgängig zu machen. Bäume griffen durch einstige Zäune, langten bis zum Dach hinauf. Von überall traten sie an die Mauern heran, warfen einen Sprössling nach dem anderen gegen Stahl und Beton. Die Zeit war mit ihnen im Bunde. Sie hüllte das Gebäude bereits in den Mantel des Vergessens. Die Zukunft, der man einst hier entgegenstrebte, war untauglich geworden und zerbrochen. Sie war nur noch eine Ruine der Vergangenheit.

Hinter dieser Tür ist der Tod, las Hethe auf der zertrümmerten Pforte. Das sei ja sehr einladend, sagte sie. Das hätten sie dort hingeschrieben, setzte Charly ihr Spiel von eben fort. Falls tatsächlich noch jemand hierherkäme, würde ihn das so abschrecken, dass er sich nie wieder blicken ließe.

Durch eine Seitentür gelangten sie hinter das Rolltor, das eine Halle oder große Garage abschloss. Darin umgestürzte Schränke und Regale. Der Boden übersät mit Papieren, Zeichnungen von Schaltkreisen, Bedienungsanleitungen längst überholter Computerprogramme.

Die Menschen mussten die Erde damals fluchtartig verlassen, erläuterte Charly das Chaos. Wer sich nicht rechtzeitig an den Sammelpunkten einfand, blieb zurück. Er hob eine alte Broschüre auf, hielt sie sich demonstrativ vors Gesicht und tat, als ob er daraus vorlesen würde. *Ein sorgenfreies Leben, auf einem unbeschadeten Planeten. Bedingungsloses Grundeinkommen und Wohnraum für alle. Unbegrenzte, saubere Energie, soziale Gleichheit, ein friedliches Nebeneinander der Religionen, Völker, Geschlechter …*

Jetzt übertreibe er aber, unterbrach ihn Hethe. Das wäre zu schön, um wahr zu sein.

Vergessen Sie Krieg, Ausbeutung von Mensch und Natur, Egoismus, Fanatismus, Kapitalismus, Sozialismus, Lobbyismus, einfach alle Ismuse. Beginnen Sie ein neues Leben auf Aurora, dem Sonnenplaneten.

Hethe klatschte Beifall, Charly verneigte sich und warf die Broschüre weg. Auch auf einem neuen Planeten würde es die Menschheit nicht hinbekommen, da sei er sich sicher.

Er solle jetzt nicht wieder mit seiner Schwarzmalerei beginnen und ihr lieber erklären, wo sie hier wären und wozu diese Anlage einst diente.

Die alte Bodenstation vom ESOC. Damals habe das ESOC allerdings noch nicht ESOC geheißen. Man habe im Laufe der Jahre immer wieder neue Organisationen, Agenturen und Gesellschaften gegründet. Der frühere Name falle ihm gar nicht mehr ein. Er habe in den ersten Monaten seiner Anstellung selbst hier gearbeitet. Von dieser Station aus wurden die Satelliten gesteuert, ihre Position überwacht und vor allem Daten empfangen. Schon zu jener Zeit habe man die Anlage kommerziell betrieben. Nicht immer mit Erfolg, wie man sehe.

Sie gingen hinter der Pforte und an einigen Büros vorbei in einen großen Raum. Das sei der Kontrollraum gewesen. Charly stellte sich links in die Ecke. Hier habe sein Schreibtisch gestanden. Er könne sich noch gut an den Ausblick aus dem Fenster erinnern. Bis zur Höhe hinauf, woher sie eben gekommen waren, hätte er sehen können. Links die Antenne eins, die heute noch stehe. Es seien einmal drei gewesen.

Aber warum wurde das alles aufgegeben? Es gebe doch noch immer Satelliten. Oder flögen diese jetzt automatisch oder wie funktioniere das, wollte Hethe genauer wissen.

Die Anlage stamme, erklärte Charly, aus einer Zeit, als man in Bezug auf den Weltraum eher national dachte. Mitte der Siebzigerjahre wurde sie errichtet, wenn er sich recht erinnere. Mitten im kalten Krieg und natürlich lange vor dem Internet. Jedes Land habe seine außerterrestrischen Flugobjekte selbst genutzt und kontrolliert. Es seien in erster Linie Kommunikations- und Wettersatelliten gewesen, die eine bestimmte, regionale Funktion erfüllten.

Nochmals unterbrach ihn Hethe. Sie habe gedacht, ein Satellit umkreise die Erde. Wie könne er da eine regionale Funktion ausfüllen?

Sie müsse sich erst einmal von der, durch Spielfilme vermittelten, Vorstellung befreien, dass Satelliten sich frei um die Erde bewegten oder gar ständig von dort gesteuert in neue Positionen gebracht werden könnten. Ein Satellit verfüge in der Regel über keinen Antrieb im eigentlichen Sinn. Es gebe einige Steuerelemente, die dazu dienten, ihn in seiner Position zu halten. Wieso das, fragte Hethe.

„Ganz einfach, weil die Erde nicht rund ist." Charly amüsierte sich über Hethes verblüfftes Gesicht. Die Erdkruste besitze hohe Berge und tiefe Täler. Bis zu einem gewissen Niveau seien diese Täler mit Wasser gefüllt, die Ozeane! Auch im Innern der Erde wäre die Masse nicht gleichmäßig verteilt. Und zu allem Überfluss rotiere diese Kartoffel nicht auf einer senkrechten, sondern auf einer geneigten Achse. Charly hielt anschaulich seinen Zeigefinger in die Luft, den er entsprechend kippte. Schließlich komme noch der Mond hinzu. Dieser und die Erde bildeten einen sogenannten Doppelstern, der um den gemeinsamen Massenschwerpunkt kreise. Die dadurch entstehenden Kräfte des Schwerefelds wirkten bis weit in den Raum hinein. Zu guter Letzt hätten auch die Temperaturschwanken durch das Sonnenlicht Auswirkungen auf die Flugbahn.

All dies führe zu Störungen im Orbit. Manche davon seien linear, andere zyklisch, einige wenige spontan. Es gebe keine exakte kreisrunde oder elliptische Bahn um die Erde, wie es oft dargestellt würde. Übertrieben könne man sagen, Satelliten zittern auf ihren Bahnen entlang oder vibrieren auf ihren Positionen. Schon nach kurzer Zeit würden sie den ihnen zugeteilten Korridor verlassen, wenn man nicht nachsteuere. Ein Satellit fliege somit nicht von alleine, er müsse in gewisser Weise gefahren oder gehalten werden. Dafür besitze er entsprechende Steuerdüsen und führe eine gewisse Menge Treibstoff mit, die letztlich die Lebensdauer eines solchen Flugobjektes bestimme. Es gebe leider noch keine Tankstelle dort oben, versuchte Charly zu scherzen. Aus diesem Grunde würden ständig neue Satelliten in den Orbit gebracht, die die nicht mehr steuerbaren ersetzten. Er und seine Kollegen beim ESOC seien daher so etwas wie Piloten und Lotsen zugleich, prahlte Charly.

So kompliziert habe sie sich das gar nicht vorgestellt, gestand Hethe beeindruckt. In welcher Höhe die Satelliten flögen, wollte sie wissen.

Charly war in seinem Element. Es gebe verschiedene Flughöhen. Der gängigste, neben den sonnensynchronen Bahnen, sei der geostationäre Orbit, kurz GEO, etwa sechsunddreißigtausend Kilometer über dem Äquator. Dort platzierte Satelliten würden, wie der Name schon verrate, mit der Erdrotation laufen und mehr oder minder am gleichen Punkt über der Erdoberfläche verharren. Das sei die Bahn für die schon erwähnten Fernseh- und Kommunikationssatelliten. Beobachtungssatelliten würden tiefer fliegen, wissenschaftliche oftmals sehr viel höher. Einige Wettersatelliten liefen sonnensynchron auf niedriger Höhe.

Und dann sei da noch der Friedhofsorbit. Wieder freute sich Charly über Hethes Blick. Nein, das erfinde er jetzt nicht, den gebe es tatsächlich. Da der geostationäre Orbit schon mächtig überfüllt sei, würde jede Nation, jedes Unternehmen, angehalten, Satelliten, deren Lebensdauer zu Ende ginge, in diese Umlaufbahn zu bringen. Es sei sozusagen der letzte Weg, den die ausgedienten Flugobjekte antreten müssten. Auch ausgebrannte Raketenstufen würden dort gesammelt. Das sei notwendig, um den GEO, die Autobahn sozusagen, von Weltraumschrott freizuhalten. Es gebe heute schon mehr als genug davon. In der Vergangenheit wäre es bereits zu Kollisionen gekommen. Jeder Zusammenstoß erzeuge neue Teile und Bruchstücke, die schneller als Gewehrkugeln dahinrasten. Es sei ein Kaskadeneffekt, der schlussendlich dazu führe, dass kein neues Objekt mehr im Orbit platziert werden könne.

Sie habe immer gedacht, die Teile verglühten in der Atmosphäre? Hethe schubste einige Zigarettenkippen mit ihrer Fußspitze zusammen. Was er sage, höre sich an, als ob der Mensch nicht nur die Meere, sondern auch den Weltraum mit Müll überhäufe?

Das mit dem Verglühen funktioniere nur bei erdnahen Umlaufbahnen. Und selbst dann dauere es eine gewisse Zeit, bis sich die Flugbahn so absenke, dass ein Objekt weitestgehend verdampft. Es würde nicht sofort in die Atmosphäre hinabgestürzt, es werde zunächst an der Atmosphäre zerrieben. Irgendwann sei der Luftwiderstand so stark, dass die Flugbahn in eine Schussfahrt übergehe. Die Kräfte und die Reibungswärme nähmen dann exponentiell zu. Es sei, als würde mit Dampfhämmern und Schweißbrennern gleichzeitig am Material gearbeitet. Die letzten Sekunden glichen dem Crash gegen eine Betonwand bei einer Geschwindigkeit von acht Kilometern pro Sekunde. Alles flöge auseinander und verglühe.

Dennoch blieben Restteile, die schließlich irgendwo auf die Erde herabfielen. In den höheren Bereichen funktioniere das überhaupt nicht. Die Chinesen hätten einmal einen ihrer Satelliten, der angeblich zur Gefahr für andere wurde, abgeschossen. Vielleicht haben sie es auch nur getan, um zu demonstrieren, dass sie es können? Das Resultat seien statt eines Geistersatelliten, sechzigtausend Kleinteile, die jetzt im Orbit dahinjagten. Größere Objekte würden permanent beobachtet. Die ISS, die internationale Weltraumstation, habe schon mehrere Manöver ausführen müssen, um herumfliegendem Weltraumschrott auszuweichen. Da man auf Dauer mit einem Einschlag rechne, sei der bemannte Bereich der Station speziell geschützt worden. Alles in allem sei und bliebe der Weltraumschrott ein riesiges Problem. Er arbeite zurzeit an einem Projekt mit, Clear-Space-1, das Abhilfe schaffen solle.

Hethe war beeindruckt, was Charly aus den Augenwinkeln befriedigt zur Kenntnis nahm. Und diese Anlage sei dann irgendwann nicht mehr gebraucht

worden, lenkte Hethe das Gespräch zurück zum Anfang. Sie trat an die Fensterfront und studierte das
Außenterrain.

Ach so, ja, gab sich Charly vergeistigt. Heute verfüge er über ein Netz wesentlich modernerer und
leistungsfähigerer Stationen. Über das Internet könne
er auf die unterschiedlichsten Standorte, falls nötig
weltumspannend, zugreifen. Das Deep-Space-Net-
work stehe ihm rund um die Uhr zur Verfügung. Charly
gab sich jetzt ganz als Master and Commander, als sei
das Universum sein Vorgarten.

Schaurig hier drin und da draußen, bremste Hethe
seine Euphorie. Sie möchte wieder gehen. Außerdem
würden hier bestimmt Mäuse und Ratten hausen.
Sie zeigte auf einen Berg Pizzakartons und zerfetzte
Mülltüten. Zerbrochene Glasscheiben lagen wie
schwarze Spiegel auf dem Boden. Herausgerissene
Bodenplatten legten die Leitungen darunter frei.

Warum man die Anlage nicht komplett abreiße,
fragte Hethe, als sie wieder ins Freie traten und zur
Parabolantenne hinuntergingen.

Soweit er wisse, wäre dies alles Konkursmasse
des letzten Unternehmens, welches an dieser Stelle gearbeitet habe. Hethe verstand nicht. Sie habe
gedacht, der Staat, zumindest staatliche Organisationen, betrieben die Raumfahrt. Diesmal musste
Charly lachen. Anfänglich sei das wohl so gewesen.
Da hätten Staaten miteinander konkurriert, wer
die Vorherrschaft im Weltraum übernehme. Sein
Großvater habe ihm oft erzählt, wie gespannt er
die damaligen Ereignisse verfolgte. Ihm sei es völlig gleich gewesen, welches politische System da-
hinterstecke. Sein Großvater habe mit Juri Gagarin

ebenso mitgefiebert wie bei den späteren Apollo-Missionen. Der Tod Laikas habe ihn noch viele Jahre später tief berührt. Ebenso strahlte er über die gesunde Rückkehr von Belka und Strelka. Diesen Tieren, nicht zu vergessen dem Schimpansen Enos und weitere, gebühre die Ehre, als erste Lebewesen in den Weltraum geflogen zu sein.

Heute sei dies alles ein Geschäft, ein stark wachsendes Geschäft. Die moderne Kommunikationstechnik, der autonome Betrieb von Fahrzeugen und Maschinen, Datenvernetzung und anderes erforderten mehr und mehr Kapazitäten. Um ein Kilogramm in den Orbit zu bringen, würden hohe, fünf-, sogar sechsstellige Beträge fällig. Man arbeite mittlerweile an einer deutschen Raketenbasis an der Nordseeküste. Es gehe um viele Milliarden …

Hethe unterbrach Charly, der sich mehr und mehr in eine Litanei über den Kommerz hineinzusteigern drohte. Sie könne gut verstehen, warum er sich mit dem alten Lilienthal beschäftige. Sie säße gerne wieder auf seiner Terrasse, um zu erfahren, wie es in seinem Buch weiterginge.

Charly war gerührt und stimmte freudig zu. Auf dem Weg zurück wollte er nochmals über manch traurige Entwicklung am Himmel klagen, dass es womöglich bald so viele Satelliten dort oben gäbe, dass die Sterne dahinter verschwänden, aber Hethe stieg nicht darauf ein. Martin habe recht, er solle nicht alles so schwarzsehen. Die Zeiten seien schon schwer genug. Sie bemühe sich stets um eine positive Einstellung, das solle er auch einmal versuchen. Demonstrativ blieb Hethe stehen, schaute über die sacht dahinwogende Landschaft, lauschte dem fast sommerlichen Knistern, Zirpen und Gezwitscher. Kühe in Halbtrauer und Kühe in Hochzeitskleidern tummelten sich auf einer Weide im Tal. Das Geläut ihrer Glocken untermalte die friedliche Atmosphäre. Hethe strahlte Charly an und schritt munter aus.

Übrigens sei das mit dem Netzwerk von Observatorien und Bodenstationen, was er eben beschrieben habe, keine Idee von heute, versuchte Charly wieder auf sein Thema zu kommen. Schon damals, um 1800, hätten die führenden Astronomen Europas die sogenannte Himmelspolizey gegründet. In ihr hätten sich Sternwarten aus Italien, Deutschland, Österreich, Frankreich, Russland und England, über die bestehenden politischen Konflikte hinweg, verbunden. Sein guter, alter Schroeter sei wieder einer der Initiatoren gewesen. Die Himmelspolizey war sozusagen eine der ersten europäischen Forschungsgesellschaften – wenn man so will, ein Vorläufer von ESA und NASA. Nochmals prüfte er die Wirkung seiner Ausführungen.

„Toll", sagte Hethe, sie sei schon sehr gespannt, wie es weiterginge.

Dies sei Uranienlust, sein erstes Observatorium, beendete Schroeter die Führung durch den Amtsgarten. Er habe es vor beinahe dreißig Jahren erbaut, kurz nachdem er seinen Dienst hier in Lilienthal angetreten habe. Hauptmann Massenbach und die vier Mann, die beide Herren als Wache begleiteten, legten den Kopf in den Nacken. Die Demonstration, wie sich die Türen weit zur Terrasse öffnen ließen, das Herausrollen des siebenfüßigen Teleskops, die Erklärung, oben, im Dach, befinde sich ein großer Quadrant von vier Fuß im Durchmesser, konnte das Staunen nicht mehr steigern. Die eifrigen Erläuterungen des Amtmannes am Riesenteleskop hatten die Soldaten bereits verblüfft. Mit offenen Mündern und noch größeren Augen waren sie den schnellen Bewegungen seiner Arme und Hände gefolgt. Auf ihre Köpfe trommelten Begriffe wie Meridian, Asteroid, Ekliptik und andere, nie zuvor gehörte Worte, ein. Jetzt, am Ende des hastigen Rundganges, war ihnen klar, sie mussten es mit einem Wahnsinnigen, einem Besessenen, zu tun haben. Hinter Schroeters Rücken feixten die vier Gemeine und gaben sich eindeutige Zeichen. Offensichtlich stand ein Verrückter vor ihnen.

Hauptmann Massenbach straffte sich, legte seine linke Hand auf den Säbel und dankte für die zahlreichen Erklärungen. Man habe nicht gewusst, dass sich hier, an diesem unscheinbaren Orte, so etwas, äh, er suchte nach Worten, Außergewöhnliches, befinde. Seine Männer hätten die Apparaturen für neumodische Waffen gehalten, Kanonen. Die Franzosen seien auf diesem Gebiet sehr erfinderisch. Er bitte höflichst die Unwissenheit seiner Männer zu entschuldigen. Streng blickte er auf die Begleitung, die alle brav die Köpfe senkten und ihr heimliches Getue einstellten.

Schroeter quittierte die Entschuldigung mit einem Nicken. Wer sich mit solchen Dingen nicht beschäftige, dem käme manches seltsam und wunderlich vor. Er könne dem Hauptmann fest versichern, dass alles hier, Schroeter wies lapidar in Richtung Garten, ausschließlich friedlichen Zwecken diene. Große Entdeckungen seien von dieser Stelle aus getätigt worden. Sein Assistent Harding habe Juno entdeckt. Der bekannte Arzt und Astronom Olbers konnte hier wichtige Vorarbeiten für seine späteren Sichtungen betreiben. Er selbst habe sich mehr dem Mond und der Venus verschrieben, schob er noch nach. Die vier Soldaten tauschten wieder vielsagende Blicke untereinander aus und mussten ein Lachen unterdrücken.

Es gebe da noch etwas anderes, was ihm mitgeteilt wurde. Mit einem Ruck des Kopfes gab der Hauptmann einem seiner Männer Befehl, voranzugehen. Er führte die kleine Gruppe in die Werkstatt: eine Esse, ein gemauerter großer Ofen, an dessen Seite ein schlaffer Blasebalg. Allerlei Tiegel, zwei Drechselbänke, ein Amboss, undefinierbare Böcke und Aufbauten, Schleifsteine, Zangen und anderes Gerät standen und hingen darin herum. Auf einem Tisch lagen dicke Bruchstücke aus Metall, eine Seite grobschwarz, die andere glatt und spiegelnd. Alles war mit einer dicken Staubschicht bedeckt. Seit Harm Gefkens Tod hatte Schroeter den Raum nicht mehr betreten.

Ob dies auch seinen friedlichen Zwecken diene, fragte Massenbach. Es scheine ihm große Ähnlichkeit mit einer Schmiede zu haben, einer großen Schmiede. Schroeter lächelte ob dieser, in seinen Augen, naiven Vermutung. Das sei seine

Werkstatt. Sie diene, oder diente, verbesserte er sich, zur Herstellung der Spiegel für seine Teleskope. Dabei zeigte er auf die Bruchstücke auf dem Tisch. In einer Ecke war ein ganzer Haufen davon aufgeworfen. An anderer Stelle stapelten sich Rohlinge in unterschiedlichen Größen. Sie warteten vergeblich auf eine weitere Bearbeitung.

Unzählige Tage, endlose Versuche fielen Schroeter ein. Wie viele unterschiedliche Legierungen hatten er und Schrader ausprobiert? Es schien ihm, als sei dies in einem anderen Leben gewesen.

Schrader war rastlos in seinem Streben, bessere Spiegel als Herschel herzustellen. Der Amtmann spürte die damalige Hitze in diesem Raum wieder. Im Ofen glühte ein gewaltiges Kohlenfeuer, es schimmerte und ihre Schatten tanzten an den Wänden. Unaufhörlich ging der Blasebalg und hauchte der Glut seinen Atem ein. In einem flachen Kasten aus Blei formten sie mit Sand die Spiegelgröße vor. Beim Guss kleinerer Spiegel konnte Gefken den Schmelztiegel alleine herausheben. Bei größeren mussten sie zu zweit oder gar zu dritt anpacken und halten. Der Flaschenzug dort oben bot nur wenig Hilfe. Einmal entglitt ihnen ein Tiegel und zerbarst auf dem Boden. Wie glühende Lava schwappte die Schmelze in alle Richtungen. Gefkens Stiefel standen augenblicklich in Flammen. Feurige Tropfen schossen herum und versengten Kleidung und Haut. Im Mauerwerk des Ofens glänzten noch einige Metallreste. Sie hatten sich in Lücken und Löcher hineingefressen und waren erkaltet.

Üblicherweise wurde das flüssige Metall durch einen seitlichen Kanal in die Form hineingegossen. Zu Anfang sprang ihnen schon dabei die Vorrichtung auseinander. Bei anderen Versuchen wollte es sich nicht gleichmäßig verteilen, stockte am Einfluss oder kurz dahinter. Eine Vielzahl von Spiegeln zersprang beim Abkühlen. Eine zu flache, dünne Form hielt den Spannungen nicht stand. Sie mussten dickere Spiegel gießen, was noch mehr Metall verbrauchte. Andere zerbrachen beim anschließenden Schleifen. Das Schleifen war der kompliziertere Teil der Arbeit. Es genügte nicht, eine glatte Ebene zu erzeugen. Der Spiegel musste entsprechend seiner späteren Verwendung optisch geformt, eine gleichmäßige, konkave Oberfläche eingeschliffen werden. Eine langwierige und mühsame Schinderei.

Wenn ihnen endlich ein Stück gelungen war, konnten sie das Resultat ihrer Arbeit erst nach dem Einbau in das Prüfrohr beurteilen. Nicht selten zerbrach ein Spiegel zuletzt dabei. Andere zeigten fehlerhafte Abbildungen: unscharfe Bilder im Okular, doppelte Objekte oder nur verschwommener Nebel. Konnte durch Nachschleifen nichts mehr verbessert werden, waren auch sie unbrauchbar.

Schrader lebte damals fast ein Jahr auf dem Amtshof. Seine unaufhörlichen Versuche in der Werkstatt verschlangen mehr als das Doppelte von Schroeters Einkünften. Ständig musste neues Metall beschafft werden. Berge von Kohlen wurden verbraucht. Schwere Wagen, von Ochsen gezogen, rollten von Bremen heran. Schrader verlangte auch einen Gehilfen, am besten zwei. Kurzerhand befahl Schroeter seinem Gärtner Gefken, dem Professor zur Hand zu gehen. Er selbst half auch, wo er konnte. Wie viele Hemden hatte er damals zerschlissen? Seine Schwester Elisabeth war völlig außer sich, nicht nur wegen der ruinierten Kleider. Er würde sein und ihr Erbe damit verschwenden. Letztlich fügte sie sich, wie immer.

Am Ende hatten sie es geschafft. Nach unzähligen falschen Zusammensetzungen waren sie zu der einzig richtigen gelangt. Drei Teile Arsen, kurz vor dem Abgießen beigemengt, erzeugten einen silbrigen Glanz. Damit ließen sich Spiegel bis fast einem Fuß im Durchmesser herstellen. Sie waren klüger im Formenbau geworden, hatten das Schleifen in mehrere Schritte unterteilt. Gefken mochte gerade diese Arbeit besonders und erfand allerlei Hilfsmittel.

Schroeter erinnerte sich an ihren Wettlauf gegen Schrader, nachdem dieser wieder nach Kiel zurückgekehrt war. Nach zwei Monaten konnte der Amtmann dem Professor vermelden, dass ihnen die Herstellung eines ganz vorzüglichen Spiegels gelungen sei, mittels dem der Bau des siebenundzwanzigfüßigen Teleskops begonnen wurde. Dieses Instrument werde als das größte, nicht nur im Fürstentum Hannover, sondern auf dem gesamten europäischen Kontinent, gelten. In Lilienthal stünde somit die bedeutendste Sternwarte.

Ihr eigentliches Meisterstück war hingegen der dreizehnfüßige Reflector, den Schroeter liebevoll den „Coloß" taufte. Der Spiegel darin war so außerordentlich gut gelungen, seine Reflexionsstärke so herausragend, dass der Amtmann ihn besonders gerne nutzte. Es gab kein besseres Gerät auf der Welt, das war gewiss. Mochte das Riesenteleskop den Coloß in der Vergrößerung übertreffen, war es bei Schärfe und Licht weit unterlegen. Schroeter hätte sein Leben für den Coloß gegeben.

Man könne es eine Schmiede nennen, kehrte der Amtmann aus seinen Erinnerungen zurück, obwohl hier niemals etwas geschmiedet wurde. Einige Nägel und Halterungen vielleicht. Und ja, sie diene ausschließlich friedlichen Zwecken.

Wie dem auch sei, der Hauptmann inspizierte einige Werkzeuge, wog das Bruchstück eines Spiegels in seinen Händen. Einer der Männer deutete auf verbogene Bleiplatten unter einer Werkbank. Er werde diesen Raum und alles darin beschlagnahmen müssen. Sie seien jetzt seit mehreren Wochen unterwegs. Etliche Pferde müssten beschlagen werden.

Es gebe eine Schmiede an der Hohen Straße. Die sei sicher besser auf ihre Bedürfnisse ausgelegt, antwortete Schroeter. Sie würden wohl beide nutzen müssen, antwortete Massenbach. Die Franzosen würden nicht lange auf sich warten lassen, wie ihn der Amtmann selbst gewarnt habe. Noch immer irritiert, fügte sich Schroeter. Womöglich zögen sie dadurch schneller ab, dachte er bei sich. Er müsse jetzt nach seinen Deichen sehen, wollte sich Schroeter verabschieden. Auf ein Wort, hielt ihn der Hauptmann nochmals zurück und lenkte sie beide aus der Werkstatt hinaus. Draußen verschloss er die Tür, sodass er und der Amtmann unter sich waren.

Was er zu tun gedenke, wenn er Schäden an den Deichen feststellte, wollte der Hauptmann wissen. Natürlich sofort ausbessern, Schroeter verstand die Frage nicht. Überhaupt tat der Hauptmann sehr geheimnisvoll. Es sei besser, wenn er das nicht täte, antwortete Massenbach. Er könne ihm nicht mehr dazu sagen, aber es gebe Pläne, wie man die im Moment noch zahlenmäßig deutlich überlegeneren Franzosen in ihren Bewegungsmöglichkeiten einschränken wolle. Der Amtmann fragte nach, ob er ihn richtig verstanden habe. Er solle einer Überschwemmung tatenlos zusehen oder wie meine er das? Ob sich der Hauptmann über die Konsequenzen solchen Handelns im Klaren sei? Wie er überhaupt auf diese Idee käme?

Wieder tat Massenbach, als seien sie von Spitzeln umgeben, blickte nach links und rechts, kam näher heran, flüsterte. Er habe davon gehört, dass Saboteure ausgeschickt wurden, um weite Teile des Moors um Bremen unter Wasser zu setzen. Er wisse nicht genau, wann und wie das geschehen werde. Er selbst habe in dieser Richtung keine Befehle. Es könnte allerdings sein, dass es sich bei den gemeldeten Hochwassern um erste Resultate der beschriebenen Absichten handle.

Schroeter trat einen Schritt zurück, blickte den Hauptmann, der fast einen Kopf größer als er selbst war, zunächst ungläubig, dann fest in die Augen. Nein, dieser junge Mann scherzte nicht. Ganz im Gegenteil, er schien von diesen Plänen, wie er es nannte, absolut überzeugt. Er war hörig und naiv genug, sie gutzuheißen und zu unterstützen. Schroeter trat noch einen Schritt zurück. Seit er sein Amt hier in Lilienthal übernommen habe, vor nun drei Jahrzehnten, gehöre der Kampf gegen das Wasser zu seinen vordersten Aufgaben. Bei seinen Vorgängern ebenso. Der große Findorff, der Vater aller Moorbauern, habe als Moorkommissar die entscheidenden Schritte unternommen, dieses Land einer dauerhaften Nutzung zuzuführen. Dennoch habe es vieler Generationen bedurft, bis man es vom Torfstechen zu einer brauchbaren und einkömmlichen Landwirtschaft brachte. Der Hauptmann erwarte nun nicht ernsthaft, dass er tatenlos der Vernichtung dieser Arbeit zusehe?

Er bitte, nicht falsch verstanden zu werden, entschuldigte sich Massenbach und wiederholte, dass er selbst keinerlei Befehle in dieser Richtung habe. Er habe nur von den Absichten der Generalität gehört, dass ...

Dann solle er seiner Generalität auf der Stelle mitteilen, der Amtmann trat einen großen Schritt nach vorne, dass diese Pläne blanker Unsinn seien. Ein Moor sei keine Wanne, in die man Wasser ein- und wieder ablassen könne. Es würde Monate, wenn nicht Jahre dauern, bis das Land wieder trocken sei. Ganze Ernten würden ausfallen, Tiere verenden. Hungersnöte bis in die Städte wären die Folge. Er könne dem jungen Hauptmann nur nochmals den Rat geben, von hier abzurücken. Er habe die Franzosen nach Bremen verjagt, das sei doch ein Erfolg. Mehr solle er nicht wagen. Es wäre sein Untergang. Der Amtmann wandte sich ab und lief in seinen kleinen, schnellen Schritten zum Amtshaus.

Das sei ja mal wieder typisch für diese Militärs, warf Hethe ein. Die würden sich um den kleinen Mann überhaupt nicht scheren. Selbst wenn drumherum die Welt unterginge, Hauptsache, sie hätten gewonnen. Was nach ihrem vermeintlichen Sieg noch übrig bliebe, das interessiere gar nicht. Männer! So etwas könnten nur Männer. Ob ihm schon einmal aufgefallen sei, dass es keinen einzigen weiblichen General auf der Welt gebe, wandte sie sich an Charly. Sie sage das nicht wegen der Gleichberechtigung oder so etwas. Nein. Frauen würden so etwas einfach nicht machen. Schlimm genug, dass sich manche als Soldatinnen verpflichteten und Befehle ausführten. Aber Generäle, die einfach mal ein paar Hundert oder Tausend Zivilisten als Kollateralschaden in Kauf nehmen, so etwas könne keine Frau. Hethe verschränkte die Arme vor der Brust, warf auch noch mehrmals die Beine übereinander. „Weiter", befahl sie.

Was hätte Tischbein für ein Lager gegeben. Es müsste kein Bett sein, eine Koje aus Stroh oder

diese Bank dort drüben würden ihm genügen. Hundemüde und mehr als gesättigt saß er in seiner Unterwäsche am Tisch. Zum zweiten Mal an diesem Tag hatte er seine Kleider abgeben müssen. Sein Freund Harjes redete in einem fort. Nur mit Mühe hielt Georg die Augen offen. Die Tischplatte schien ihm auch gerade gut genug, um seinen schweren Kopf darauf abzulegen, nur eine kleine Weile, nur eine kleine Weile, nur …
Harjes Sohn kam hereingestürzt. In seiner Hand ein großer Krug, aus dem das Bier schwappte. Soldaten, überall seien Soldaten, schrie er. Die verdammten Franzosen, entfuhr es seinem Vater. Nein, nein, rief das Kind völlig aufgeregt. Andere Soldaten, mit bunten Jacken und dicken Mützen. Harjes sprang auf und eilte nach draußen. Tischbein wollte ihm folgen, besann sich dann seines Aufzugs und blieb an der Tür stehen. Ein Trupp Reiter trabte vorbei. Kosaken, eindeutig Kosaken. Hatten diese Fuhrleute doch die Wahrheit gesagt. Dahinter auch noch einige Männer der preußischen Kavallerie. Sie saßen aufrecht und stolz auf ihren Pferden, blickten streng geradeaus. In ihren Gesichtern dagegen stand Müdigkeit und Erschöpfung. Ihre Stiefel waren schmutzig, ebenso die Pferde. Sah man noch genauer hin, waren Flicken an ihren Uniformen und andere Mängel zu erkennen. Sie ritten Richtung Wümme, Richtung Brücke. Hurra, Hurra, Hurra, wurde hie und da gerufen. Es waren auch einige Taschentücher zu sehen. Die Burschen und Knechte klatschten in die Hände, die jüngeren liefen neben den Pferden her. Die ganz Kleinen wurden emporgehoben.

War sie vorbei, die Franzosenzeit? Georg wollte es kaum glauben. War das die Befreiung? So einfach? Die einen liefen davon, die anderen rückten gemächlich nach? Was war das doch für ein seltsamer Tag. Georg ging zum Tisch zurück und setzte sich. Gestern hatte er sich noch durch die Gassen von Bremen gestohlen, heute saß er in einem befreiten Land. Seine Frau, seine Töchter lebten noch in einer besetzten Stadt. Sie kümmerten sich noch weniger als er selbst um die politischen Umstände.

Die Russen! Die Preußen! Harjes polterte herein, strahlte übers ganze Gesicht. Es ist vorbei, rief er. Es ist endlich vorbei! Die Franzosen sind fort! Darauf müssten sie anstoßen! Er griff nach dem Krug und setzte ihn an. Das Bier lief im links und rechts aus dem Mund. Prustend reichte er ihn Tischbein hin. Trink, mein Freund, trink! Das müsse gefeiert werden.

„Das ist schön!", strahlte Hethe und wand sich vergnügt auf der Liege. Das gefalle ihr. Das erinnere sie an die Wiedervereinigung. Da sei sie noch ein kleines Mädchen gewesen, fügte sie rasch hinzu, gerade mal acht. Sie blinzelte zu Charly hinüber, ob er auch nachrechne,-). Er tat es.

Ihre Eltern hätten damals, als die Mauer fiel, auch gefeiert. Sogar die Nachbarn seien gekommen. Ständig hätten sich alle in den Armen gelegen und sich unmäßig gefreut.

Hethe rekelte sich genüsslich in der Sonne, entwirrte Arme und Beine. Ihre Füße wippten und ihr Kleid rutschte nach oben. Bitte weiter, bat sie.

Dieses Warten sei doch unerträglich, sagte Olbers und sprang zum wiederholten Male auf. Seit zwei Stunden saß die Reisegesellschaft im Gasthof fest. Nichts rührte sich da draußen.

Er schlage vor umzukehren. Er werde einen Boten in die Präfektur schicken oder selbst dort vorsprechen. Immerhin sei er Abgeordneter des Departments. Hier zu warten sei nichts als Zeitverschwendung. Nichts hasste Olbers mehr, als diese alles bestimmende Macht ungenutzt vorbeiziehen zu lassen. Er hatte seine Tage exakt eingeteilt. Nachts schlief er nur vier Stunden. Die andere Zeit war seinen Forschungen, seiner Praxis, Korrespondenzen und der Familie zugeteilt. Jede Störung darin war ihm zuwider. Für die Einkehr hatte er eine Stunde veranschlagt. Dieses Maß war bei Weitem überschritten. Jetzt musste etwas geschehen, musste gehandelt werden.

Gildemeister pflichtete ihm bei, nicht zuletzt, da er sich an den wesentlich besseren Wein im Hause Olbers erinnerte. Was dieser Holländer hier anbot, war schlechter als Essig.

Von Lindenau war eingenickt. Harding blickte von seiner Lektüre auf und stimmte ebenfalls zu. Besser klare Verhältnisse als diese Ungewissheit. Er sorge sich um Schroeter, hoffentlich geschehe dem Freunde nichts.

Was solle dem schon geschehen? Ein paar streunende Kosaken. Gildemeister raffte Stock und Hut zusammen.

Gerade das beunruhige ihn. Es seien vielleicht marodierende Haufen ohne feste Führung. Er habe schon schlimme Dinge von solchen Banden gehört.

Ach was, mischte sich Olbers ein. Sicher seien die längst vertrieben. Hier in Bremen stünden zweitausend Mann regulärer französischer Truppen, bestens ausgebildet und ausgerüstet. Man habe sicherlich längst für Ruhe und Ordnung gesorgt. Er berührte von Lindenau an der Schulter, der sogleich die Augen aufschlug. Dem Wirt beglich er großzügig die Rechnung und drängte zum Aufbruch. Die Kutsche stand angespannt vor der Tür. Nach Hause, befahl er dem Kutscher herrisch.

Im Innern verteilte sich die Gruppe wie zuvor. Die Gespräche hatten sich im Gasthaus erschöpft. Jeder starrte zu seiner Seite aus dem Fenster hinaus. Von Lindenau, schien es, wollte wieder einschlafen. Harding zog sein Buch heraus. Kaum hatte er es aufgeschlagen, schmunzelte er. Was er da Amüsantes lese, wollte von Lindenau wissen. *Les États et Empires de la Lune* von einem gewissen Cyrano de Bergerac. Und in der Tat, es sei amüsant und interessant zugleich. Es handle, wie der Titel schon verriete, von einer Reise zum Mond. Olbers ließ ein verächtliches Schnauben hören. Unfug, nichts als Unfug. Der Mensch könne nicht zum Mond reisen, das sei völlig ausgeschlossen. Wie solle er das anstellen, etwa fliegen wie ein Vogel?

Nein, antwortete Harding kühl. Den Aufstieg versuche der Held zunächst mit Tautropfen, die er in kleinen Wasserfläschchen gesammelt habe. Diese verteile und befestige er rund um seinen Körper. Die Morgensonne, die den Tau verdunsten ließe und zu sich zöge, hebe den Helden empor. Olbers lachte und schüttelte den Kopf. Dann fliege er ja in die Sonne und nicht zum Mond, mischte sich Gildemeister ein.

Hethe lächelte still vor sich hin. Die Vorstellung eines vom Tau emporgetragenen Menschen schien ihr sehr zu gefallen. Charly warf noch schnell einen Blick auf ihre Füße, die sich vergnügt aneinander rieben.

Nein, er fliege nicht in die Sonne. Sein erster Versuch misslinge. Er werde zwar in die Lüfte gehoben, doch nicht hoch genug. In den Wolken überkomme ihn die Angst. Er zerbreche einige der Taufläschchen und sinke wieder zur Erde hinab. Allerdings lande er nicht wieder in Paris, seinem Ausgangspunkt, sondern in Neu-Frankreich, in Kanada. Während seines Aufstiegs habe sich die Erde unter ihm weiter-gedreht. So gelinge es dem Helden, in wenigen Stunden mehrere tausend Meilen zurückzu-legen. Ha! Olbers schlug sich auf die Schenkel. Es würde ja immer besser. Jetzt reise der Pro-tagonist nicht zum Mond, sondern hüpfe wie ein Engel über die Erde. Aus welchem Jahre diese abgeschmackte Geschichte stamme. Der Autor verstehe wohl überhaupt nichts von Newtons Gesetzen und deren Auswirkungen. Nichts sei in der Lage, die Anziehungskraft der Erde zu verlassen. Alles fiele wieder auf selbige zurück. Das stimme so auch nicht ganz, meldete sich von Lindenau zu Wort. Hätten nicht die Brüder

Montgolfière vor wenigen Jahren bewiesen, dass es möglich sei. Wären nicht Hammel, Hahn und Ente, und wenig später ein tapferer Soldat, mit Hilfe eines mächtigen Ballons in die Lüfte gestiegen? Man überquerte mit diesen Geräten inzwischen sogar den Kanal zwischen Frankreich und England.

In England habe ein gewisser Cayley eine Theorie entwickelt, wie Körper, die schwerer als Luft seien, dennoch fliegen könnten, gab Gildemeister bei.

Und in Ulm sei ein Schneidmeister in die Donau gestürzt, konterte Olbers zynisch. Schaustellerei, nichts anderes als Schaustellerei seien diese aufgeblasenen Stoffkugeln. Er habe sie in Paris gesehen. Für eine horrende Summe könne man sich einige Meter emporheben lassen. Es sei wie auf einem Jahrmarkt. Niemals werde man mit einem Ballon bis zum Mond emporsteigen. Zudem habe Humboldt zweifelsfrei belegt, dass die Atmosphäre mit der Höhe abnehme. Irgendwann würde sie so dünn, dass der Mensch darin nicht mehr atmen könne. Und was die Theorie dieses Engländers betreffe, so sei es eben genau das, eine Theorie. Niemals werde ein Gegenstand, dessen Gewicht das der verdrängten Luft übersteige, fliegen. Im Wasser schwimme auch kein Körper, dessen Masse den Auftrieb übersteige.

Harding, welcher der inzwischen hitzigen Diskussion nur gelauscht hatte, gab zu bedenken, dass sich im Weltenraume, also im dünnsten Äther, die Planeten sehr wohl bewegten.

Er müsse doch sehr bitten, entrüstete sich Olbers. Man solle doch jetzt nicht Äpfel mit Birnen vergleichen. Die Bewegungen der Gestirne beruhten auf ganz anderen Gesetzen, wie Kepler und Newton zweifelsfrei bewiesen hätten. Im Umfeld der Erde werde niemals etwas fliegen außer den Vögeln, darauf wette er sein ganzes Hab und Gut. Ferner solle Harding ihm nicht mit dem Äther kommen. Niemand wisse, was der Äther sei oder ob er überhaupt existiere.

Einige Hufschläge lang folgte jeder der Reisenden seinen Gedanken. Es gebe in diesem zugegebenermaßen phantastischen Buche eine andere Passage, die ihn durchaus beschäftige, knüpfte Harding wieder an. Der Autor, der übrigens vor mehr als einhundertfünfzig Jahren lebte, beschreibe, wie von einem Planeten immer weitere, neue Planeten zu sehen wären. Und könne man diese neuen Planeten besuchen, würde man sicherlich wieder neue entdecken. Bis in die Unendlichkeit setze sich dies fort.

Gildemeister zeigte ein nachdenkliches Gesicht, von Lindenau neigte und hob abwägend den Kopf. Pah, rief Olbers. Das sei ja noch abwegiger als die Idee des Fliegens. Wenn er es recht verstehe, müsse es demnach eine unendliche Zahl von Planeten und Sternen geben. Diese verteilten sich nach allen Seiten im Universum. Wie könne es dabei sein, dass sich auf der Erde Tag und Nacht unterschieden, das zwischen den Sternen Dunkelheit existiere? Müsste diese unendliche Zahl von Sonnen nicht ein Licht ausstrahlen, sodass es fortlaufend helllichter Tag wäre, ganz gleich, ob sie der Sonne zu- oder abgewandt seien? Hört, hört, entfuhr es von Lindenau. Ein schlagendes Argument, nickte Gildemeister anerkennend. Harding grübelte noch einen Moment, stimmte schließlich auch zu. Nur Olbers selbst schien mit seiner Darlegung nicht ganz zufrieden. In seinem Kopfe nahm er sich vor, über diesen, von ihm eben spontan geäußerten Umstand, genauer nachzudenken.

Das sei eine interessante Frage, pflichtete Hethe bei. Darüber habe sie noch nie nachgedacht. Warum gebe es einen Nachthimmel? Warum sei es schwarz zwischen den Sternen, fragte sie Charly direkt.

Diese Frage wäre als das *Olbers-Paradoxon* in die Astronomie eingegangen. Ursprünglich sei sie gegen die Unendlichkeit des Universums gerichtet gewesen, wie er es auch in seinem Buch eingebaut habe. Oder umgekehrt, man glaubte dadurch belegen zu können, dass eine äußere Himmelsschale existiere und somit die Zahl der Sterne begrenzt sei. Hethe schaute ihn weiter fragend an.

Heute nehme man an, setzte Charly seine Ausführungen etwas lehrerhaft fort, das Universum sei zwar endlich, dehne sich aber immer weiter aus. Durch diese Ausdehnung, genauer, durch die sehr schnelle Bewegung, verschiebe sich das ausgestrahlte Licht entfernter Sterne und Galaxien in den roten Bereich – man spreche von der Rotverschiebung. Durch Messungen dieser Infrarotstrahlen sei zu erkennen, wie weit ein Objekt von der Erde entfernt sei und wie schnell es sich fortbewege. Das gesamte Universum sei in Bewegung. Die Milchstraße fliege mit etwa drei

Kilometer pro Sekunde durchs All. Ungeduldig wippte Hethes Fuß.

Wenn die Menschen diese rote Strahlung sehen könnten, wäre es tatsächlich so, dass eine dauerhafte Beleuchtung vorhanden wäre. In der Wissenschaft spricht man auch von der kosmischen Mikrowellenhintergrundstrahlung, die alles wie eine große Mauer umgebe. Nur durch feinste Messungen im Mikrokelvin-Bereich sei diese Wand zu durchdringen. Es seien sozusagen die kleinen Gucklöcher, durch die Blicke in die viel älteren Bereiche des Universums gelängen.

Hethe schien nicht wirklich überzeugt. Etwas mürrisch legte sie den Kopf zurück auf die Liege. Sie könne sich das nicht vorstellen. Immerhin sehe sie doch leuchtende Punkte am Nachthimmel. Unzählige Punkte. Wenn dies alles Sonnen wären, könne sie Olbers Frage sehr gut nachvollziehen. Alles müsste taghell erleuchtet sein.

Das Olbers-Paradoxon habe bis zum Ende des 21. Jahrhunderts bestanden, gab Charly Hethe recht. Dabei habe Olbers, als er seine Frage formulierte, nur begrenzte Kenntnisse der Sonne besessen. Selbst Herschel, der erste Mensch, der einen Planeten entdeckte, sei davon ausgegangen, dass die Sonne eine Oberfläche besitze und womöglich bewohnt wäre. Die Sonnenflecken hielte er, ebenso wie Schroeter, für Schatten der Sonnengebirge, die durch die Atmosphäre ragten. Das Leuchten der Sonne und ihre Wärme würde von außen auf dieser Hülle geschehen. Man habe vom Licht und den Vorgängen auf der Sonne noch nichts verstanden. Deshalb wäre seine Frage umso berechtigter, zielte aber, wie gesagt, auf die Sternenverteilung und die mögliche Unendlichkeit des Universums ab. Ob die Rotverschiebung tatsächlich die richtige Antwort sei, könne heute niemand wissen. Vielleicht würde in hundert Jahren die Wissenschaft darüber lachen, wie sie heute über viele Entdeckungen und Erklärungen von damals lachten. Womöglich sei die schwarze Materie, die noch kein Mensch gesehen habe, für die Absorbierung des Lichts verantwortlich?

Das würde ihr jetzt alles zu viel, unterbrach Hethe. Was eigentlich aus dieser Frau geworden wäre, wollte sie wissen. Charly blätterte ein wenig, räusperte sich und las.

VIII

Es war bereits nach Mittag, als Johann Hieronymus Schroeter von seinem Kontrollritt zurückkehrte. Er hatte die Deiche an Wörpe und Wümme inspiziert, mit einigen Bauern gesprochen, hie und da Anweisungen erteilt. Insgesamt fand er alles intakt. Einige Gräben und Grüppen mussten ausgebessert, eine Schleuse vom angestauten Unrat befreit werden. Der hohe Wasserstand schien letztlich auf dem starken Regen der vergangenen Tage zu beruhen. Es würde bei einem Hochwasser bleiben, wie es mehrfach im Jahr eintrat. In ein oder zwei Tagen sollte wieder ein normales Niveau erreicht werden.

An der Brücke über die Wümme war er auf Massenbachs Männer getroffen, die sich dort verschanzten. Es waren auch einige Dorfbewohner unter ihnen. Baumstämme wurden mittels Ochsen herangeschleift und aufgeschichtet. Ein Leiterwagen diente als Schranke und Sperre der Straße. Besondere Sorgfalt schien bei der Arbeit nicht zu walten. Es waren lediglich zwei Wachposten aufgestellt.

Vor dem Borgfelder Landhaus dagegen, direkt an der Straße über die Brücke, herrschte Tumult. Soldaten, Bauern und Knechte feierten, lagen sich in den Armen, tranken Brüderschaft. Es waren auch welche aus Trupe dabei. Schroeter erkannte Burschen aus Feldhausen, Butendiek und Moorhausen. Man begoss den Sieg über die Franzosen, obwohl nicht ein Schuss gefallen war. Die Soldaten gebärdeten sich heldenhaft und ließen sich aushalten. Einige Knechte gaben sich kampfeslustig, hatten Mistgabeln und Torfstecher dabei, mit denen sie dem unsichtbaren Feind drohten. Manch einem dienten diese nutzlosen Waffen als Stütze. Betrunken wankend hielten sie sich an den in den Boden gerammten Arbeitsgeräten fest. Der Amtmann blickte besorgt über die Szenerie und ritt davon.

Vor dem Amtshof stand ein schwerer Reisewagen. Die ersten Gäste, dachte Schroeter mit Freude und stieg ab. Sogleich kam ihm seine Schwester entgegen. Die Frau des Hofrats von Witte sei eingetroffen, aus Hannover, mit Kind und Gefolge. Was dies jetzt zu bedeuten habe. Er habe ihr nichts von solchen Gästen gesagt.

Schroeter fiel das Schreiben ein, welches er vor Wochen erhalten hatte. Der darin geäußerte Wunsch Frau von Wittes, an der angekündigten Versammlung der Astronomischen Gesellschaft teilzunehmen, hatte der Amtmann mit einigen höflichen Floskeln beantwortet. Man freue sich über das Interesse, Gäste seien jederzeit willkommen, allerdings seien der Anlass und die

Themen speziell. Womöglich wäre ein anderer Zeitpunkt besser geeignet. Da er keine weitere Antwort erhielt, glaubte Schroeter, das in seinen Augen launische Anliegen Frau von Wittes abgewendet zu haben.

Eine weitere Erinnerung stieg in ihm auf und bereitete ihm Unbehagen. Mit Schrecken entsann er sich des Besuchs des Prinzen Adolphs, Herzog von Cambridge. Er besuchte die Moorkolonien, wo zu seinen Ehren der Ort Adolphsdorf gegründet worden war. Bei dieser Gelegenheit gedachte er die Sternwarte zu besichtigen. Ganz Lilienthal stand Kopf. Wochen zuvor wurde der genaue Ablauf des Besuchs besprochen. Ständig änderte sich die Liste der mitreisenden Gäste und des Hofstaats. Es war peinlich darauf zu achten, wer wie und in welcher Reihenfolge begrüßt und überhaupt angesprochen wurde. Der Herzog genoss in allem Vorrang. Mühsam stieg der Tross von Ministern, Sekretären, Kammerherrn und persönlichen Favoriten hinter dem Herzog die schmale Leiter zum Teleskop hinauf. Oben war es so voll, dass sich kaum jemand zu bewegen vermochte. Das Gebälk ächzte. Schroeter war voller Sorge, es würde jemand hinabstürzen, und rief fortlaufend zur Vorsicht. Keiner der Herren wollte weichen.
Der Herzog stand am Okular. Die Umstehenden erklärten falsch und unsinnig die Funktionsweise des Teleskops. Schroeter, weit entfernt, versuchte zu berichtigen. Keiner hörte auf ihn.

Er war nur der Oberamtmann. Ein Nichts im Kosmos des Hofes und der angereisten Entourage. Der Herzog lobte das Instrument, um sogleich anzufügen, dass man in England über ein weitaus größeres verfüge. Mehrmals fiel der Name Herschel.

Später saß die Gesellschaft im Amtsgarten. Eine lange Tafel war eingedeckt worden. Es galt eine strenge Sitzordnung. Der Hofmarschall wies allen ihre Plätze zu, wie wohl Gott einst den Planeten ihre Bahnen um die Sonne zugeteilt hatte. Es entspann sich ein Gespräch über die Astronomie. Prinz Adolph wollte mit seinem Wissen glänzen. Der Schatten der Erde bedecke den Mond und sei für dessen wechselndes Bild verantwortlich, behauptete er fälschlicherweise. Schroeter korrigierte spontan. Der Mond kreise um die Erde, zeige aber immer die gleiche Ansicht und würde beständig von der Sonne bestrahlt. Die Mondphasen entstünden durch die jeweilige Stellung des Trabanten zur Erde. Schroeter demonstrierte dies mit zwei Äpfeln auf dem Tisch. Das Gespräch verstummte. Der Sekretär des Herzogs flüsterte Schroeter zu, dass dem Herzog grundsätzlich nicht widersprochen werde. Wenn der Schatten der Erde die Erscheinung des Mondes verändere, dann sei dem so. Schroeter legte die Äpfel in die Schale zurück und schwieg.

Hethe fuhr auf. Was für eingebildete Affen, entrüstete sie sich. Sie könne sich diese Herren lebhaft vorstellen. Ihr Exmann habe sich auch gerne mit solchen Jasagern umgeben.

Die Dame warte oben im großen Zimmer, riss ihn Elisabeth aus seinen Erinnerungen. Was sie jetzt tun solle. Man sei nicht darauf eingerichtet, dass hoher Besuch käme. Und auf weiblichen schon gar nicht. Hier auf dem Amtshof könne sie unmöglich bleiben, besonders da jetzt dieser Soldatenpöbel hier eingefallen wäre. Er könne sich nicht vorstellen, wie unverschämt die gestarrt hätten, als Frau von Witte dem Wagen entstieg. In ihrer Stimme schwang Neid mit. Trotz vieler Bemühungen, als erste Dame des Ortes zu gelten, war es Elisabeth nie gelungen, die selbstverständliche Aura einer gehobenen Stellung um sich aufzubauen. Sie fühlte sich fortlaufend belächelt und glaubte, dass man sich hinter ihrem Rücken über sie lustig mache und schwatzte – was durchaus stimmte. Sie versuchte daher, sich durch Strenge Autorität zu verschaffen, was ihr allenthalben schlecht ausgelegt wurde. Als sie sah, wie die Mägde, Knechte und Soldaten ehrfürchtig gafften und dienerten, versetzte es ihr einen Stich. Auf gar keinen Fall wollte sie Frau von Witte in ihrer Nähe dulden.

Auch Schroeter überlegte. Seine Schwester hatte recht. Sie hatten ausschließlich mit Herren gerechnet. Diese waren, das wussten sie aus vorherigen Besuchen, nicht sonderlich anspruchsvoll. Die Doktores nutzten die Kammern nur, um sich zwischendurch ein wenig auszuruhen. Tagsüber würde diskutiert, in der Nacht beobachtet werden. Wohin nun mit Frau von Witte? Zu Murkens? Nein, dort wurde ebenfalls gefeiert, man hörte es bereits bis hierher.

Zum Kutscher Behrens, schlug Schroeter vor. Der habe sicherlich einige Zimmer frei. Elisabeth stimmte zu. Die Poststation von Behrens lag eine halbe Meile vom Amtshof entfernt.

Das seien jetzt aber ein bisschen viele Klischees, die er da bediene, monierte Hethe. Die eifersüchtige Schwester, der Neid auf die Dame aus besseren Kreisen, das Konkurrieren um Schönheit und Anerkennung.
Er habe das nicht erfunden. In den wenigen Quellen, die es zu Schroeters Schwester gebe, wäre sie genauso dargestellt worden. Es sei auch nicht verwunderlich. Immerhin habe sie ihr ganzes Leben dem Bruder geopfert, ihn sozusagen großgezogen und war ihm zu allen seinen Dienststellen gefolgt. Er glaube, dass der Umstand, warum Schroeter Ahlke niemals heiratete – und auch nicht mit ihr zusammenlebte –, mehr auf dessen Rücksicht gegenüber der Schwester als auf das öffentliche Ansehen zurückzuführen sei. Das wäre jetzt harmlos ausgedrückt. Er könne sich gut vorstellen, dass Elisabeth ihrem Bruder schlicht die Heirat untersagte.
Hethe murmelte etwas von tradierten und antiquierten Frauenbildern, sei aber sehr gespannt, wie es sich weiterentwickle.

Schroeter betrat das große Zimmer im ersten Stock. Der Tisch war noch eingedeckt. Seine Schwester hatte allerdings alle Speisen und Getränke abtragen lassen. Am Fenster stand Frau von Witte. Sonst war niemand im Raum. Der Amtmann ging auf sie zu, verbeugte sich, nahm höflich die dargereichte Hand und hauchte einen Kuss darüber. Er bekundete seine Freude und seine große Überraschung. Er hätte nicht geglaubt, dass sich Frau Hofrat einer solchen Strapaze unterziehe, in diesen Zeiten, unter diesen Umständen. Es sei gefährlich. Heute Vormittag sei plötzlich russische und preußische Reiterei ins friedliche Lilienthal gekommen. Es stehe zu befürchten, dass die Franzosen bald zurückschlügen.

Frau von Witte bedankte sich. Sie sei über die neuesten Entwicklungen unterrichtet. Sie wären unterwegs selbst aufgehalten worden und man wollte sie zunächst nicht weiterreisen lassen. Auf Schroeters Frage, wie es ihr denn gelungen wäre, antwortete sie lapidar, dass sie seit Jahren mit Soldaten Umgang pflege und sehr wohl deren Ansichten kenne. Sie habe sich und ihre Begleitung als völlig gefahrlose, da weibliche Gesellschaft dargestellt. Man sei als Frau in den Augen dieser Militärs eigentlich nicht präsent, Zierrat für Bälle und andere Unterhaltungen. So sehr sie im Privaten verehrt würden, so nichtig seien sie während der Dienstzeit. Besonders wenn sich der Mann im Krieg befinde, spiele das weibliche Geschlecht keine Rolle mehr.

„Die Frau gefalle ihr", sagte Hethe und streckte sich auf die Liege aus.

Nach einigen weiteren Erörterungen habe man sie schließlich passieren lassen. Ob es sonst keine Kontrollen gegeben hätte, wollte Schroeter wissen. Nein, keine mehr. Von Osterholz bis hierher seien sie unbehelligt gereist. Der Amtmann erbleichte, gleich darauf wurde er rot vor Zorn. Was mit ihm geschehe, wollte Frau von Witte wissen. Beinahe hätte Schroeter mit dem Fuß aufgestampft. Diese Eskapade hier stürze sie alle noch ins Unglück, presste er heraus. Dieser jämmerliche Haufen sitze überall herum und saufe, während sie unbehelligt von Osterholz bis hierher fahren könne. Sie verstehe nicht, fragte Frau Witte nach. Ihre Befreier seien ein undisziplinierter Trupp, der bereits vor dem Gefecht seinen Sieg feiere, entfuhr es Schroeter. Unten an der Brücke liege man sich in den Armen, bei Murkens nebenan würden Lieder gesungen. Nach Osterholz hin scheine es keine Wache und Sicherung zu geben. Im Handumdrehen würden die Franzosen Lilienthal zurückgewinnen und diese Kompanie aus Russen und Preußen zusammenhauen. Er bitte, nicht falsch verstanden zu werden, auch er würde sich nichts sehnlicher wünschen als das Ende der Besatzung und die Befreiung von Napoleon. Aber dieser junge Hauptmann verkenne völlig die Lage. Das Schlimmste sei, dass sich seine braven Bauern mit diesen Möchtegern-Eroberern gemein machten. Das könne böse enden. Er müsse den Hauptmann zum Abrücken überreden, unbedingt, bevor es zu spät sei. Sie werde ihn begleiten und wo möglich helfen, sprang ihm Frau von Witte zur Seite.

Charly schaute nach der Sonne. Es wäre wohl an der Zeit, wieder zu den anderen zu gehen. Hethe blickte auf ihre Armbanduhr. Ein paar Minuten hätten sie noch. Aber wenn er keine Lust mehr habe, könnten sie auch gleich ...

Vor Tischbeins Augen drehte sich alles, las Charly schnell weiter. Schon drei Mal war Harjes Sohn zu Murkens nach neuem Bier geschickt worden. Nachbarn waren hereingekommen, hatten Branntwein und Schnaps mitgebracht. Zusammen gingen sie zu den nächsten. Überall wurde gezecht und gefeiert. Selbst Harjes Frau trank anfänglich mit, inzwischen war sie verschwunden. Tischbein trug eine alte Hose und ein löchriges Hemd. Beides war über und über mit Druckerschwärze befleckt. Es waren die Arbeitskleider seines Freundes, die der ihm kurzerhand zugeworfen hatte. Im Pulk zogen sie zur Brücke über die Wümme. Vor dem Borgfelder Landhaus hatte sich das halbe Dorf versammelt. Es wurde geschrien, gelacht, geprostet und noch mehr getrunken. Georg konnte sich kaum mehr auf den Beinen halten. Wildfremde Menschen umarmten und küssten ihn. Harjes tauchte neben ihm auf, sagte, sie müssten zu Murkens gehen, dort sei die andere Hälfte des Dorfes. Arm in Arm wankten sie den Pfad an der Wörpe in Richtung Mühle entlang. Von Weitem war schon der ausgelassene Lärm zu hören. Es wurde gesungen. Eine einsame Fidel kratzte falsche Töne dazu. Wieder wurde geprostet und getrunken. Die Kammern der Franzosen, die im Gasthof wohnten, waren geplündert worden. Die Musketiere hatten sich, sobald sie die Kosaken sahen, auf ihre Pferde geworfen und waren über

Butendiek auf und davon. Ihre Habseligkeiten lagen verstreut im Hof. Das Volk trampelte darauf herum. Manch einer trug zum Spott Hut, Helm oder Uniformjacke der Geflüchteten. Tischbein blickte zum Amtshof hinüber. Eigentlich hätte er längst dort sein müssen. Er solle sich nicht grämen, packte ihn Harjes bei den Schultern. Dort würde heute sicherlich auch gefeiert werden. Oder ob er jetzt lieber bei diesen feinen Herrschaften sitzen möchte? Dann solle er gehen. Nur ob sie ihn in diesem Aufzug Einlass gewährten? Tischbein schaute an sich herunter. Harjes hatte recht. Er sah noch schlimmer aus als nach seinem Sturz ins Moor. Heute konnte er unmöglich vor dem Amtmann erscheinen. Georg ergab sich in sein Schicksal und wollte sich eben wieder dem Gelage zuwenden, da sah er Schroeter vom Amtshof herübereilen. An seiner Seite eine Dame aus gehobenen Kreisen, unverkennbar. Das Paar lief direkt auf ihn zu. Tischbein wollte ausweichen, sich verstecken, da stand der Amtmann schon vor ihm. Meister Tischbein? Es war Frage und Vorwurf in einem. Schroeter musterte ihn von oben bis unten. Es war mehr als nur Missbilligung in seinem Blick. „Seien Sie gegrüßt, verehrter Schroeter, Verzeihung, verehrter Oberamtmann. Es ist nicht so, wie es aussieht. Arnd Harjes Kleider." Tischbein zeigte an sich hinab. Je länger er sprach, umso weniger wollte ihm seine Zunge gehorchen. „Schein Kiddel, scheine Hosche auch. Meine Kleider hat scheine Frau, schum zweiten Mal heute!" Damit wandte sich Georg Frau von Witte zu und versuchte eine Verbeugung. Sofort kippte er nach vorne. Nur mit Mühe konnte er sich wieder fangen und auf den Beinen halten. Frau von Witte war geschickt ausgewichen. Wer dieser volltrunkene Mensch sei, wollte sie von Schroeter wissen. Einer seiner Gäste, antwortete dieser knapp und wollte Tischbein stehen lassen. Georg trat dem Paar erneut in den Weg. Ihn drängte es zu weiteren Erklärungen und einer Entschuldigung dafür, dass er noch nicht auf dem Amtshof erschienen war. Lauter, als er es beabsichtigte, brüllte er „Halt!".

Das sei ein gutes Stichwort, sagte Hethe und stand auf. Sie sollten jetzt auch zu den anderen gehen. Sie half Charly, Gläser und Tassen hineinzutragen. Innen schaute sie sich um. An die Küche schloss sich eine Art Wohnzimmer an. Dieses lief in der Terrasse aus, auf der sie eben noch gelegen hatte. Links führte eine kleine Stiege in den oberen Stock. Rechts an der Wand stand ein Bücherregal. Hethe ging hin und studierte die Buchtitel. Ob er das Buch von diesem Cyrano besitze, wollte sie wissen. Charly trat hinzu, suchte einen kurzen Augenblick und reichte ihr dann das hellblaue Bändchen. Sie finde die Vorstellung so schön, vom Tau emporgetragen zu werden, sagte Hethe und blätterte in den Seiten.
Das sei auch schon der schönste Gedanke darin, dämpfte Charly ihre Freude. Der Held lande auf dem Mond in einer Art Paradies, wie man es aus der Bibel kenne. Die weitere Geschichte sei ziemlich langweilig und einfallslos.
Es gebe noch eine ganze Reihe von Romanen und Erzählungen aus jener Zeit, die sich mit einer Reise zum Mond beschäftigten. Etwa zeitgleich zu Cyrano

von Bergeracs Geschichte seien *Die Abenteuer des Dominico Gonzales* erschienen. Heute völlig vergessen und nur sehr schwer zu beschaffen. Besagter Gonzales erkranke auf einer Seereise schwer und werde von seinen Kameraden auf einer einsamen Insel ausgesetzt, in Quarantäne geschickt, sozusagen. Plötzlich gesundet, entdecke er eine seltsame Vogelart, Schwänen nicht unähnlich. Wie sich herausstellte, kämen die Vögel vom Mond und besuchten die Erde zur Brut. Auf ihrer Rückreise hätte Gonzales sich von ihnen emportragen lassen und sei so in deren Heimat – und später wieder zur Erde zurückgelangt. Er berichte dem Leser von seinen Abenteuern, den Mondbewohnern und ihrer Ordnung: Sie seien bis zu zehn Metern groß, fünftausend Jahre alt, würden keine Obrigkeit kennen und dadurch in größter Glückseligkeit leben. Eine Gesellschaftskritik, ähnlich wie bei Gullivers Reisen. Gonzales hätte auf dem Mond völlig frei atmen können. Die Bewegungen seien ihm leichter gefallen und er war in der Lage, über Bäume zu springen. Charly reichte Hethe zwei bräunlich schwarze Buchdeckel, die von einem Gummiband zusammengehalten wurden. Dazwischen steckten halb zerfressene Seiten aus völlig vergilbtem Papier.

Interessant sei auch eine Erzählung von Edgar Allen Poe. Charlys Finger wanderte über die Buchrücken. Hier, sagte er und zog einen von mehreren gleich aussehenden Bänden heraus. *Das unvergleichliche Abenteuer des Hans Pfaal.* Es sei nach Schroeters Tod erschienen und gehe in einigen Bereichen auf dessen Mondforschungen und -beobachtungen ein. Der Protagonist reise mit einem Ballon zum Mond und kehre später mit einigen Seleniten an Bord zur Erde zurück. Leider sei die Erzählung unvollendet geblieben. Für Jules Verne, der Poe ins Französische übersetzte, bildete diese Geschichte die Grundlage für seine Romane *Die Reise zum Mond* und *Die Reise um den Mond.* Charly fischte zwei weitere Bände aus dem unteren Brett des Regals. Verne habe hier visionär einige Aspekte der modernen Raumfahrt vorweggenommen. Seine Helden würden in einer Art Rakete reisen und müssten sich mit vielen physikalischen Phänomenen auseinandersetzen, die man damals glaubte erkannt zu haben. Auch Verne benenne Schroeter als großen Mondforscher und nehme ebenfalls an, dass der Mond belebt sei oder zumindest einst war.

Und dann gebe es da noch ... Charly trat dicht hinter Hethe und suchte mit zusammengekniffenen Augen die Bücherwand vor ihr ab. Ihr Körper strahlte noch die Wärme der Sonne aus. Ein süßlicher, gleichzeitig auch herber Duft stieg ihm in die Nase. Ihr etwas verworrenes Haar kitzelte ihn an Hals und Wange. Für einen kurzen Moment berührte er ihren Arm. Sie ließ es sich gefallen.

Gruithuisen, Franz von Paula Gruithuisen. Seine Hand schnappte an Hethe vorbei zu. Das sei eine ganz besondere Episode. Gruithuisen sei nämlich kein Romancier wie Poe oder Verne gewesen, sondern Arzt und Professor in München. Er habe Anatomie und später auch Astronomie an der Universität gelehrt. In seinem Buch *Entdeckung vieler deutlicher Spuren der Mondbewohner* verteidige er nicht nur vehement Schroeters Entdeckungen und Annahmen, er schieße sogar weit über das Ziel hinaus und interpretiere

Schroeters Beobachtungen in völlig übertriebener Art und Weise. Gruithuisen habe auf dem Mond Vegetation gesehen, ja ganze Wälder mit eingestreuten Wiesen, Atmosphäre, Wasserflächen und schließlich eine Vielzahl künstlicher Bauwerke. Er habe, um mit den Seleniten in Kontakt zu treten, vorgeschlagen, es sollten Botschaften an die Mondbewohner in Äcker gepflügt werden. Er wäre überzeugt, die Seleniten würden auf gleiche Weise antworten. Schroeter selbst, der am Ende seines Lebens gar nicht mehr so sehr von einer Theorie des belebten Mondes überzeugt war, hätte sicherlich widersprochen.

Wie Schroeter, den sie sich als einen ernst- und gewissenhaften Astronom vorstelle, überhaupt auf die Idee mit den Mondbewohnern gekommen wäre? Ohne sichtbare Beweise hätte er dies doch niemals angenommen.
Ganz richtig, stimmte Charly zu. Trotz der neuartigen Teleskope – oder gerade wegen ihnen – habe man sich viele Erscheinungen auf der Mondoberfläche, die jetzt sehr deutlich erkennbar waren, nicht erklären können. Es wären immer wieder Lichtreflexionen, auch auf der Schattenseite, wahrgenommen worden. Einige Gräben und Rillen hätten sich in ihrem Verlauf so gerade und exakt gezeigt, dass eine natürliche Ursache unmöglich erschien. In einigen Kratern würden aus dem Zentrum sternförmig stark leuchtende Strahlen zu den Rändern hin verlaufen. Diese und andere Phänomene deutete Schroeter, und noch mehr Gruithuisen, als künstlich erschaffen.
Ganz verdenken könne man es ihm nicht, murmelte Hethe.

Grundsätzlich müsse man sich klarmachen, dass der Mond damals völlig anders begriffen wurde. Es sei einhellige Meinung gewesen, er sei ein eingefangener Himmelskörper, der einst der Erde zu nahe gekommen war und seitdem von ihrer Anziehungskraft festgehalten wurde. Ferner glaubten die Astronomen, dass der Großteil der Krater vulkanischen Ursprungs sei. Vulkane kannte man von der Erde. Humboldt habe auf seinen Reisen mehrere, auch aktive, bestiegen, deren Entstehung erforscht und ihnen dadurch zu einer unglaublichen Popularität verholfen. Diese Erkenntnisse übertrug man nun auf den Mond.

Und das stimme alles nicht, oder wie müsse sie sich das vorstellen?

Nein. Diese Annahmen waren größtenteils falsch. Allerdings habe manches erst durch den Besuch des Menschen auf dem Mond geklärt werden können. Heute gelte als belegt, dass sich der Mond vor etwa viereinhalb Milliarden Jahren durch einen gewaltigen Einschlag auf der noch nicht festen Erde gebildet habe. Ein wohl ebenfalls nicht fester Asteroid habe dabei eine gewaltige, flüssige, zum Teil gasförmige Masse herausgeschlagen. Der Energieverlust beim Zusammenprall müsse so groß gewesen sein, dass die Teilmenge nicht mehr ins All entfliehen konnte, sondern auf einer Umlaufbahn um die Erde haften blieb. Mit den Jahrmillionen seien beide Himmelskörper abgekühlt, der Mond dank seiner geringeren Größe schneller und kompakter. Er bildete eine geschlossene Schale aus, die Erde Platten. Die zahllosen Krater wären durch weitere Einschläge entstanden, die Mare ebenfalls. Dabei hätten Kometen die bereits erstarrte Hülle durchschlagen. Flüssige Mondmasse aus dem Innern habe sich in die Senke ergossen und eine glatt anmutende Oberfläche gebildet. Durch Gesteinsproben vom Mond sei belegt, dass es in etwa so gewesen sein müsse.

Vulkane habe es demnach nicht auf dem Mond gegeben, fragte Hethe nach.

Doch schon. Allerdings hätten sich diese bei Ausbrüchen nicht so aufgeschichtet wie auf der Erde. Der Druck aus dem Inneren wäre wohl nicht so groß gewesen. Bis heute sei unklar, ob der Kern des Mondes erkaltet oder noch flüssig sei. Seismische Untersuchungen hätten bislang keine Ergebnisse erbracht. Zurückgelassene Sonden registrierten häufige, kleinere Eruptionen, die auf einen noch flüssigen Kern hindeuteten. Ideal als Energiequelle für eine bemannte Mondstation.

Ob er daran glaube, dass irgendwann eine Kolonie auf dem Mond existiere?

Absolut, antwortete Charly sofort. Auf den Polkappen des Mondes hätte man zudem Wasser entdeckt. Neben dem Mondinnern böten die Sonnen- und andere Strahlungen ausreichend Energie. Beste Voraussetzungen für eine dauerhafte Mondbasis.

Was sie sich allerdings frage, wäre, warum der Mond mit Kratern nur so überzogen sei, man auf der Erde davon aber keine sehe. Ob die Erde niemals getroffen wurde?

Doch, doch. Im Zeitalter des großen Bombardements, als unzählige Sternensplitter durchs Weltall rasten, wäre auch die Erde getroffen worden. Ihr Zustand war allerdings noch flüssiger, ihr Mantel nicht geschlossen, wodurch sie Einschläge sozusagen schluckte.

Spätere Krater hätten Wind und Wasser mit der Zeit abgetragen. Übrig und klar erkennbar blieben die Vulkane.

Aber wie habe dies alles zu der Annahme geführt, dass der Mond bewohnt sei?

Ach so, ja, da wären sie gewesen, besann sich Charly. Jeder Einschlag auf dem Mond habe gewaltige Energiemengen freigesetzt. Aufgeworfenes Gestein sei dabei glasähnlich verschmolzen. Überhaupt sei der Mond meterhoch von einer fast körnigen Sedimentschicht, dem Regolith, bedeckt. Auftreffendes Sonnenlicht erzeuge darauf allerhand Reflexionen und Lichterscheinungen. Die genannten Eruptionen führten zu Bewegungen im Regolith, wodurch scheinbar neue Oberflächenstrukturen entstanden. Diese Veränderungen – und das immer wieder vorkommende Blitzen und Leuchten – deuteten Schroeter und auch andere als Spuren eines aktiven Lebens auf dem Mond. Der Trabant sei ja permanent beobachtet worden. Man habe ihn besser gekannt als die Erde, die zu diesem Zeitpunkt in weiten Teilen Südamerikas und Zentralafrikas, von den arktischen Regionen und den Hochgebirgen ganz zu schweigen, völlig unentdeckt war. In Anbetracht der Kenntnisse, oder auch Unkenntnis, über die Mondoberfläche, sei die Annahme von Leben dort oben eine nachvollziehbare Schlussfolgerung.

Hethe lachte und nannte es verrückt. Ganz so verrückt auch wieder nicht, antwortete Charly. Immerhin habe man den beiden Voyager-Sonden Ende der Siebzigerjahre ebenfalls Botschaften der Menschheit an mögliche Außerirdische mitgegeben. Im Grunde dasselbe, was Gruithuisen mit seinem Ansatz versuchte.

Das habe sie nicht gewusst, gestand Hethe und wollte mehr darüber wissen. Charly beschrieb die Golden Records, vergoldete Langspielplatten sozusagen, auf denen Bilder, Formeln, Musik, Geräusche und freundliche Grüße in fünfzig Sprachen gespeichert waren. Ein Team aus Schriftstellern und Wissenschaftlern habe die Auswahl getroffen. Auf etwa einhundertzwanzig Fotografien sei unsere Welt, mit allem, was dazugehört, gezeigt worden – sogar eine Frau beim Einkaufen im Supermarkt.

Natürlich, echauffierte sich Hethe sogleich. Wo sonst? Die Frau beim Einkaufen, die Männer als die großen Staatenlenker, oder?

Charly verlor den Faden. Ja, könne sein, gab er zu. Die Musik sei eine Auswahl vorrangig klassischer Kompositionen gewesen, Bach und Beethoven gleich mit mehreren Stücken, neben Chuck Berry auch Louis Armstrong.

Zum Glück kein Rex Gildo und nichts von Freddy Quinn. Da hätten die Außerirdischen gleich einen Riesenbogen um die Erde gemacht, scherzte Hethe.

Geräusche gäben die Umwelt und gewisse Gewohnheiten wider, versuchte Charly ernst zu bleiben. Vogelgezwitscher, Wellenrauschen, Wind in den Bäumen. Man hätte sogar das Geräusch eines Kusses mit aufgenommen und ins Weltall geschickt.

Nicht wahr, sagte Hethe und ließ sich sanft gegen Charly fallen, was diesen verwirrte und zum Schweigen brachte. Kurz blitzte in ihm der Gedanke auf, Hethe einen Kuss auf die Schulter zu versetzen. Als

Nachahmung des Geräusches natürlich. Er zögerte, dachte an Corona und wagte es schließlich nicht.

Jedenfalls habe Gruithuisen Schroeters Leistungen einen Bärendienst erwiesen und durch seine waghalsigen Behauptungen völlig in Verruf gebracht, schloss Charly wieder an das vorherige Thema an. Er habe Schroeters Namen in der Wissenschaft verbrannt. Und was Gruithuisen nicht gelungen sei, habe schließlich Mädler erledigt. Der habe Schroeter in seinem *Handbuch der Himmelskunde* als Dilettanten und zwar fleißigen, doch völlig unwissenschaftlich arbeitenden Astronomen dargestellt, dessen Erkenntnisse allesamt unbrauchbar wären. Dies nur, um davon abzulenken, in welchem Maß Mädler in seiner späteren Mondkarte auf Beobachtungen Schroeters zurückgriff. Er wollte ausschließlich sich selbst als den einzig wahren Mondkenner darstellen. Das sei böswillig und hintertrieben gewesen, förmlich ein Attentat. Erst in der Neuzeit habe man Schroeters wirkliche Verdienste gewürdigt und ein Mondtal nach ihm benannt.

Charly war ganz aufgeregt und nur ein leichtes Reiben von Hethes Schulter an seiner Brust konnte ihn wieder beruhigen.

Die eigentliche Kuriosität, hob er erneut an, wohl auf Gruithuisens Veröffentlichungen zurückzuführen, wäre eine Artikelserie in der *New York Sun* von 1835 gewesen. Darin berichte Richard Locke, Redakteur bei dieser Tageszeitung, von einer Expedition durch Herschels Sohn John. Dieser sei ans Kap der Guten Hoffnung gereist, habe dort ein riesiges Teleskop aufgebaut und könne mit diesem genauestens das Leben auf dem Mond beobachten. In mehreren Artikeln unter der Überschrift *Great astronomical discoveries* wurden die unglaublichsten Entdeckungen vorgestellt. Die Bewohner des Mondes könnten, ähnlich wie Fledermäuse, fliegen und seien diesen auch nicht unähnlich. Einhörner und andere Wunderwesen lebten dort. Der Mondbieber fiel Charly noch ein, der auf zwei Beinen ginge wie ein Mensch und sich Iglu-artige Häuser baue.

„Jedenfalls erschienen sechs Artikel hintereinander, die nicht nur New York und Amerika, nein, die den gesamten Globus in Aufruhr versetzten. Wie ein Lauffeuer verbreiteten sich die sensationellen Neuigkeiten. Die Auflage der Sun schoss nach oben. Sie wurde über Nacht die größte Tageszeitung der Welt. Tausende und abertausende glaubten die in den Reportagen dargestellten Dinge, selbst dann noch, als Locke den Schwindel zugab und alles öffentlich widerrief. Heute würde man sagen, es waren die ersten Fake-News. Der ehrenwerte John Herschel, der tatsächlich zu Forschungszwecken in Südafrika weilte, und von der ganzen Aufregung zunächst nichts mitbekam, musste noch Jahre danach um die Wiederherstellung seines Rufes kämpfen."

Alles in allem, schloss Charly, wäre mit den Büchern und Artikeln das Genre der Science-Fiktion-Literatur begründet worden, könnte man sagen. Und die falschen und gleichzeitig fantastischen Darstellungen würden sich bis heute fortsetzen.

In der untersten Reihe standen mehrere antiquarische Bücher nebeneinander. Auf die rötlichen Rücken waren Jahreszahlen geprägt. Es begann mit 1824 und setzte sich, in großen Abständen, fort bis 1862. Insgesamt waren es neun Bände. Als Hethe nach dem ersten greifen wollte, kam ihr Charly schnell zuvor. Das sei sein größter Schatz. Die statistischen Staatshandbücher des Königreichs Hannover von Friedrich Jansen. Ehrfürchtig schlug Charly das Buch in seinen Händen auf und zeigte den Inhalt her. Übervorsichtig blätterte er Seite um Seite um. Nichts als Tabellen, Zahlenkolonnen und Namensregister. Hethe blickte ihn ungläubig an, dachte, dass er sie vielleicht auf den Arm nehmen wollte. Aber nein, seine Hingabe war völlig echt. Sie verstehe nicht ganz, was diese Bücher mit seinem Roman zu tun hätten, fragte sie trocken. Die anderen seien ihr spannender vorgekommen.

Um Gotteswillen nein, protestierte Charly vehement. Diese Bücher seien für ihn anregender als die fantastischen Erzählungen von eben. Auf den ersten Blick nichts als nüchterne Fakten. Beim genauen Hinsehen zeige sich jedoch Schuss und Faden der Geschichte darin. Alle Ämter, Städte und Gemeinden seien hierin aufgelistet. Für alle die Anzahl der Feuerstellen, Gewerbe und die daraus erzielten Steuereinnahmen. Weiter hinten kämen, er schlug einen Stoß Blätter um, die Personen, die dies alles mit Leben füllten. Vom Amtmann bis zum Zahlmeister seien alle namentlich aufgeführt. Selbst der Postbeamte, er deutete auf eine Stelle und hielt sie Hethe hin. Ob sie sich das vorstellen könne! Heute sei ein Postbeamter oder Zusteller ein Nichts, ein Niemand. Damals ein in öffentlichen Dokumentationen namentlich geführter Beamter. Ein Teilchen im Räderwerk der Verwaltung – ein unverzichtbares Teilchen, dem damit, sein Zeigefinger pochte auf die Seite, auch entsprechende Anerkennung zuteil wurde. Charly versank einen Moment in Gedanken und blätterte.

Oder hier, die zahlreichen Berufe, die es gegeben habe. Hofmedici und Hof-Apotheker könne man noch verstehen. Aber Fasanenmeister, Bratenmeister, Kaminheizer, Engraisseur …

Was das sei, wollte Hethe sofort wissen.

Dieser sei für das Mästen des Viehs zuständig gewesen, sozusagen der Futterbeauftragte, und habe sogar einen Gehilfen, C. Eickemeyer mit Namen, las Charly begeistert ab und stahlte. Es habe einen Gürtler gegeben und sogar ein Thier-Hospital! In einer ersten Fassung seines Buches habe er Jäger, Mundschenk, Kellerknecht, Vogelfänger, Riemer, Sattler, Seiler, Gaffelschreiber, Zeugwärter und andere auftreten lassen. Später habe er sie alle wieder herausgenommen. Ein ganzes Buch könne er über jeden einzelnen der Genannten schreiben. Eines mit tausend Seiten über einen Tag; ; sogar in DIN A3!

Hethe schien von Charlys Feuer nicht wirklich angesteckt und blickte noch immer misstrauisch. Er klappte das Buch zu. Ebenso spannend wie der Inhalt sei die Episode, wie er an diese Bücher gekommen wäre, behauptete Charly kühn. Das erste, den Jahrgang 1847, habe er in einem Antiquariat erstanden. Ein Zufall. Da es günstig gewesen wäre, habe er es mitgenommen, als Datenquelle sozusagen. Nach und nach sei ihm dann die Fülle an Zeitkolorit klar geworden. Es habe ihn plötzlich die Sammlerwut gepackt. Er wollte alle Bände haben, unbedingt, koste es, was es wolle. Über den Buchmarkt war absolut nichts zu finden. Zwei Exemplare stahl er aus Bibliotheken – und brachte sie später wieder zurück, beruhigte er Hethe gleich wieder. Mit viel Mühe habe er nämlich die Enkelin jenes Friedrich Jansen ausfindig machen können. Zu ihr habe er Kontakt aufgenommen in der Hoffnung, sie besitze noch Exemplare der Staatshandbücher. Er habe sie sogar in Ahlden besucht. Eine kecke, rüstige, alleinstehende Dame. Sie sei freudig überrascht gewesen, dass ein junger Mann sich für ihren Ur-ur-Großvater interessierte. Gemeinsam seien sie auf den Dachboden des Hauses gestiegen, das tatsächlich ihr Elternhaus war und seit Generationen im Familienbesitz. In einer alten, verstaubten Truhe, im hintersten Winkel, lag dieser Schatz verborgen. Wie ein Pastor schaute Charly auf das Buch in seiner Hand.

Unten in der Küche hätten sie die Kiste auf den Tisch gestellt und bestaunt. Dabei sei ihm aufgefallen, dass etwas nicht stimmen konnte. Die Truhe war von außen höher als von innen. Es habe einen doppelten Boden gegeben, ein Geheimfach sozusagen.

Jetzt schwindle er aber, sagte Hethe ungläubig. Was war darin?

Münzen, jede Menge Goldmünzen unterschiedlicher Prägung. Er habe ja keine Ahnung von so etwas, aber es war wohl ein Vermögen. Charly schwieg.

Und weiter, drängte Hethe.

Weiter? Nichts weiter. Ihn hätten diese Münzen nicht interessiert. Ihm sei es lediglich um die Bücher gegangen. Als er Jansens Enkelin fragte, was sie dafür haben wolle, sei diese süffisant lächelnd im Schlafzimmer verschwunden. Er habe sich die Bücher gegriffen, zweihundert Euro auf den Tisch geworfen und schnell Reißaus genommen. Zum Glück hatte er sich unter einem falschen Namen bei ihr vorgestellt.

Hethe drehte sich zu Charly hin und blickte ihm ernst ins Gesicht. Sie werde ihn, wenn er einverstanden wäre, ab sofort Hans nennen. Dieses kindliche und alberne Charly gefalle ihr überhaupt nicht. Sie wäre in diesem Moment bereit gewesen, diese Verabredung mit einem Kuss zu besiegeln. Ein anderer Mann als Charly hätte dies sofort erkannt. Hethe legte sogar den Kopf etwas in den Nacken und rückte ein kleines Stück näher. Die Frage, wie ein Kuss klinge, lag ihr schon auf den Lippen.

Clara klopfte an die offen stehende Tür zum Garten. Es würden alle schon auf sie warten, wo sie denn blieben. Hethe schlüpfte geschmeidig an Charly vorbei, rief, dass sie eben losgehen wollten. Sie müsse nur noch ihre Schuhe anziehen und suchte diese draußen, unter dem Liegestuhl.

IX

Im Wohnhaus vorne war der große Tisch gedeckt. Martin präsidierte, wie immer, am oberen Ende und strahlte die beiden Nachzügler an. Ob sie gut geruht hätten, wollte er doppeldeutig wissen. Fest davon überzeugt, dass seine Pläne aufzugehen versprachen, strahlte er Clara an. Hethe und Charly nahmen am unteren Ende Platz, Charly, wie immer, Martin gegenüber. Jetzt könne man endlich anstoßen, sagte Martin und hob sein bereits halb geleertes Glas Champagner. Zum munteren Klingen der Schalen wünschten sich alle ein schönes und heiteres Osterfest.

Hethe saß rechts von Charly, neben ihr Franzi und Paul, der wie immer darauf bedacht war, oben neben Martin zu sitzen. Auf der anderen Tischseite saßen Clara, Lore und schließlich Lisa. Bis auf Charly und Hethe hatten sich alle umgezogen. Paul und Martin trugen ihren Freizeitlook, wie sie es nannten. Sündhaft teure Poloshirts, mit einem Dackel auf der Brust, dazu weite Baumwollhosen über nagelneuen Sneakers. Paul hatte einen Shop im Internet entdeckt, wo es angeblich alles zu einem Spottpreis gab. Es schien, als wollten die beiden gleich zum Golfspielen gehen – was sie seit Neuestem auch taten. Clara und Franzi sahen sich ebenfalls sehr ähnlich. Beide trugen, passend zum Anlass, eng anliegende, grünfarbene Kleider. Clara eine leichte Strickjacke darüber, für die sie von Hethe auf dem Weg herüber sehr gelobt wurde – sie war aus ihrer Boutique und stand ihr wirklich ausgezeichnet. Franzi zeigte ihr üppiges Dekolleté, auf dem sich vorne ihre Brustwarzen abzeichneten. Über Lores flacher Oberweite stand zwischen den Hörnern eines Stierschädels *Wacken 2010*. Links und rechts daneben Totenköpfe, die sich auf ihren Armen als Tattoos fortsetzten. Um Lisas schmalen Oberkörper spannte sich ein Camouflage-Shirt, das ihre mädchenhafte Figur betonte.

Mit dem Champagner startete das Osterfest-Zeremoniell, wie es seit fünf, sechs Jahren praktiziert wurde. Die verschiedenen Gänge waren auf Karten verzeichnet, die vor jedem Platz lagen. Zum Champagner gab es gebeizte Forelle und selbst gebackenes Brioche mit Leberpastete. Anschließend würde eine Suppe serviert werden, mit asiatischem Einschlag. Dieser folgte der Überraschungsgang. Martin verbrachte Wochen im Voraus mit neuen Rezepten, die hierfür infrage kämen. Überhaupt war das Kochen seine große Leidenschaft geworden. In den Anfängen der Osterfeiern spielte das Essen überhaupt keine Rolle. Im Grunde gab es keines. Jeder brachte irgendetwas mit oder auch nichts. Lediglich einige Stangen Weißbrot, Brezeln und irgendwelches Knabberzeug wurden von Martin und Charly als Gastgeber gestiftet. Wenn der Hunger im Laufe der Nacht zu quälend wurde, warfen sie Kartoffeln, aus dem Keller der Großeltern stibitzt, in die Glut des Osterfeuers. Mit Stöcken rollten sie die verkohlten Dinger irgendwann wieder heraus, schälten sie notdürftig mit spitzen Fingern und schlangen das dampfende, goldene Innere hinunter. Ihre Münder waren noch am nächsten Morgen schwarz.

Eine kulinarische Steigerung dazu stellten Konserven dar, deren Inhalt, erwärmt oder auch nicht, mit oder ohne Besteck, direkt aus der Dose verzehrt wurde. In dieser Zeit fing es an, dass neben dem großen Osterfeuer, ein kleineres direkt bei der Scheune betrieben wurde. Über den geöffneten Büchsen schwebten rundherum Würste auf Stöcke gespießt. Damit war der Grillplatz etabliert und Martin baute ihn in den kommenden Jahren weiter aus. In seiner Blüte schwang ein Rost von mehr als einem Meter Durchmesser über der Glut aus Buchenholz. Er war dicht belegt mit Fleisch, Spießen, Würsten und Gemüsescheiben. Jeder Gast brachte mindestens eine Schüssel mit Salaten oder anderen Beilagen mit. Kuchen und Brote wurden gebacken. Immer mehr Tische und Bänke in der Hütte trugen das ausufernde Buffet. Getanzt wurde, wenn überhaupt, nur noch im Freien. Meist blieb es bei leichten Bewegungen der Hüften und Arme. Berge an Lebensmitteln landeten am nächsten Tag auf dem Kompost.

Heute führte Martin eine Art Außenküche. Neben einem riesigen Gasgrill aus Edelstahl stand auf der Terrasse eine gemauerte und überdachte Zeile, die über fließendes Wasser, verstellbare Beleuchtung und eine separate Spülmaschine verfügte. Der Grill konnte nicht nur grillen. Das aktuelle Gerät, erst im vergangenen Jahr angeschafft, konnte räuchern, warmhalten, verfügte über getrennte Hitzezonen und mehrere Fächer, unter anderem auch eines zum Kühlen.

Martin hob soeben an, den Fisch, gefangen hier im Ort, zu loben, da meldete sich Lisa, die Karte noch in der Hand. Ob es auch etwas Vegetarisches, am besten Veganes gebe? Martin würdigte sie keiner Antwort. Sicher, sicher, sprang Clara ein, man werde schon etwas finden. Für sie dann auch bitte, kam es von Lore. Martin erdolchte Clara mit seinen Augen. Wie er es ihr gesagt habe, sollte der Blick bedeuten. Während alle ruhten, stritten sich die beiden weiter. Die anderen Gäste kannte Martin und wusste, dass sie Fleisch mochten. Bei Hethe hatte er im Vorfeld durch Clara angefragt. Jetzt war seine Prophezeiung eingetreten. Die beiden, in seinen Augen ungeladenen, Gäste waren Vegetarier. Schlimmer konnte es kaum kommen. Seine gesamten Vorbereitungen wären über den Haufen geworfen. Er lade nicht einfach zum Grillen ein. Sein Menü sei eine Komposition, in der eins auf das andere aufbaue. Wenn Vegetarier kämen, hätte er das im Vorfeld wissen müssen.

Sie könnten sich auch etwas bestellen, schlug Lore vor, die Martins Blick gesehen hatte. Sie wisse allerdings nicht, ob es hier draußen ein vegetarisches oder zumindest asiatisches Restaurant gebe. Ihr Stammlokal aus Darmstadt würde bestimmt nicht liefern. Martin konnte sich kaum mehr zurückhalten. Hier bestelle sich niemand etwas, presste er mit einem falschen Lächeln heraus. Clara sagte es bereits, man werde schon etwas finden.

Wie sie sich die Zeit vertrieben hätten, wollte Martin von Hethe wissen, um sich wenigstens am Erfolg seiner Kuppelei zu ergötzen. Sie hätten einen sehr schönen Spaziergang unternommen, antwortete diese. Und Hans habe ihr aus seinem Buch vorgelesen. Wer

Hans sei, fragte Franzi spontan. Hans sei Hans, Hethe deutete auf Charly. Das habe sie gar nicht gewusst, gestand Franzi und lachte. Charly heiße Hans, wiederholte sie mehrfach.

Worum es ginge, wollte Lisa wissen. Worum ginge was, fragte Hethe zurück. Na in dem Buch, wovon es handle? Ja, was steht da drin, wollte auch Lore wissen. Sie hoffte auf eine typische Charly-Episode, wie sie es Lisa auf der Fahrt versprochen hatte. Charly antwortete nicht. Ihm war die Situation offensichtlich peinlich. Es gehe um den Mond, antwortete Hethe stellvertretend. Den Mond und die Sterne. Paul entfuhr ein verächtliches Schnauben. Um den Mond, lachte Lore auf und stieß Lisa an. Clara und Martin schwiegen. Franzi sagte nichts. Keiner sagte mehr etwas. Wie, um den Mond, hakte Lisa nach. Etwas Wissenschaftliches oder wie? Sie habe gehört, dass er sich irgendwie mit Raumfahrt beschäftige. Nein, nein, es sei ein Roman. Wieder ein verächtliches Schnauben von Paul. Seiner Meinung nach sei diese ganze Mondgeschichte ein einziger Schwindel. Kein Mensch habe den Mond jemals betreten. Es gebe eindeutige Beweise, dass alles in Filmstudios gedreht wurde.

Welche Beweise das wären, fragte Charly trocken und ohne sich zu rühren. Na die Schatten, die nicht mit dem Sonnenstand übereinstimmten und die gegeneinander liefen. Die Fahne, die im Wind wehe. Die fehlenden Sterne im Hintergrund. Das gesamte Bild der Mondlandung, die berühmte Fotografie von damals, sei eine einzige Fälschung.

Der mehrfache Schattenwurf rühre vom Licht der Landefähre um die Landestelle. Die Fahne sei keine Fahne, sondern eine Standarte, die fehlenden Sterne durch das Gegenlicht schlicht überblendet. Auf anderen Fotos würde man sehr wohl die Sterne und sogar die Erde im Hintergrund sehen.

Alles Montage, alles einkopiert und arrangiert, erwiderte Paul. Er würde gerne einmal wissen wollen, warum man in den Sechziger- und Siebzigerjahren mehrfach zum Mond geflogen wäre, seitdem aber nicht mehr. Mit der heutigen Technik müsse das doch viel, viel einfacher sein. Aber nein, seitdem man der Welt den Bären mit dem ersten Menschen auf dem Mond aufgebunden hätte, fliege keiner mehr hin. Und als Resultat des ganzen Zaubers präsentiere man der Menschheit anschließend die Teflonpfanne.

Die Raketenstarts von Cap Canaveral wären von Zigtausenden Zuschauern vor Ort beobachtet worden. Auch für den Wiedereintritt der Kapseln gebe es unabhängige Augenzeugen. Man fliege deshalb nicht mehr zum Mond, weil der enorme Aufwand nicht im Verhältnis zu den dürftigen Erkenntnissen stehe. Der Betrieb einer Raumstation sei wesentlich kostengünstiger. Ihre fortlaufende Besetzung, übrigens international, auch deutsche Astronauten seien schon an Bord gewesen, gestatte kontinuierliche Versuchsreihen und Beobachtungen. Den Mond beobachte man weiterhin über Satelliten. Auf deren Aufnahmen der Mondoberfläche ließen sich klar und eindeutig die zurückgelassenen Ausrüstungsgegenstände der verschiedenen Mondmissionen erkennen. Und die Geschichte mit der Teflonpfanne sei ein Mythos. Der entsprechende Werkstoff wäre bereits in den Dreißigerjahren erfunden worden, damit beschichtete Küchengeräte schon vor der bemannten Raumfahrt in den Fünfzigern auf dem

Markt. Charly sprach kühl und sachlich vor sich hin. Die Köpfe der anderen wanderten wieder zu Paul.

Gegen die Raumstation sage er nichts. Die fliege seinetwegen dort oben herum. Über deren Zweck existierten allerdings verschiedene Theorien. Irgendwelche Teile auf der Mondoberfläche sehe er nicht als Beweis an. Die könnten, um das Märchen der Mondlandung zu belegen, einfach so dort platziert worden sein. Die Raketen hätten nur unbemannte Kapseln transportiert, die auf die Oberfläche fielen. Alles Kulisse, nichts als Kulisse. Und was diese Satelliten angehe, darüber habe er seine ganz eigene Meinung. Sicher sei, dass sie alle von dort oben beobachtet würden, rund um die Uhr. Der Großteil der um die Erde kreisenden Satelliten diene lediglich dazu, die Menschen zu überwachen. Jetzt gab Charly ein verächtliches Schnauben von sich. Aber das wäre ein anderes Thema, lenkte Paul ein. Um beim Mond zu bleiben, für ihn gebe es keine Beweise, dass der Mond jemals betreten wurde. Da könne man ihm noch so viele Bilder vorlegen und Augenzeugen präsentieren. Und das Mondgestein, fragte Charly spitz zurück. Ob er dessen Existenz auch leugne? Pah, genauso gefälscht wie alles andere. Außerdem könne dies als Meteorit vom Mond auf die Erde gefallen sein.

Eben nicht, konterte Charly sofort. Was über lange Zeit als Mondgestein auf der Erde angesehen wurde, stamme gar nicht von dort. Dabei handele es sich um Basalt- und Vulkangestein irdischen Ursprungs. Über die blauen Steine, wie sie oft genannt wurden, sei allerhand Unsinn geschrieben worden. Nicht nur Dichter und Schriftsteller seien hier gehörig auf dem Holzweg gewesen. Auch Olbers, ein bekannter

Astronom, habe sich in die Idee, dass Gestein vom Mond auf die Erde herabfiele, förmlich verrannt. Erst nach den Apollo-Missionen sei man in der Lage gewesen, Mondgestein, das viele Hundert Millionen Jahre älter sei und eine ganz spezifische Zusammensetzung habe, zu identifizieren.

Viele Hundert Millionen, wiederholte Franzi fasziniert. Ja, viele Hundert, Hundert Millionen, sogar über eine Milliarde ..., wiederholte auch Charly und schaute in Franzis leuchtende Augen. Erst Anfang der Achtzigerjahre nahm er seinen Faden wieder auf, sei es zum ersten Mal gelungen, einen Mond-Meteoriten einwandfrei zu identifizieren. Es handelte sich dabei um ein faustgroßes Stück, das in der Antarktis gefunden wurde. Überhaupt seien auf der Erde entdeckte Stücke eher klein, nicht zu vergleichen mit den Proben, die vom Mond stammten. Da wiege der größte Brocken mehr als zehn Kilo.

Ob die Steine wertvoll seien, wollte Franzi wissen.

Da nur etwa vierhundert Kilogramm auf der Erde vorhanden wären, über deren Verwendung und Verbleib die NASA exakt Buch führe, wäre das Mondgestein wertvoller als Gold. Eigentlich gelte es als unbezahlbar. Der Großteil liege streng bewacht unter Verschluss. Einzelne Stücke habe man an Museen verschenkt, winzige Steinchen, in Acryl gegossen, an mehr als hundert Nationen. Von diesen wäre mindestens eins gestohlen und später für einen Millionenbetrag zurückgekauft worden.

Toll, fand Franzi und strahlte zu Paul hinüber.

Und darum ginge es in seinem Buch? In Lisas Stimme war ein zynischer Ton. Um irgendwelche bekloppten Steine? Ja, bekloppte Steine, pflichtete Lore ihr sofort bei. Wer brauche denn schon so etwas? Steine vom Mond, was für ein Unsinn. Da fliegen die zum Mond, um Steine von dort zu holen. Lore lachte und schaute auffordernd in die Runde. Keiner lachte mit.

Charly sammelte sich einen Augenblick. Wie immer, wenn er in Gesellschaft direkt angesprochen wurde, fiel ihm eine Antwort zunächst schwer. Es ginge in seinem Buch nicht um Mondgestein und auch nicht um die moderne Raumfahrt. Sein Buch spiele im Jahr 1813, in einem kleinen Moordorf in der Nähe von Bremen. Ein kleiner Beamter habe damals dort die größte Sternwarte auf dem europäischen Kontinent errichtet. Dies wäre, zumindest in Deutschland, der Beginn der systematischen Himmelsbeobachtung gewesen. Der Beamte, Schroeter mit Namen, habe zunächst intensiv den Mond, später aber auch Mars, Venus und die Sonne studiert. Daraus seien die ersten detaillierten Ansichten der Oberflächen entstanden …

„Stellt euch vor, die dachten, der Mond ist bewohnt", hakte Hethe ein. „Wie nannten sie die Mondbewohner? Sele, Sele, Sele …"

„Seleniten", ergänzte Charly.

„So ein Quatsch!", rief Lore und schlug auf den Tisch.

„Ja, ja, den Mann im Mond gibt es wirklich", war von Paul zu hören.

„Das ist nur ein Nebenaspekt, der auf …"

„Vielleicht haben die Seleniten ja der NASA geholfen und ein bisschen altes Zeug ausgestellt, damit es aussieht, als wären Menschen auf dem Mond gewesen?"

„Man müsse die damalige Zeit beachten. In den Anfängen …"

„Und die Mondbewohnerinnen tragen alle Schmuck aus Mondgestein." Fränzi wurde ganz aufgeregt.

„Ketten, Ringe, ganze Colliers. Die müssen ja unendlich reich sein."

„Ob die auch den Moonwalk erfunden haben?", wollte Lore wissen. „Womöglich stamme Michael Jackson ja vom Mond? Ob die sich dort oben alle so bewegten?"

„Am Ende sah Jackson tatsächlich wie ein Außerirdischer aus. Mit diesem weißen Teint."

„Moonwalk ist der völlig falsche Name. Auf dem Mond hüpfe man mehrere Meter weit, wie ein Flummi. So hat es die NASA der Menschheit in Filmen gezeigt. In Wirklichkeit wurden die Astronauten an versteckten Seilen emporgehoben."

Es gebe seiner Ansicht nach keinen Grund für solche Albernheiten. Sie sollten Charly einfach mal ausreden lassen, schaltete sich Martin ein.

Ja, genau, pflichtete ihm Hethe bei. Sie bedauerte, die Mondbewohner angesprochen zu haben. Charly solle ihnen, wenn alle einverstanden seien, einfach etwas vorlesen, schlug Hethe vor. Sie laufe schnell hinüber und hole das Manuskript, wehrte sie Charlys Einwände ab. Ob das wirklich sein müsse, murmelte Paul vor sich hin. Sie sei gespannt, sagte Lisa. Ja, soll Charly oder Hans uns mal was vorlesen, pflichtete Lore bei und nickte eifrig. Ob darin auch etwas vom Mondgestein vorkomme, wollte Franzi wissen.

Aus der Schmiede drang Lärm. Schroeter, der soeben mit Frau von Witte aus dem Haus getreten war, eilte über den Amtshof. Der Kamin rauchte, doch vor der Werkstatt standen keine Pferde. Auch war das Hämmern nicht das Hämmern eines Hufschmieds. Es war zu schnell und zu zögerlich. Es ähnelte mehr dem zierlichen Klopfen eines Spechtes.

Schroeter fand drei Soldaten im Innern: einen vor dem Feuer, einer am Ambos, einen am Blasebalg. Diese hielten augenblicklich inne. Nicht der Amtmann erschreckte sie, die hinter ihm hereinrauschende Dame brachte die Gesellen in Verlegenheit. Im Raum war es heiß. Schroeter drängte sich zur Esse durch. Inmitten glühender Kohlen stand der große Tiegel. Er war zur Hälfte mit flüssigem Metall gefüllt. Die Oberfläche der silbrigen Schmelze zitterte. Es waren wohl die einstigen Bruchstücke seiner Spiegel, in die der Amtmann hineinblickte. Neben der Feuerstelle wurden sie zu kleinen Kugeln gegossen. Das sachte Hämmern rührte vom Abschlagen der Gussstümpfe. Der Soldat am Ambos hatte ein Gewehr an seiner Seite und prüfte, ob die Kugeln in den Lauf passten.

Was hier vor sich gehe, wollte Schroeter wissen. Sie würden Munition herstellen, antwortete der an der Esse. Auf Befehl des Hauptmanns. Wo er Hauptmann Massenbach finde, fragte Schroeter zurück. Der habe sein Quartier bei Murkens genommen.

Wütend verließ Schroeter die Werkstatt. Frau von Witte folgte ihm auf dem Fuße. Vor der Tür bat der Amtmann, sie möge hier auf ihn warten. Das dort drüben, er deutete mit dem Kopf in die Richtung, aus der ein kindisches Lärmen und Singen zu hören war, sei sicherlich kein Ort für eine Dame. Frau von Witte versicherte ihm, dass sie derlei kenne und sich zu behaupten wisse. Seite an Seite umrundeten sie den Amtshof und gingen zum Gasthof hinüber. Auf dem Weg schlug Frau von Witte dem Amtmann

einen Handel vor. Wenn es ihr gelänge, den
Hauptmann zum Abrücken zu bewegen, werde
Schroeter sie in ihren Plänen unterstützen, eine
Sternwarte in Hannover zu gründen. Der Amt-
mann willigte ein.

Der Hof bei Murkens bot einen närrischen Anblick. Es war ein Schreien und Blöken. Einige
Mägde hatten sich unter die Soldaten gemischt,
was deren Stimmung und Gehabe weiter an-
heizte. Sie sprangen umher, spielten sich auf,
kniffen und stießen einander. Andere lagen
schon schlafend über den Tischen oder lehnten
volltrunken an den Hauswänden. Murkens
selbst hielt man am mittleren Tisch fest. Man
brauche keinen Wirt und bediene sich selbst.
Meister Tischbein, völlig derangiert und nicht
mehr Herr seiner Sinne, stand plötzlich vor dem
Amtmann. Dessen Freude über die unerwartete
Begegnung wich augenblicklich dem Entsetzen
über das Aussehen des Freundes und sein wir-
res Gelalle. Es war Schroeter mehr als peinlich.
Immerhin war er in Begleitung der Frau Hofrätin.
„Halt!", schrie Tischbein plötzlich und das Lärmen verstummte. Jeder Kopf wandte sich zum
Amtmann und Frau von Witte hin. Zu allem
Unglück sank Tischbein vor dem Paar auf die
Knie. Ob aus Trunkenheit oder weil er um Ent-
schuldigung bitten wollte, war ihm selbst nicht
klar. Schroeter strafte ihn mit einem zornigen
Blick und zischte, er solle sich auf der Stelle
erheben. Totenstille ringsum.
Murkens sprang auf, stieß die Hände von sich,
die ihn gehalten hatten. Ein Glück, dass er

käme, rief er Schroeter zu. Man würde ihn ruinieren, jammerte er. Keiner habe auch nur einen Groten in der Tasche. Seit Wochen habe es keinen Sold gegeben. Damit prahlten die Kerle auch noch. Wo er den Hauptmann finde, wollte Schroeter vom Wirt wissen. Der sitze drinnen mit seinen Offizieren. Das sei genau dasselbe. Saufen und fressen ..., Murkens verkniff sich weitere Beschimpfungen und blickte beschämt zu Frau von Witte.

Über die Soldaten habe er keine Gewalt, wandte sich Schroeter an die Menge. Aber die Einwohner von Lilienthal, von denen er etliche hier sehe und kenne, fordere er auf, nach Hause zu gehen. Es bestehe für derlei Feierlichkeiten kein Anlass. Man solle sich besinnen und die Lage überdenken.

Die Soldaten, insbesondere die russischen, die kein Wort verstanden hatten, murrten. Böse blickten sie zu dem herrschaftlichen Paar hinüber, das wohl für diesen jähen Abbruch verantwortlich war. Auch mancher Bauer und Knecht fühlte sich um einen gerechten Spaß gebracht. „Franzosenfreund" wurde irgendwo gezischt. Hände ballten sich zu Fäusten. Hie und da stand einer auf. Ein Kosak, ein großer Kerl mit vernarbtem Gesicht, schimpfte los. Andere nickten und wurden ebenfalls laut. Schroeter konnte den Inhalt der Worte nur erahnen. Sie versprachen nichts Gutes.

Der eine zeigte zu ihm hin, noch mehr nickten. Sogar einige Burschen aus dem Ort stimmten zu, obwohl sie rein gar nichts begriffen. Der Schreihals, betrunken wankend, spuckte aus und wollte gerade auf den Amtmann los. In diesem Moment erschien Pfarrer Hönert in vollem Ornat. Er breitete die Arme aus, wie er es am Vormittag während des Gottesdienstes getan hatte. Die Glocke von Sankt Marien begann zu läuten, obwohl es gar nicht die Zeit dafür war. Liebe Gemeinde, Brüder und Schwestern, wandte sich Hönert an die Menge. Es sei Ostern, der Tag von Christi Auferstehung, ein Fest der Freude und der Hoffnung. Ein Tag der Zuversicht, verbunden mit den Wünschen für eine gute Ernte und dem Gelingen mancher Tat. Dennoch auch ein Tag der Einkehr und des friedvollen Miteinanders. Höret, die Glocke rufe. Tatsächlich trennten sich die Tischgesellschaften, Tanzpaare lösten sich und Grüppchen gingen auseinander. Mit gesenktem Kopf schlich man am Pfarrer vorbei. Selbst einige Soldaten schlossen sich demutsvoll an. Wer nicht mehr selbst gehen konnte, wurde von anderen gestützt. Hönert wandte sich um, grüßte kurz lächelnd zum Amtmann hinüber und trieb seine Schäfchen in Richtung Klosterkirche.

Das Innere des Gasthofes bot keinen besseren Anblick. Alles stand und lag durcheinander, der Boden war von Scherben übersät. Dichter Qualm billigsten Tabaks schwebte über allem. An einem Tisch saßen fünf Mann, einer davon der Hauptmann. Alle sprangen auf, als Frau von Witte den Raum betrat. Einer, der besoffen schlief, wurde wachgerüttelt. Man zog und knöpfte an den Uniformen. Hände strichen hektisch durchs Haar und über die Schnurbärte.

Schroeter und seine Begleiterin traten an den Tisch. Der Amtmann stellte Frau Hofrätin von Witte dem Herrn Hauptmann von Massenbach vor und umgekehrt. Alle verneigten sich. Zwei eilten vom Tisch, um weitere Stühle zu holen. Ob es in Gottes Namen möglich wäre, die Fenster zu öffnen, bat Schroeter und wischte mit der Hand durch den nebligen Dunst. Einer der Offiziere schritt nach hinten und erfüllte seinen Wunsch. Man setzte sich und schwieg. Mit kurzen Seitenblicken musterten die Offiziere die anwesende Dame. Frau von Witte schaute immer nur kurz auf und schenkte jedem der Herren ein kurzes Lächeln. Schroeter fixierte einen nach dem anderen. Keiner, auch der Hauptmann nicht, war in einem besseren Zustand als ihre Untergebenen draußen. Wie man zu dieser Ehre komme, wollte der Hauptmann schließlich wissen. Wenn man gewusst hätte, solch hohen und charmanten Besuch hier zu treffen, wären andere Vorbereitungen getroffen worden.

Man scheine sich ja schon ganz sicher zu fühlen, unterbrach Schroeter spitz und direkt. Überall werde getrunken und gefeiert. Die Brücke und Straße nach Bremen wäre praktisch ungesichert, nach Osterholz und wahrscheinlich auch nach Sankt Jürgen hin stünden gar keine Wachen. Ferner werde seine Werkstatt missbraucht. Man habe ihm gesagt, es sollten Pferde beschlagen werden. Jetzt würden darin Kugeln gegossen und womöglich noch anderes Kriegsgerät hergestellt. Die Soldaten benähmen sich, als wären sie die neuen Besatzer.

Der Herr Amtmann vergesse sich und vergrei-
fe sich entschieden im Ton, antwortete Massenbach streng. Was er sich erlaube und was
er glaube. Seine Männer hätten die Franzosen
nach Bremen vertrieben. Seit Monaten stehe
man im Feld. Da sei es mehr als rechtens,
wenn Erfolge gebührend gefeiert würden, insbesondere an einem Festtage wie heute. Und
was seine Werkstatt betreffe, wäre es wohl seine
patriotische Pflicht, diese und alles was sich
darin befinde, der Sache, die nichts weniger als
die Befreiung aus dem Joch der Franzosen sei,
zur freien Verfügung zu stellen.
In seiner Werkstatt seien immer nur Dinge für
den wissenschaftlichen Gebrauch gefertigt worden, entgegnete Schroeter. Es sei förmlich eine
Entweihung des Ortes.
Ob nicht gerade die von ihm so verehrte Wissenschaft der Astronomie, der Berechnung von
Flugbahnen, wesentlich zur Veränderung in
der Ballistik und damit zur modernen Artillerie
beigetragen habe? Früher habe man die Geschütze auf dem Schlachtfelde gesehen. Heute
werde aus verdeckten Batterien geschossen. Ob
er einmal das Wüten dieser Kanonen, die un-
sichtbar, weit hinter den Reihen stünden, auf
dem Feld beobachtet habe, wollte Massenbach
wissen. Dagegen seien die paar Kugeln und
das bisschen Schrot, das sie bei ihm herstellen
würden, ein Nichts.
Es liege nicht in der Macht der Wissenschaft zu
bestimmen, wozu ihre Erkenntnisse verwendet
würden, parierte Schroeter. Das Rad sei nun

mal ein Rad. Ob es am Pflug oder an einem Geschütz befestigt werde, entscheide nicht der Wissenchaftler. Solle man daher auf alles Forschen verzichten?

Ganz und gar nicht, hielt Massenbach dagegen. Man solle sich nur nicht immer mit dem Mantel der Unschuld bekleiden. Seit der Mensch das Feuer entdeckte, sei es Segen und Fluch zugleich. Es wäre allerdings billig, wenn der Entdecker nur den Segen für sich beanspruche und …

Meine Herren, meine Herren, beruhigte Frau von Witte die Situation. Das alles sei doch ganz nebensächlich. Interessant sicherlich, aber nebensächlich. Sie sei mit ihrer Tochter und ihren Begleitern hierher nach Lilienthal verschlagen worden. Anstatt den Wirren des Krieges zu entkommen, finde sie sich plötzlich auf dem Schlachtfelde wieder, wenn sie sich so ausdrücken dürfe. Sie habe sich erhofft, man könne sie hier beschützen. Jetzt sehe sie ihr Schicksal beschlossen und sie alle dem Untergang geweiht.

Man werde sie selbstverständlich beschützen, ereiferten sich alle Herren am Tisch sofort. Koste es, was es wolle, versicherten die Offiziere, und wenn es das eigene Leben wäre.

Aber wenn dies nun ganz unnütz sei, fragte Frau von Witte zwar dankbar, aber besorgt. Sie würde sich bis ans Ende ihrer Tage grämen, so viele Opfer verschuldet zu haben, ganz gleich, ob man siege oder tapfer geschlagen werde. Es würde auf alle Fälle Tote und Verwundete geben.

Das ließe sich im Krieg nun mal nicht verhindern, antwortete Massenbach. Er sei eben das letzte Mittel, wenn die Diplomatie versagt habe. Napoleon, obwohl in Russland vernichtend geschlagen, denke nicht daran, seinen Platz zu räumen und die besetzten Länder ihren rechtmäßigen und vormaligen Herrschern zu überlassen. Er verstehe nur die Sprache der Waffen. Seine Tinte sei Blut. Sein Argument die Gewalt. Erst wenn er die Klinge am eigenen Halse spüre, werde er wohl abdanken.

Sie verstehe als Frau nicht viel von diesen Dingen. Ihr schiene allerdings, die Diplomatie gehe, statt eigener Wege, oft mit dem Krieg Hand in Hand. Sie sei ein Instrument, das dem Kampf vorausginge oder hinterherfolge. Man stelle darin Forderungen auf, die von der Gegenseite zu akzeptieren wären. Täte sie es nicht, bediene man sich der Gewalt, um sie durchzusetzen. Frau von Witte schaute in Massenbachs Augen. Oder man glaube, einen gewissen Vorteil durch gewonnene Schlachten zu besitzen. Diese Karte steche im Spiel der Diplomatie nun alle anderen aus. Was sie sagen wolle, die Herren mögen ihr die vielleicht voreilige Schlussfolgerung verzeihen, ihr käme es so vor, dass es immer auf den Kampf hinauslaufe, ganz gleich, was die Diplomatie bezwecke und von welcher Seite man es betrachte.

Der Hauptmann und seine Offiziere schwiegen, teils beschämt, teils aus Einfalt. Nicht jeder der Anwesenden konnte in seinem Zustand den Ausführungen der Hofrätin folgen. Lediglich

Schroeter freute sich insgeheim und bewunderte die geschickten Züge Frau von Wittes.

Nur wo kein Kampf wäre …

Was dies alles mit dem Mond zu tun habe, wollte Paul ungeduldig wissen. Er war schon seit einigen Minuten unruhig auf seinem Stuhl hin- und hergerutscht. Napoleon, Russland, Krieg, Diplomatie, Damen und Offiziere. Das sei doch alles langweiliger Tinnef. Wenn er hier schon etwas vorlese, solle er bitte etwas aussuchen, das zu ihrem Thema passe.

Genau, pflichtete ihm Lore bei. Das wäre ja wie im Geschichtsunterricht.

Auch Martin nickte. „Kürzen" warf er Charly zu, was die anderen in der Runde nicht verstanden.

Sie kenne schon mehr und finde es toll, verteidigte Hethe das Gehörte.

Charly überblätterte suchend einige Seiten, fand die Stelle, räusperte sich und las.

Schroeter hantierte am Coloß Dollond. Neben ihm standen Frau von Witte mit ihrer Tochter Minna und Roger Barry. Der Amtmann hatte das Dach des Urania-Tempels geöffnet. Man habe zwar abnehmenden Mond, er stehe aber hoch am Himmel, sprach er vor sich hin, während er das Fernrohr ausrichtete. Nachdem er mehrfach das Instrument und den dazugehörigen Schemel verschoben hatte, bot er Frau von Witte seinen Arm. Sie stieg darauf gestützt die drei Tritte empor und blickte ins Okular. Ein kurzer Freudenschrei gab ihrer Begeisterung Ausdruck. Fantastisch sei der

Anblick, unglaublich, niemals habe sie den Mond so nahe gesehen. Sie erkenne jeden Fleck. Minna drängelte und wollte ebenfalls hinauf. Barry musste sie, selbst auf dem Schemel stehend, emporheben. Die Arme des Kindes umklammerten das Rohr. Minna wollte gar nicht mehr loslassen.

Paul kicherte unverhohlen. Charly las unbeirrt weiter.

Ein Instrument dieser Größe sei für den Anfang sicherlich ausreichend. In Göttingen habe man mit einem wesentlich kleineren begonnen, damals noch von Herschel persönlich geliefert, referierte Schroeter. Er könne ein solches Gerät für etwa sechshundert Reichstaler anbieten. Die Lieferzeit betrage etwa sechs Monate, womöglich kürzer, falls er einen Ersatz für den verstorbenen Harm Gefken fände, der ihm zur Hand ginge. In dieser Zeit könne sich Frau Hofrätin um den passenden Ort und die leitende Person kümmern.

Ihr sei es sehr ernst mit den Plänen, unterstrich Frau von Witte ihre Absichten. Der Preis schiene ihr akzeptabel. Alles andere werde sich finden. Vielleicht könne Barry einige Monate bei Schroeter assistieren, schlug die Hofrätin vor. Es müsse allerdings mehr dabei herauskommen als einige Beobachtungen des Himmels. Es solle kein plumper Zeitvertreib für sich langweilende Herrschaften bei Hofe werden. Sie wolle etwas Bleibendes schaffen, dem Ganzen von Anfang an ein Ziel geben. Ihr schwebe zum Beispiel vor, eine komplette Karte des Mondes anzufertigen.

Oder einen Globus des Mondes. Ihres Wissens gebe es so etwas noch nicht. Das würde sicherlich Aufmerksamkeit erzeugen.

Das sei ohne Zweifel ein ehrenwertes Unterfangen, antwortete Schroeter. Frau Hofrätin verkenne allerdings den Aufwand und die Schwierigkeit, die ein solches Unternehmen darstelle. So nützlich es sicher sein möge, die Umsetzung wäre ein Lebenswerk. Er beobachte den Mond nun schon viele Jahre und kenne ihn wie kaum ein anderer seiner Kollegen. Dennoch scheue er vor solch einem Projekt zurück.

Sie verstehe tatsächlich nicht ganz, gab Frau von Witte zu. Er möge ihr die Sache doch bitte erläutern. Wenn sie durch dieses Rohr blicke, sehe sie den Mond, als würde sie hinüber zur Kirche schauen. Es brauche doch lediglich eine geschickte Hand, um das Gesehene festzuhalten.

Wieder kicherte Paul, laut und störend. Er wurde von Hethe mit einem Zischen zum Schweigen gebracht.

Genau an dieser Stelle beginne das Problem, unterbrach sie Schroeter. Der Mond wäre sicherlich, auch dank seiner eigenen bescheidenen Dienste, der am besten erkundete Himmelskörper überhaupt – die Rückseite natürlich ausgenommen. Aber was sehe man, wenn das Auge durch die immer größer werdenden Instrumente hinaufblicke? Schroeter machte eine Pause und sah sowohl die Hofrätin als auch Barry, dem es mittlerweile gelungen war, Minna vom Fernrohr zu lösen, fragend an. Keiner von beiden antwortete. Wir sehen eine Scheibe, eine zweidimensionale Abbildung von etwas, von dem wir wissen, dass es die Form einer Kugel besitzt.

Ja natürlich, stimmte Frau von Witte zu. Das sei doch selbstverständlich und kein größeres Geheimnis. Auch Barry nickte zustimmend.

Nur, diese, er möchte fast sagen Albernheit, bringe zahlreiche Probleme mit sich, fuhr Schroeter fort. Einmal abgesehen von dem Umstand, dass der Mond nur an wenigen Tagen des Monats voll erscheine und stetig über das Firmament wandere. Barry möge bitte nochmals durch das Okular blicken. Ihr Objekt sei sicherlich schon daraus entschwunden. Barry tat wie ihm geheißen und stimmte nickend zu. Auch Minna musste nochmals hindurchblicken und schrie verängstigt: „Der Mond ist weg, der Mond ist weg." Erst der Hinweis auf den Nachthimmel über ihnen beruhigte das Kind wieder.

Aber einmal vorausgesetzt, man folge dem Mond unentwegt mit dem Auge, so sehe man nur auf dessen Mittelpunkt sein tatsächliches Abbild. Je weiter sich der Blick von diesem Fleck entferne, so unwahrer würde das Gesehene. Kreise formten sich zu Ellipsen, Abstände zwischen einzelnen Objekten seien in Wahrheit größer. Weiter zum Rand des sichtbaren Kreises würden sich ganze Formationen überlagern. Darüber hinaus spiele einem das eigene Auge manchen Streich, indem es Formen verändere oder ersetze.

Umgekehrt könne man in der Mitte die Höhen der Krater und Gebirge, da man senkrecht auf sie schaue, überhaupt nicht erkennen. Diese erschienen nur auf der Umrisslinie des Mondes in ihrer tatsächlichen Gestalt. Dazwischen verrieten lediglich die Schatten etwas über Form und Größe der jeweiligen Erhebungen.

Schroeter sah, wie es in Frau von Wittes Geist arbeitete. Zu guter Letzt die Oberfläche. Sie könne einmal mit Meister Tischbein darüber sprechen, sobald der wieder nüchtern und auf den Beinen sei. In den Meeren könne man die Struktur als glatt bezeichnen. Außerhalb derer nehme sie alle erdenklichen Muster an. Auch die Krater und Vulkane …

Moment, Moment, unterbrach Lore. „Auf dem Mond gibt es Vulkane?" Das habe sie nicht gewusst.

Paul schwieg und auch die anderen zeigten sich überfragt.

Der Mond sei lange vulkanisch sehr aktiv gewesen, erläuterte Charly, allerdings vor etwa einer Milliarde Jahre komplett abgekühlt und erloschen. Wobei man diesen Zeitpunkt neuerdings infrage stelle. Aufnahmen der Mondsonden hätten in tiefen Kratern Aufwürfe gezeigt, die auf wesentlich spätere Eruptionen schließen ließen. Endgültig könne man dies nur durch weitere Gesteinsproben beantworten.

Ob diese dann auch so wertvoll seien, fragte Franzi nach.

Wie es überhaupt zu dem Begriff Mare gekommen sei, wollte Lisa wissen. Das bedeute doch Meer.

Riccioli, ein Astronom aus dem siebzehnten Jahrhundert, ein Zeitgenosse Galileis, Keplers und Brahes, also aus den Anfängen der Selenografie, habe in den dunklen Flecken tatsächlich Meere gesehen. Damals habe es noch keine Fernrohre gegeben, zumindest keine mit einer nennenswerten Vergrößerung. Später hätte man die Bezeichnung übernommen, obwohl man wusste, dass es sich um große, staubtrockene Ebenen handelt. Es habe sich lange die Theorie gehalten, dass es einmal große Wasserflächen auf dem Mond gegeben hätte.

Wasser habe man heute an den Polkappen entdeckt, warf Hethe ein.

Charly lächelte ihr zu. Da keine weiteren Fragen gestellt wurden, fuhr er, nach kurzem Suchen in den Zeilen, fort.

Auch die Krater und Vulkane hätten höchst unterschiedliche Gestalten und Grundflächen. Bei manchen reiche der Rand hoch hinauf, andere seien dagegen flach und wie abgestumpft. Der Boden von jenem sei glatt wie ein Spiegel, bei anderen sehe das Auge eine Spitze in der Mitte, gleich einem Turm. Bei den Gebirgen sei es noch schwieriger, die exakte Zahl von Gipfeln und Täler zu unterscheiden. Zu guter Letzt seien da auch noch die Gräben. Schnurgerade im Verlauf, könne ihre Herkunft nur künstlich sein. Wie viele es davon gebe und wohin sie verliefen sei unklar. Es sei bei all diesen angeführten Punkten äußerst bedauerlich, dass sich der Mond nicht vor ihren Augen drehe. Schroeter hob seine rechte Hand, seine Finger bogen sich um eine imaginäre Kugel, die sich langsam um sich selbst bewegte. So könnten wir jeden Fleck genauestens erfassen. Leider zeige er immer nur eine Seite und diese im Wechselspiel von Licht und Schatten. Der Amtmann ließ seinen Arm sinken.

Schroeter löste seinen Teil des Handels mit der Hofrätin ein. Tatsächlich war Massenbach, nachdem der Ostermontag still und friedlich verlaufen war, in der vergangenen Nacht mit seinen Männern abgerückt. Über den wahren Grund für diesen Rückzug hüllte sich der Hauptmann in Schweigen. Schroeter bezweifelte, dass die Rede Frau von Wittes bei Tische den Ausschlag gegeben hatte. Er vermutete mehr das kurze Feuergefecht mit den Franzosen an der Brücke am gestrigen Morgen. Dabei wollte General Vandamme lediglich die Stellungen des Feindes erkunden und ließ eine Schwadron über den Damm reiten. Anschließend zog er sich wieder zurück. Bei diesem Scharmützel zählte Massenbach mehr als doppelt so viele Männer auf der Gegenseite, wie ihm zur Verfügung standen. Die feindliche Artillerie war gar nicht zum Einsatz gekommen. Er konnte sich allerdings ausmalen, wie sie bei einem wirklichen Angriff ihre provisorischen Befestigungen sprengen würde. Er musste dem Amtmann recht geben. Der Gegner war ihnen in allen Punkten weit überlegen.

Jetzt nicht schon wieder Napoleon, die Franzosen und der Krieg, unterbrach Paul gereizt. Er habe jetzt auch genug gehört. Er könne sich ausmalen, wie es weiterginge. Die Frau Hofrätin und dieser Schroeter würden bestimmt ein Paar, nachdem er sie vor den anrückenden Franzosen rettet. Bei dem Wort

„Franzosen" zog er feixend sein Augenlid herunter. Sie scheine ja eine Vorliebe für große Rohre zu haben, oder wie solle er diese schwulstigen Doppeldeutig- keiten verstehen. Sie trieben es wahrscheinlich nach- her in diesem, wie hieß der Tempel noch mal, da, wo dieses andere Ding hänge. Und hier sei es feucht und dort wäre es trocken. Paul schlug Martin auf die Schul- ter, der allerdings nicht auf diese platte Anspielung einstieg. Es sei doch wahr, nörgelte Paul weiter. Selbst das Kind umklammere ständig irgendwas Länglich, Rundes und will es nicht mehr loslassen. Nödel solle sich mal untersuchen lassen. Da schimmere ja einiges durch.

„Das ist eine Unverschämtheit", warf sich Hethe für Charly in die Bresche. Der Einzige, der hier offen- sichtlich eine kranke Fantasie besitze, sei ja wohl er. Wenn er in jedem länglichen Gegenstand gleich einen Phallus erblicke, hätte ER offensichtlich ein Problem. Paul, von Hethes heftiger Reaktion kurz beeindruckt, wollte nicht klein beigeben. Da sei ja nicht nur dieses Rohr, sondern, was habe er noch vorgelesen: nur an wenigen Tagen des Monats voll. Diese Gebirge und Täler. Ach ja, und die Krater, die in ihrer Mitte einen Turm stehen hätten. Und die spitzen Freudenschreie, wenn die Dame das Rohr erblickt. Das seien doch alles eindeutige Bilder. Und natürlich spiele die Geschichte an Ostern, klar. Da müsse er gar kein Psychologe sein und auch Freud nicht gelesen haben, um so etwas zu erkennen.

Hethe schnaubte. Was er damit meine, wollte sie wütend wissen.

Na Ostern und Eier, ist doch klar, oder? Paul nahm zwei bunte Eier aus dem Korb, der auf dem Tisch stand und hielt sie nebeneinander.

„Das ist ja entsetzlich", sagte Hethe und warf sich mit verschränkten Armen in ihren Stuhl.

Lore freute sich und stupste Lisa unterm Tisch mit ihrem Knie an. Na, was hab ich dir versprochen, sollte dies wohl sagen. Doch statt freudig zurückzuschubsen, rückte Lisa an den Tisch heran. Es gebe, sie habe mal einige Semester Germanistik studiert, tatsächlich Theorien, die Texte auf versteckte Motive untersuchten, um dadurch Rückschlüsse auf den Verfasser zu ziehen. Es könne sich dabei um bewusst versteckte Botschaften handeln oder um unbewusst verarbeitete Elemente. Letzteres diene oftmals den Biografen, um daraus Geheimnisse und mögliche Defekte des Autors zu dechiffrieren.

„Sag ich doch, sag ich doch", sah sich Paul bestätigt.

Allerdings funktioniere das nur, wenn es sich um imaginäre Inhalte handele, wenn also Landschaften, Handlungen, Gerätschaften und so weiter völlig frei erfunden seien. An Karl May hätten sie dies in ihrer Vorlesung einmal beispielhaft untersucht. May habe, als er seine Winnetou-Trilogie und andere Romane verfasste, niemals zuvor den Wilden Westen gesehen, geschweige denn Indianer gekannt. Teilweise habe er seine Bücher im Gefängnis geschrieben. Dadurch bekämen natürlich der Henry-Stutzen, die Silberbüchse, das ewige Reiten durch steil emporragende Täler, die Landschaften überhaupt, eine doppelte Bedeutung. Es seien reine Produkte aus Mays Fantasie, die dadurch mögliche Rückschlüsse auf dessen Inneres zuließen.

Paul nickte zufrieden.

Das sehe sie hier nicht, dämpfte Lisa seine Freude. Ein Fernrohr sei nun mal ein Fernrohr. Ein Mondkrater ein Mondkrater. Ein Hügel ein Hügel ...

„Sag ich doch", sagte Hethe und grinste zu Paul hinüber, der nur verächtlich abwinkte.

Die sogenannten „ETYMS", die Schlüsselwörter aus
dem Unbewussten, schwämmen nicht so einfach
auf der Oberfläche des Textes, setzte Lisa ihre
Ausführungen fort. Sie zu finden und zu dechiffrieren, setze ein intensives Studium des betreffenden
Autors und seines Werkes voraus.

Martin meldete sich zu Wort. In der Werbung habe
es in den Sechzigerjahren eine Diskussion über versteckte Botschaften, die in Kinofilmen und Fernseh-
serien unterlegt wurden, gegeben. Das gehe wohl,
wenn er das richtig verstehe, in die gleiche Richtung.
Es habe damals die berühmte *Esst Popcorn und
trinkt Coca Cola-Studie* gegeben. Angeblich hätte das
unterschwellige Einblenden dieser Botschaft in den
Filmen zu einem enormen Mehrkonsum in den Kinos
geführt. Wie sich später herausstellte, war alles
ein einziger Betrug. Die Studie und die unterlegten
Botschaften hatte es nie gegeben. Der vermeintliche
Verfasser habe lediglich Kunden für seine neu
gegründete Agentur gewinnen wollen.

Da niemand der anderen auf seine Ausführungen
einging, schlug Martin vor, zum nächsten Gang
überzugehen, und begab sich nach draußen.

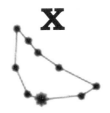

X

Karl Ludwig Harding stand in Olbers Arbeitszimmer und blätterte in einem großformatigen
Band, der dort aufgeschlagen lag. Volle zwei Tage saßen sie nun schon in Bremen fest. Olbers
schickte gleich nach ihrer Ankunft am Sonntag
einen Boten in die Präfektur. Als der wenig später ohne Antwort zurückkehrte, eilte er selbst
dorthin. Auch seine Besuche blieben erfolglos.
Weder Sonntag noch Montag wurde er vorge-
lassen. Erst gestern konnte er ins Vorzimmer des
Generals gelangen. Was er von dort berichtete,
verhieß nichts Gutes.
Feindliche Kavallerie sei in Lilienthal eingefallen
und habe sich an der Wümme verschanzt. Es
würden Vorbereitungen getroffen, diese von dort
zu vertreiben und bis hinter die Elbe zurück-
zuwerfen. Man wolle, wie in Lüneburg, wieder
klare Verhältnisse schaffen. Was Olbers, als er
diese Neuigkeiten überbrachte, besonders be-
unruhigte, war, dass sich wohl die Bevölkerung
mit den Feinden vereint habe. Es lägen Berichte
über ausschweifende Feierlichkeiten in Lilienthal
vor. Damit nicht genug. Französische Soldaten

seien von dort beschossen worden. Ein Pferd sei von einer merkwürdigen Kugel, aus einem seltsamen Metall, getroffen worden. Besitz von Waffen und Gewalt gegen die französische Armee waren schwerwiegende Vorwürfe. Darauf stand die Todesstrafe. Olbers wurde zudem direkt zu einem angeblichen Treffen im Amtshof befragt. Man habe Informationen erlangt, wonach dort eine geheime Zusammenkunft stattfinden solle. Olbers verstand zunächst nicht. Es seien zwei Spione, die sich als Fuhrleute ausgaben, gefasst worden, wie sie einen Damm sprengen wollten. Während ihrer strengen Befragung hätten sie von Personen berichtet, die sich heimlich in Lilienthal einfinden würden. Der Generalstab gehe davon aus, dass es sich dabei ebenfalls um Saboteure handle, die weitere Anschläge planten. Olbers versuchte dieses Missverständnis aufzuklären. Es sei eine Zusammenkunft der Astronomischen Gesellschaft einberaumt, zu der er selbst eingeladen wäre. Ein harmloses, wissenschaftliches Treffen anlässlich des zwanzigjährigen Bestehens des großen Teleskops. Er könne sich für den ehemaligen Amtmann Schroeter, der Vorsitzender der Gesellschaft sei, verbürgen. Dieser würde sicherlich nichts Zweifelhaftes im Sinn haben oder gar irgendwelche Vorhaben gegen die französische Obrigkeit unterstützen. Er habe sich stets loyal verhalten. Olbers wolle gerne die böswilligen Subjekte sehen, die solche Anschuldigungen vorbrachten. Leider sei dies nicht mehr möglich. Sie waren bereits am frühen Morgen hingerichtet worden.

Es stand das Schlimmste zu befürchten. Es sollte ein Exempel statuiert werden. General Vandamme war mit einem Großteil der Garnison am heutigen Morgen ausgerückt. Schon in den Tagen zuvor hatte es viel Bewegung gegeben. Ständig ritten Patrouillen aus oder kehrten zurück. Der Ausnahmezustand über Bremen war nochmals verschärft worden. Nur Personen von Olbers Rang durften sich in den Straßen bewegen. Für alle anderen Einwohner galt ein strenges Ausgehverbot.

Die Herren Astronomen suchten Zerstreuung in Olbers Bibliothek. Seit einigen Minuten glaubte Harding in der Ferne das Donnern von Geschützen zu hören. Von Lindenau, der eben noch am Fenster gestanden hatte und ebenfalls das leise Grollen vernahm, trat hinzu. Was er da studiere, wollte er von Harding wissen. Es war die *Uranographia*, der wunderbare Sternenkatalog, den Bode vor nunmehr zwölf Jahren herausgebracht hatte. Ein einzigartiges Buch, von unglaublicher Schönheit und Brillanz. Um sich gegenseitig abzulenken, zeigten sie auf besonders gelungene Illustrationen.
Trotz allem komme ihn sein Schaffen, die Astronomie schlechthin, gelegentlich so nutzlos vor, gestand Harding. Welchem Zweck diene sie, gerade in Zeiten wie diesen? Welchen Nutzen könne man daraus gewinnen, die Bahn eines Kometen zu kennen oder über die Ringe des Saturns zu diskutieren? Umgekehrt lasse den Himmel jedes menschliche Schicksal kalt. Nichts würde den Lauf der Gestirne beeinflussen.

„Der Mensch will wissen", tröstete der jüngere von Lindenau den deutlich älteren Harding väterlich. Er frage dabei nicht nach Nutzen und Gewinn. *„Plus ultra"*, weiter hinaus, wie Sir Francis Bacon sagte. Das Wissen an sich lohne mehr als vielerlei Arbeit und sei höchste Tugend. Ihm sei es stets ein Trost, gerade wenn die Umstände düster seien, sich ganze Völker kriegerisch gegenüberstünden, an das Verbindende der Wissenschaft zu denken. Die Astronomie habe sie mit vielen klugen Köpfen, über alle Grenzen hinweg, verbunden. Dieses Band könne so schnell keine weltliche Macht durchtrennen. Er werde sehen, wenn erst diese irdischen Erbärmlichkeiten ein Ende fänden, würde die Sehnsucht nach den Sternen, die Fragen nach deren Mechanik, noch stärker hervortreten.

Erneut wies von Lindenau auf die vor ihnen liegenden Seiten, auf Doppelsterne und andere Konstellationen. Sie nannten die Namen derer, die erstmals diese Besonderheiten entdeckt hatten und sich damit in den Annalen der Astronomie verewigten. Stolz warb Bode auf dem Vorsatz mit dem Hinweis, dass in seinem Katalog mehr als siebzehntausend Sterne abgebildet seien. Eine lächerliche Zahl zu dem, was in der Zwischenzeit bekannt war. Harding erklärte, dass er in seinem *Atlas novum* bereits mehr als die doppelte Menge vermessen, benannt und vermerkt habe. Mittlerweile seien so viele Himmelskörper hinzugekommen, dass die neueren Kataloge auf die bildliche Darstellung der Tierkreiszeichen und anderer Sternenbilder verzichten müssten. Sie wurden, um dahinter liegende Formationen nicht zu verdecken, nur noch als dünne Striche angedeutet. Bode hätte sich selbst niemals träumen lassen, dass sein Werk der letzte bebilderte Sternenkatalog sein solle. Es sei ein ehrwürdiges Meisterwerk, das den Abschluss dieser jahrhundertalten Tradition darstelle.

Ob er dieses Buch besitze, wollte Hethe wissen. Selbstverständlich, antwortete Charly, allerdings nicht im Original. Diese seien sehr teuer und selten. Er habe einmal eines in den Niederlanden entdeckt. Das schwer ramponierte Exemplar habe mehr als vierzigtausend Euro kosten sollen. Ein Schnäppchen, wie der Antiquar ihm versicherte. Sonst wäre das Buch nicht für das Doppelte zu haben. Charly stand auf und ging zum Bücherregal. Er habe die einzelnen Seiten aus dem Internet zusammengetragen und sich binden lassen, gemeinsam mit anderen historischen Sternenkarten. Er legte den in grauen Karton gefassten Folianten auf den Tisch und schlug die ersten Seiten auf. Hethe rückte auf dem Sofa an ihn heran. Fasziniert blätterten sie die wunderbaren Seiten um.
Der Ablauf der österlichen Feier hatte dieses Mal einen ganz anderen Verlauf genommen. Die von Martin aufwendig zubereitete Suppe, ebenso aufwendig dekoriert und serviert, wurde von den Gästen mehr oder minder schweigend hinuntergeschlürft. Martin mochte noch so viel auf die exotischen Zutaten und über seine Kniffe am Herd eingehen, niemand der Tischgesellschaft stieg auf die angebotene Plau-

derei ein. Es blieb reihum bei einem knappen Lob. Alle schienen mit anderen Gedanken beschäftigt zu sein.

Paul kam nochmals auf das vorherige Thema zurück. Wenn er es richtig verstanden habe, spiele Nödels Roman in der Zeit von Napoleon, also etwa zweihundert Jahre zurück. Er kenne sich da nicht so genau aus. Ähnlich wie May könne Nödel die damaligen Umstände, die Personen und so weiter auch nicht genauer kennen als aus Büchern oder anderen historischen Dokumenten. Persönlich anwesend war er ja wohl nicht, oder? Er sehe daher keinen Unterschied. Was er eben gehört habe, zeige ihm eindeutige Tendenzen einer zumindest merkwürdigen Fantasie auf.

Ob sie weiter auf diese Sache eingehen müssten, wollte Martin die Situation noch retten, da er Hethe schon wieder kampfbereit, ihren Löffel wie ein Schwert umklammert, aufbrausen sah. Sie verstehe nicht, wie man von vornherein eine so abschätzige und böswillige Meinung haben könne. Da sitze jemand mit ihnen am Tisch, der etwas Großartiges vollbracht habe, ein Künstler! Wer der Anwesenden habe schon einmal ein Buch oder einen Roman geschrieben? Statt sich offen und interessiert zu zeigen, zumindest neugierig, werde gelästert und diffamiert.

Das sei für ihn schon der nächste Punkt, entgegnete Paul. Diese übertriebene Wertschätzung für jemanden, der ein Buch schreibe oder geschrieben habe. Das verstehe er nicht. Was sei daran so Besonderes? Seiner Meinung nach werde diese Leistung völlig überhöht. Nödel solle seine Briefe aufbewahren und ein Tagebuch führen. Beides würde sicherlich in mehrbändigen Ausgaben für die Nachwelt erscheinen.

Was sei an einem Gedicht anders, als zum Beispiel eine stimmige Kampagne für ein Produkt zu entwerfen? Dabei versuchte Paul mit einer Geste Martin auf seine Seite zu ziehen. Sie müssten auch sehr viel texten, sich Slogans, Headlines und Botschaften ausdenken. Hunderte davon landeten auf dem Müll, bis der Richtige gefunden wäre. Trotzdem hieße es am Ende, das sei ja nur Werbung.

Aus ihm spreche nichts als Neid, antwortete Hethe direkt. Es gehe hier gar nicht um eine Bewertung. Sie habe nicht das Gefühl, dass sich Hans als Autor oder Schriftsteller in den Vordergrund dränge. Im Gegenteil, er sei bescheiden, vielleicht viel zu bescheiden. Sie habe schon einiges mehr aus diesem Buch gehört und finde es einfach nur großartig.

Sie könne jetzt nicht viel dazu sagen, schaltete sich Lisa ein. Sie würde allerdings interessieren, wie er auf dieses Thema gekommen sei, wandte sie sich an Charly, der still am Tisch saß. Sie auch, stimmte Lore zu.

Charly begann etwas umständlich von seiner Arbeit zu erzählen, die einerseits sehr spannend und interessant sei. Sie würden allerhand Projekte betreuen, zukunftsweisende Missionen planen und, zwar nicht täglich, neue Informationen aus dem Weltall erhalten. Natürlich sei vieles Alltag und Routine. Sie seien keine Forscher oder Theoretiker, mehr die Abteilung fürs Praktische. Dennoch verfolge man die Entwicklung der Wissenschaft, es gebe immer wieder Neues, auch Überraschendes. Gerade letztens sei zum Beispiel die bislang kürzeste Zeiteinheit gemessen worden. Zeit fließe eben nicht kontinuierlich dahin, wie vielleicht alle hier annähmen, sie bestehe, wie alles, aus kleinsten Teilchen. Keiner der anderen sagte etwas, Paul schüttelte den Kopf, Charly sprach weiter.

Trotz allem sei ihm andererseits der Dienst mit der Zeit recht kühl und rein sachlich vorgekommen. Oder anders formuliert, er habe eine größer werdende Distanz zwischen sich und seiner Arbeit verspürt. Er habe die Leidenschaft verloren. Der Himmel, den er schon seit seiner Jugend beobachte, hätte nur noch aus Bahnen, Berechnungen und Abfolgen von Flugmanövern bestanden. So habe er sich auf die Suche begeben nach dem Zeitpunkt, an welchem der Himmel noch seinen Zauber besaß, als die Sternenbilder und ihre Geschichten im Vordergrund standen, als noch Götter und Mythen darin wohnten und der Mensch ein Spiegelbild seines Schicksals darin erblickte. Der Zeitpunkt, bevor eine kalte Wissenschaft an ihre Stelle trat und alles zertrümmerte.

Hethe strahlte Charly an.

Dann glaube er sicherlich an die Astrologie, wollte Lisa wissen.

Dazu habe er kein Verhältnis, gestand Charly. Er mache sich aber auch nicht darüber lustig, wie manche seiner Kollegen. Immerhin hätten Astrologie und Astronomie die gleichen Wurzeln. Über viele Jahrhunderte, ja Jahrtausende, habe man geglaubt, bestimmte Konstellationen seien Botschaften. Sternenkunde und das Lesen in den Sternen waren eins. Die im Himmel wohnenden Götter sandten Nachrichten an die Menschen – oder zumindest an deren Herrscher. Mond- und Sonnenbedeckungen waren außergewöhnliche Ereignisse. Mancher Astronom wurde hingerichtet, wenn er sie nicht rechtzeitig vorhersagte. Der christliche Glaube fuße ebenfalls auf solch einem Zeichen: der Stern über Bethlehem, der Christi Geburt verkünde. Das sei den Menschen bis heute selbstverständlich.

Es habe eine Zeit gegeben, da sei der Himmel noch leer gewesen, sozusagen. Lediglich Sonne und Mond, deren Lauf man mit bloßem Auge verfolgte, hätten den Menschen Hinweise gegeben. Die allerersten Beobachtungen hätten wahrscheinlich ganz alltägliche Fragen betroffen. Der richtige Zeitpunkt für die Aussaat oder die Jagd. Jahreszeiten und Wetterphänomene seien mit bestimmten Sonnenständen in Verbindung gebracht worden. Vor Jahrtausenden habe daher eine direkte Beziehung zwischen den beiden Himmelskörpern und dem menschlichen Leben existiert. Ob sich darüber hinaus sehr individuelle Dinge aus den Sternen ableiten ließen, das glaube er nicht, zumindest gebe es keine schlüssigen Beweise dafür.

Der Einfluss des Mondes sei doch zweifelsohne vorhanden, beteiligte sich erstmals Clara an der Unterhaltung. Nicht nur der weibliche Zyklus, sondern viele Arten menschlichen Verhaltens ließen sich auf den Lauf des Mondes zurückführen. Ein Onkel von ihr sei Alkoholiker gewesen, allerdings nur an den Tagen des Vollmondes. Da habe er hemmungslos durchgetrunken und irgendwo in Parks und unter Brücken geschlafen. Danach sei er wochenlang stocknüchtern geblieben.

Er glaube auch eher an die Auswirkungen des Mondes auf das menschliche Verhalten als an den Hokuspokus der Mondlandung. Nicht dass er so etwas an sich selbst spüre, schränkte Paul gleich wieder ein. Vielleicht eine gewisse Schlaflosigkeit bei Vollmond und ein emotionales Tief, wenn er nicht zu sehen sei.

Ihr gehe es bei Vollmond immer ganz schlecht, meldete sich Franzi. Sie komme kaum aus dem Bett, habe gar keinen Antrieb und sei überhaupt in ganz schlechter Stimmung. Sie müsse dann ins Outlet fahren. Stundenlang würde sie dort von Geschäft zu Geschäft laufen, könne sich aber für nichts entscheiden. Wenn sie etwas kaufe, gefalle es ihr schon daheim nicht mehr. Sie habe schon einen ganzen Schrank voll solcher Mondkäufe.

Sie bekomme bei Vollmond immer ihre Tage, bemerkte Lisa. So sicher wie das Amen in der Kirche, blute sie wie ein Starship Trooper, sobald der Mond rund sei. Nicht einen Tag vorher, nicht solange noch ein Stückchen fehle – aber dann. Die anwesenden Männer blickten verschämt in ihre Teller, froh, die Suppe schon gegessen zu haben.

Sie spüre gar nichts, warf Hethe ein. Ihr gehe es bei Neumond so gut oder so schlecht wie bei Vollmond. In unmittelbarer Nachbarschaft zu ihrer Boutique befinde sich ein Laden für esoterische Literatur und allerhand andere Dinge. Sie wundere sich schon immer über die Menschen, die dort kauften. Hin und wieder schaue sie ins Schaufenster. Der Mond spiele offensichtlich eine große Rolle. Die Auslagen seien immer voll von Büchern zu dessen Einfluss oder wie man sich an ihm orientieren solle. Es gebe aber auch andere Dinge: die Zukunft, Horoskope, glücklich sein, positive Energie und so weiter und so weiter. Ihrer Ansicht nach würde heute mehr denn je alles

Mögliche auf die Sterne projiziert. Sie schaute Charly fragend an.

Er könne nur sagen, dass sich kein wissenschaftlicher Beweis für den Einfluss der Himmelskörper, der kosmischen Strahlung oder der Geburt unter einem gewissen Sternzeichen, finde. Es habe schon große Studien darüber gegeben – alle ohne Ergebnis. Er wisse nur, dass die Astrologie zu einem Zeitpunkt entstand, als man noch glaubte, dass die Sonne über den Himmel wandere und die Sternenbilder fest im nächtlichen Gewölbe ruhten. Heute wisse man, dass der Frühlingspunkt, der ursprünglich einmal im Sternzeichen Widder lag, wandere. Im Laufe von etwa sechsundzwanzigtausend Jahren durchliefe er alle zwölf Tierkreiszeichen. Oder andersherum ausgedrückt, da ihn alle etwas fragend anblickten, die ursprünglichen kalendarischen Daten stimmten nicht mehr mit den Sternzeichen überein. Wer heute zwischen dem 21. April und dem 22. Mai geboren werde, komme eben nicht mehr als Stier zur Welt.

„Das ist ja das Neueste, was ich höre", schaltete sich Paul sofort ein. Nicht dass er sich aus Horoskopen und dergleichen etwas mache, aber dass jetzt die Sternzeichen nicht mehr stimmen sollen, das glaube er nicht. Das werde ja immer besser, was Nödel ihnen da erzähle.

Sogleich entbrannte wieder ein Streit. Es wurden Charaktereigenschaften bestimmter Tierkreiszeichen angeführt, die unwiderlegbar wahr wären. Besonders Clara verteidigte diese Gewissheiten vehement. Mehrmals verwies sie dabei auf Martin, der ein Löwe par excellence sei. Wie kein anderer zeige er die für dieses Sternzeichen typischen Verhaltensweisen. Er sei absolut von sich überzeugt, sehe sich als Herrscher über alles und jeden und lasse gerne andere für sich arbeiten.

Martin lachte nur und bezeichnete Claras Beschreibung als lächerlich, wodurch diese weitere, in ihren Augen unleugbare Charakterzüge Martins aufzählte. Als Martin daraufhin immer lauter wurde, hieß es von Clara: Da brülle er, der Löwe. Das sei wieder typisch. Martin sprang auf und ging nach draußen zum Grill. Er werde jetzt einige Tiere erlegen und seinem Rudel in appetitlichen Happen vorwerfen.

Das tat der hitzigen Diskussion am Tisch keinen Abbruch. Lore bestätigte voll und ganz Claras Ansichten über Martin. Sie rückten auch etwas näher zusammen, um nicht vom eifrigen Disput zwischen Paul und Hethe gestört zu werden. Lisa versuchte indes, von Charly Genaueres über das eben Gesagte zu erfahren. Einzig Franzi saß unbeteiligt da und lauschte.

Charly erklärte, dass erst in jüngster Zeit genauere Beobachtungen und vor allem Messungen der Sternenbewegungen möglich wären. Diese Bewegungen seien im Bild des Himmels so minimal, dass das menschliche Auge Tausende, gar Millionen von Jahren auf einen Punkt im Universum blickten müsste, um sie zu registrieren. Dabei rasten Galaxien mit mehreren Hundert Kilometern pro Sekunde durchs All. Doch da die Dimensionen so unvorstellbar groß wären, schiene für den Menschen alles stillzustehen. Fixsterne, wie man einst alle leuchtenden Punkte nannte, gebe es nicht.

Als Martin nach einer halben Stunde, in jeder Hand eine voll belegte Platte, zurückkam, konnte von einem gemeinschaftlichen Abend keine Rede mehr sein.

Clara und Lore taten, als würde er sie stören. Lisa zeigte Lore die kalte Schulter. Hethe wandte sich Charly zu und wiederholte nochmals ihren Standpunkt. Franzi studierte irgendwelche Webseiten auf ihrem Handy. Einzig Paul begrüßte Martin laut und freudestrahlend. Endlich gebe es etwas Richtiges zu essen. Da habe sich der ganze Ärger ja gelohnt.

Während Paul jeden Bissen kommentierte und als sen-sa-tio-nell, Wahnsinn, unglaublich, her-vor-ra-gend bezeichnete, aßen alle anderen schweigend. Lisa angelte die Gemüsescheiben von der Platte, während sich Lore und Clara ein Steak teilten. Man müsse auch mal Ausnahmen machen können, antwortete sie auf Lisas vorwurfsvollen Blick. Im Nu waren vier Flaschen Rotwein geleert, was die Stimmung allerdings nicht wesentlich entspannte. Um die drückende Atmosphäre entweichen zu lassen, schlug Martin vor, gleich das Osterfeuer zu entzünden und den Nachtisch auf später zu verschieben.

In Grüppchen stand man um den mannshohen Scheiterhaufen. Auf der einen Seite Hethe und Charly. Ihnen diagonal gegenüber Paul und Franzi. Clara, Lore und Lisa wichen aus, sobald irgendwo eine Rauchwolke aufstieg. Martin blies und fächelte auf Knien ins Innere hinein. Neben ihm steckte die alte Mistgabel. Mit ihr in der Hand würde er später unzählige Male um das Feuer kreisen, um die Konstruktion so lange wie möglich zu erhalten.

Zunächst tat sich wenig. „Es zieht nicht richtig, es zieht nicht richtig", war immer wieder von Martin zu hören. Plötzlich ging alles ganz schnell. Der dicke Qualm löste sich auf und ein freudiges Knistern war zu hören. Kurz darauf schlugen die ersten Flammen heraus. Die Luft über der Spitze flimmerte, erste Funken stiegen auf. Wie in Lilienthal, flüsterte Charly Hethe zu. Sie verstand zunächst nicht, was er damit meinte.

Schroeter hörte das Donnern der Kanonen sofort. Es war ihm, als habe er den ganzen Morgen darauf gewartet. Ja, mehr noch, als habe er den Donner vorausgeahnt, bevor er überhaupt über das flache Land heranrollte. Vom Amtshof aus waren zunächst keine Einschläge zu sehen. Schroeter bestieg das morsche Gerüst des Riesenteleskops. Unter ihm, bei den Rädern, standen seine Schwester, Frau von Witte mit ihrer Tochter und Georg Tischbein. Roger Barry und die Zofe kamen soeben über den Hof geeilt. „Sie beschießen Trupe", rief der Amtmann von oben herab. Er sah erste Rauchsäulen emporsteigen. Offensichtlich schossen sie mit Brandgranaten.
Salve folgte auf Salve. Die Einschläge wanderten von Trupe, wo man sich offensichtlich am Kirchturm orientiert und eingeschossen hatte, zur Hohen Straße hin. Die Nachricht, von Dittmer und Schroeter gemeinsam verfasst und unterschrieben, und am frühen Morgen per Bote nach Bremen befördert, dass die russisch-preußische Reiterei abgezogen sei, hatte offensichtlich keine Gnade erwirkt. General Vandamme hatte sich akribisch vorbereitet. Über Tage hatte er Männer und Geschütze in Stellung gebracht. Mit sechshundert Mann wollte er

Lilienthal überrennen. Zuvor sollte die Artillerie das Feld bereinigen. Man hatte ihm den Boten aus Lilienthal durchaus gemeldet. Allerdings wollte er dessen Nachricht, wohl ahnend, was deren Inhalt war, nicht zur Kenntnis nehmen.

Die Batterie feuerte und feuerte. Trupe stand bereits komplett in Flammen. Die Hohe Straße wurde zu beiden Seiten von den einschlagenden Granaten durchwühlt. An der Brücke über die Wümme waren längst die Barrikaden beseitigt worden – als Zeichen des Friedens – ohne Erfolg. Das Borgfelder Landhaus brannte. Der Platz davor, wo vor wenigen Tagen noch gezecht und getanzt worden war, war mit Trümmern übersät. Unerbittlich schlugen weitere Kugeln ein. Ihr Pfeifen durchschnitt die Luft. Wo sie berstend niedergingen, loderte ein gieriges Feuer auf. Selbst auf den Pflastersteinen züngelten sie eine Zeit lang, als habe sich plötzlich die Hölle geöffnet.

Überall war Geschrei. Wirr liefen Herr und Gesinde durcheinander. Alles war auf den Beinen. Das Vieh wurde aus den Ställen getrieben. Panisch rannte es zwischen den Feuern hin und her, suchte einen Ausweg aus dem Inferno. Tiere wurden von Granaten zerfetzt. Menschen warfen sich auf die Erde, sobald sie das Surren in der Luft vernahmen. Jeder suchte nur noch sein Leben zu retten. „Richtung Sankt Marien", hieß es plötzlich. „Die Kirche werden sie nicht beschießen." Alles Volk lief abseits der Straße auf die Klosterkirche und den Amtshof zu. Die Einschläge sprangen ihnen nach.

Schroeter sah die Flüchtenden kommen. Die Frauen zerrten ihre Kinder nach oder trugen sie in den Armen. Die Alten nahm man huckepack. Gleichzeitig sah der Amtmann erste Einschläge in Höhe der Schmiede. Andere erfolgten sogar schon im Bruch. Ahlke war Schroeters nächster Gedanke. Sie wird sich in Sicherheit bringen, sie ist eine kluge Frau, beruhigte er sich selbst. „In die Kirche, alle in die Kirche", befahl er den unter ihm Stehenden. Er selbst konnte sich nicht abwenden. Bei Murkens Gasthof schlug es ein, bei der Mühle und jetzt, gleich zwei Mal, im Amtshof selbst. Die Strohdächer fingen sofort Feuer. Er sah Dittmer, der ihn offensichtlich suchte. Schroeter stieg herab. Plötzlich ein Schlag wie von Geisterhand. Ein Blitz wie damals, als er ungeschützt in die Sonne blickte. Ein scharfer Geruch in seiner Nase, ein Geschmack nach Erde in seinem Mund. Laut krachend war eine Granate neben ihm explodiert und holte ihn von den Beinen. Es dröhnte und pfiff in seinen Ohren. Er lag auf dem Rücken und blickte in den Himmel hinauf. „Ein schöner Tag", dachte er. Ein wirklich schöner Tag. Viel zu schön für solch ein furchtbares Treiben. Vielleicht träumte er nur? „Ja", sagte er sich, „er träumte". Wie war das noch, mit dem Träumen? Die letzte Nacht, die er nicht wachend auf der Sternwarte verbrachte, schien ihm unendlich weit zurück. Es musste in einer anderen Zeit, in einem anderen Leben gewesen sein. Es war warm um ihn herum. Warm und weich. Und da war noch jemand. Er spürte ganz deutlich den Körper neben sich, ruhig und schlafend.

„Ahlke", dachte er. „Mien Ahlke, mien Ahlke." Er sah ihr Gesicht, von Haaren umrahmt, wie es auf dem Kissen lag. Gelegentlich durchlief es ein Zucken. Hinter den Lidern regte sich etwas. Ihre Lippen bewegten sich. Ihr Antlitz strahlte Ruhe und Zufriedenheit aus. Sie lächelte. *Ich hatte einen Traum, es geht über den Menschenwitz zu sagen, was mein Traum war. Des Menschen Auge hat's nicht gehört, des Menschen Ohr hat's nicht gesehen. Des Menschen Hand kann's nicht schmecken, seine Zunge kann's nicht begreifen, und sein Herz nicht wieder sagen, was mein Traum war.* Ja, so ging das Träumen. Schroeter freute sich, als habe er etwas lang Vermisstes wiederentdeckt. Wenn er nur die Augen schloss, sie geschlossen hielt, würde nichts geschehen sein. Jemand rüttelte an ihm, hatte ihn bei den Schultern gepackt. Widerwillig öffnete er die Augen. Er sah Dittmers Gesicht. Es war schmutzig. Seine Perücke saß ihm schief auf dem Kopf. Welch seltsamer Aufzug, dachte der Amtmann. Der Mund Dittmers öffnete und schloss sich. Seine Lippen spitzten sich in einem fort. Wieder wurde an ihm gerüttelt. Nein, das war kein Traum. Er spürte deutlich die Hände an sich. „Schroeter!", hörte er wie von ferne. „Schroeter! Schroeter!" Er kam zu sich. Dittmer half ihm auf die Beine, drehte ihn einmal um sich selbst. Unverletzt, vernahm er wie geflüstert. Dort hinten brannte es. Schroeter wollte loslaufen, der andere hielt ihn fest.

Sprachlos standen die beiden voreinander, blickten sich in die Augen. Jeder wusste, was der andere sagen wollte. Diesem Beschuss musste Einhalt geboten werden, augenblicklich. Nur wie? Weitere Granaten flogen über sie hinweg. Der Conventshof war ihr Ziel. Sie flogen zu weit und gingen im Mittelholz nieder. Mehrere Salven folgten in gleicher Richtung, ohne weitere Schäden anzurichten.

Plötzlich Stille. In Schroeters Ohren hallte es noch immer. Vereinzelt glaubte er Rufe und Schreie zu hören. Dazwischen Gejammer, das aus der Richtung der Kirche kam. Die Männer wagten sich schon wieder heraus. Sie wollten zurück zu ihren Höfen und Häusern laufen, wollten retten, was noch zu retten war. Sie blieben auf freiem Felde stehen. Französische Kavallerie sprengte heran. Mit gezogenem Säbel und gesenkten Lanzen galoppierten sie über die Hohe Straße heran. Die Männer machten kehrt und rannten wieder zur Kirche.

„Macht alles nieder", hatte General Vandamme seinen Männern befohlen. „Schlagt diese verräterische Bande von Preußen und ihre feigen russischen Brüder in die Flucht." Wer ihnen helfe, werde ebenfalls niedergemacht. Feurig und voller Kampfesgeist stürmte die Reiterei voran. Kein Schuss fiel, kein Feind zeigte sich. Hie und da sah man einen harmlosen Knecht, der versuchte, den brennenden Stall oder das lodernde Haus zu löschen – vergebens. Mancherorts saßen Frauen, ihre Kinder in den Armen, auf der Erde. Sie hatten es nicht mehr bis zur Kirche geschafft und flehten um Gnade. Verstörtes Vieh lief wild umher. Mancher Reiter erstach ein Schwein, damit er überhaupt etwas erlegen konnte. Man sah einen Haufen Männer, die wieder zur Kirche liefen. Offensichtlich unbewaffnet und feige.

Die Reiterei teilte sich. Eine Schwadron ritt in Richtung Moorhausen, eine andere folgte der Hohen Straße, der Großteil zerstreute sich in die Wege und Höfe der Ortsmitte. Sankt Marien wurde umstellt. Man forderte alle Männer auf herauszukommen.

Mehrere Reiter durchstreiften den Amtsgarten und blickten an den merkwürdigen Gerätschaften empor. Dittmer und Schroeter, die wie angewurzelt dastanden, wurden umkreist. Dittmer gab sich als Maire zu erkennen. Da er keine Schärpe trug, wurde ihm kein Gehör geschenkt. Als er sah, wie Seile um das Gerüst des Riesenteleskops geschlungen wurden, sprang er wild gestikulierend vor. „Arrêt, arrêt", rief er den Reitern zu. Ein Säbel, zum Glück mit der flachen Seite, sauste auf ihn nieder und er fiel zu Boden. Schroeter war keines Wortes fähig. Stumm stand er da und sah zu, wie krachend das Riesenteleskop vor ihm zusammenstürzte. Auch das danebenstehende zwanzigfüßige wurde niedergerissen. In Trance folgte er dem Treiben. Dumpf und wie aus der Ferne hörte er lautes Gelächter. Die apokalyptischen Reiter kamen ihm in den Sinn. Hatte nicht Pfarrer Hönert erst kürzlich von ihnen gepredigt? *Als das Lamm das zweite Siegel öffnete, hörte ich das zweite Lebewesen rufen: Komm! Da erschien ein anderes Pferd; das war feuerrot. Und der auf ihm saß, wurde ermächtigt, der Erde den Frieden zu nehmen, damit die Menschen sich gegenseitig abschlachteten.*

Der Siebenfüßer wurde aus Urania-Lust hervorgezogen und von den Hufen der Pferde niedergetrampelt. Am Urania-Tempel loderten die Flammen. Das Teleskop darin ein Schatten. Die Aufhängung, von Dach und Wänden entblößt, hielt trotzig eine Weile dem gefräßigen Feuer stand. Fast schamhaft knickte sie schließlich ein und sank zu Boden.

Eine Menge Fußvolk mischte sich unter die Reiterei. Infanterie war im Laufschritt die Hohe Straße heraufgestürmt. Da sie keines Feindes ansichtig wurden, kühlten sie ihre erhitzten Gemüter an den Bewohnern und ihrer Habe. Sofern noch möglich, wurde jede Stube und Kammer durchwühlt. Das größtenteils ärmliche Inventar durch Fenster und Türen geworfen. Nichts von Wert ließ sich finden. Ein Fässchen Branntwein, vor Russen und Preußen versteckt, wurde mit großem Hurra herausgetragen. Was irgendwie glänzte, verschwand in den Tornistern.

Wo es noch nicht brannte, wurde Feuer gelegt. Auch die Alten, Frauen und Kinder trieb man aus der Kirche. Sie mussten zusehen, wie ihre Häuser, Katen und Ställe niederbrannten. Keiner durfte sich rühren oder versuchen zu löschen. Eifrige Hofhunde, die von irgendwoher wieder auftauchten und sich wild kläffend den Eindringlingen entgegenstellten, wurden erschossen. Soldaten führten gut zwei Dutzend Männer von der Kirche aufs freie Feld, wo sie sich in einer Reihe hinstellen mussten. Sie sollten offensichtlich füsiliert werden. Der Student Helmcke trat hervor, redete und gestikulierte mit dem Leutnant der Kompanie.

Einzig Ahlkes Haus war wie durch ein Wunder vom Bombardement verschont geblieben. Sie flüchtete nicht in die Kirche. Viele Jahre voller Anfeindung und Neid hatte es gedauert, diesen Besitz ihr Eigen zu nennen. Sie würde diesen jetzt nicht diesem marodierenden Pack überlassen. Sie stand aufrecht und ohne Furcht vor ihrem Hof. In ihrem Kleid und ihrer Haube erinnerte sie an die mutigen Frauen aus der Zeit der Revolution. Eine Charlotte Corday oder die Marianne auf den Barrikaden hätte keine andere Haltung gezeigt. Keiner der französischen Soldaten wagte sich an ihr vorbei. Mancher senkte peinlich berührt den Blick. Andere grüßten, als seien sie gerade auf einem sonntäglichen Ausflug und nicht dabei, das gesamte Dorf niederzubrennen.

„Guten Abend, Polizei! Was geht hier vor? Wer ist hier wohnhaft?" Alle schreckten auf und fuhren herum. Zwei Taschenlampen leuchteten aus der Dunkelheit heraus, blendeten, hüpften von einem Gesicht zum nächsten.

XI

Zwei Polizeibeamte standen mit Martin etwas abseits und diskutierten. Ihre Taschenlampen brannten noch immer. Hin und wieder wanderte ein Strahl über die Gruppe am Feuer, wie um sich zu vergewissern, ob alle noch anwesend waren. Martin schüttelte abwechselnd den Kopf, dann nickte er wieder eifrig. Mal stemmte er die Arme in die Hüften, mal ließ er die Schultern fallen. Clara wollte hinzukommen. Auch Lore, vom Alkohol enthemmt, gab sich kampfeslustig und schwang große Reden gegen die Handlanger der Staatswillkür. Martin trat ihnen entgegen und schickte sie zurück. Er werde das schon regeln. Die Polizei wolle mit dem Hauseigentümer sprechen. Clara solle jetzt auf keinen Fall mit ihrem Juristendeutsch anfangen. Lore blickte er nur strafend an.

Die anderen verstanden kein Wort von dem, was dort verhandelt wurde. Schließlich verabschiedeten sich die Beamten und wandten sich dem Haus zu. Auf ihren Rücken leuchtete silbrig POLIZEI auf. Die Buchstaben tanzten in die Dunkelheit davon.

Martin trat niedergeschlagen zu den anderen. Jemand aus dem Ort habe sie angezeigt. Bestimmt die Michels, entfuhr es Clara augenblicklich. Sie habe ihn

gleich gewarnt. Man müsse das Feuer löschen und sich nach Sozialeinheiten getrennt in die Häuser begeben. Was das jetzt heißen solle, wollte Clara wissen. Die Polizei habe von einer Strafe, die sehr hoch ausfallen könnte, abgesehen, wenn sie sofort das Feuer löschten und sich getrennt auf ihre Zimmer begäben, erklärte Martin nochmals. Das habe sie gehört, antwortete Clara gereizt. Nur „nach Sozialeinheiten getrennt" habe sie nicht verstanden. Die Polizei habe zunächst gewollt, dass sich die Feier sofort auflöse und alle nach Hause führen, alle bis auf ihn und Clara. Er habe erklärt, dass sie schon getrunken hätten und dies unmöglich sei. Das habe nicht verfangen. Es gebe auch Taxen. Er habe dann versucht, es so darzustellen, dass sie alle mehr oder minder miteinander verwandt wären und im gleichen Haus in Darmstadt wohnten. Das hätten sie natürlich überprüfen wollen. Deshalb habe er wieder zurückrudern müssen. Er habe sie daraufhin in mehrere Paare aufgeteilt, die auch so zusammenlebten. Alle warteten gespannt. Der Kompromiss wäre nun, Paul, Franzi, Clara und er würden im Haus bleiben. Lore und Lisa müssten in den Stall, Hethe und Charly in dessen Haus gehen. In einer halben Stunde komme die Polizei wieder und vielleicht auch noch mehrmals in der Nacht. Wenn sie sich nicht daran hielten, seien mehrere tausend Euro fällig.
Stumm standen alle umeinander. Er hoffe, es sei so in Ordnung, wollte Martin wissen. Die Alternative wäre gewesen, sie hätten auf der Stelle alles auflösen müssen. Franzi sagte zu Paul, sie könne noch fahren. Sie habe bisher so gut wie nichts getrunken. Auf keinen Fall, antwortete dieser. Er werde Martin jetzt nicht alleine lassen.

Ob es das jetzt war, fragte Lisa spöttisch und fügte leise: „dolle Party" an. Lore hob nur die Schultern. Sie hätte den Bullen was ganz anderes gesagt. Hethe blickte ins Feuer. So sei es mit ihrer Boutique auch gewesen. Von einem auf den anderen Moment habe sie schließen müssen. Ach Gott, sie möchte gar nicht daran denken. Einzig Charly konnte sein Glück kaum fassen.

Das nächste Problem bestand darin, das Feuer, das soeben seinen höchsten Punkt erreichte, zu löschen. Martin rollte einen Gartenschlauch heran. Der dünne, schwache Strahl, dessen Bogen keine fünf Meter weit reichte, schien dem wild lodernden Turm nicht das Geringste anzuhaben. Wo er auf das glühende Holz traf, zischte es laut. Weißer Rauch stieg in den nächtlichen Himmel empor. Wanderte der Wasserstrahl weiter, flammte es an der eben gelöschten Stelle gleich wieder auf. Martin übergab den Schlauch an Clara und suchte nach Eimern. Mühsam schleppte er zwei heran. Der Auffangbehälter für das Regenwasser sei fast leer, man müsse aus dem Rehbach schöpfen.

Mit Schwung leerte er den ersten Eimer. Wie eine ausgestreckte Zunge stand das Wasser einen Augenblick in der Luft, bevor es an der unerbittlichen Hitze leckte. Das Feuer fauchte zurück und schlug aus. Eine dicke Qualmwolke wälzte sich Martin entgegen und schloss ihn ein. Hustend sprang er zurück. Den zweiten Eimer warf Paul gegen den Scheiterhaufen, das Ergebnis war das gleiche: Das Wasser verdampfte, ohne einen sichtbaren Effekt zu hinterlassen. Schon nach wenigen Sekunden schloss sich der hellglühende Mantel wieder.

„Genau wie in Lilienthal", sagte Charly wieder.

Der Amtshof brannte lichterloh. Alles brannte! Aus dem Vorwerk schlugen die Flammen meterhoch heraus. Bei der Zehntscheuer hatte bereits das Dachgebälk nachgegeben und war nach innen gestürzt. Wie enthauptet stand sie da und spie Rauch und Funken empor. Aus dem Torfhaus wallte dicker, schwarzer Qualm und türmte sich in den Himmel. Die Werkstatt dagegen leuchtete wie ein gefallener Stern. Von Amtshaus und Kornspeicher waren noch letzte Teile des Reetdaches erhalten. Reiter hatten sie mit Fackeln entzündet. Das Feuer fraß sich von unten nach oben.

Zwischen alledem liefen Soldaten umher. Was ihnen von Wert schien, rafften sie zusammen. Das Fernrohr aus Messing, beim Sturz vom großen Tubus gesprungen, wurde fortgetragen. Ebenso ein Sextant und allerhand andere Kleingeräte. Einer protzte mit einer der Pendeluhren, die er im Trümmerhaufen des Riesenteleskops gefunden hatte. Ein anderer wühlte sofort an gleicher Stelle und hob wenig später einen kupferfarbenen Micrometer empor. Stolz zeigte er seine Trophäe her, deren Gebrauch, Sinn und Zweck ihm offensichtlich völlig fremd waren. Im Amtshaus war der von Elisabeth versteckte Wein gefunden worden. Ein ganzer Trupp trug jubelnd die Kisten davon.

Die Hitze um die brennenden Häuser war nun so stark geworden, dass sich niemand mehr hineinwagte. Das Plündern ließ nach. Von irgendwoher war ein Trompetensignal zu hören. Der Klang schmerzte Schroeter, der noch immer am

Eingang zum Amtsgarten stand. Alles missbrauchten diese Militärs. Nichts war ihnen heilig. Trommeln, Fanfaren, Glockenspiele, selbst sein geliebtes Instrument, die Trompete, zwangen sie in ihren Dienst.

Die Franzosen rückten ab. Wie das Vieh einer Herde trotteten sie zu ihrem Sammelplatz. Dabei lachten und scherzten sie. Das Leid und die Trümmer um sie herum würdigten sie keines Blickes.

An Schroeters Seite stand Dittmer. Vom Schlag halbwegs erholt, hielt er sich ein Taschentuch auf die blutende Wunde an seinem Kopf. Durch die Rauchschwaden kam eine Gruppe Reiter heran. Es war General Vandamme mit seinen Offizieren. Wie um ihr Werk zu inspizieren, umkreisten sie die Sonnenuhr in der Mitte des Amtshofes. Auf ihrem Weg zurück stellte sich ihnen Dittmer in den Weg. Es habe für diese Zerstörung keinen Anlass gegeben, rief er dem General, der, tadellos geschmückt und dekoriert, stockgerade auf seinem Pferd saß, zu. Die Preußen und Russen seien schon gestern abgerückt. Man habe darüber auch Meldung erstattet.

Diese Meldung habe ihn wohl nicht erreicht, antwortete Vandamme von oben herab. Darüber hinaus obliege es ihm allein, die jeweilige Lage zu beurteilen und die entsprechenden Maßnahmen zu ergreifen. Man verfüge über eindeutige Beweise, dass sich die Bevölkerung gegen die französische Besatzungsmacht erhoben hätte. Seine Männer seien von Lilienthal aus beschossen worden. Daher sei ein solches Exempel mehr als notwendig gewesen. Ohne Gruß ritt er an Dittmer vorbei. Er werde dies nicht auf sich beruhen lassen, rief ihm dieser hinterher. Er werde nach Paris berichten. Wie ungehört prallten seine Worte am Rücken der Offiziere ab.

Inzwischen kamen die Knechte und Mägde, Elisabeth, Frau von Witte und alle anderen aus der Kirche herbeigeeilt. Auch Ahlke, ihr Bruder und das Gesinde von dort liefen auf den Hof. Man bildete zwei Reihen zur Wörpe hin. Jeder, egal welchen Standes, packte mit an. Auf der einen Seite die Frauen, auf der anderen Seite die Männer. Hier gingen die vollen Eimer von Hand zu Hand, dort die leeren. Allein es war vergebens. Zu tief hatte sich der gierige Zahn des Feuers bereits in die Gebäude genagt. Man musste es gewähren lassen, bis alles verschlungen war. An der Zehntscheuer ließen sich noch die Mauern retten, ebenso am Vorwerk. Alles andere brannte bis auf die Fundamente nieder.

Es nutzte nichts. Jeder Eimer verpuffte an dem mächtigen Osterfeuer. Bis der nächste vom Rehbach herangeschleppt war, hatten die Flammen das entstandene Loch längst wieder geschlossen. Paul glitt zudem aus und wäre beinahe ins Wasser gefallen. Er konnte sich nur dadurch fangen, dass er ein Bein in den Bach stellte. Um wieder herauszukommen, musste er mit dem zweiten auch hinein. Wütend pfefferte er den Eimer über die Wiese. Das sei doch alles sinnlos. Man müsse das Feuer herabbrennen lassen. Wenn es die Polizei störe, solle die es löschen. Die riefen die Feuerwehr, entgegnete Clara. Dann könnten sie den Einsatz bezahlen. Tapfer hielt sie weiter den Schlauch gegen die Flammen gerichtet. Paul habe recht, sagte Martin. Es sei sinnlos. Sie müssten warten, bis es abgebrannt wäre. Sie könnten alle gehen. Er werde hier warten und wachen. Er würde bei ihm bleiben, sagte Paul entschlossen. Allerdings sei er bis über die Knie klatschnass und habe keine anderen Schuhe mit. Martin dankte und schickte ihn mit den anderen fort.

Von Schroeters Hab und Gut sei nichts mehr retten gewesen, erzählte Charly auf dem Weg über die Wiese zu seiner Hütte. Nur das, was er am Leibe trug, war sein Besitz. Elisabeth und allem Gesinde sei es ebenso ergangen. Viele Einwohner Lilienthals hätten alles verloren. Trupe wäre besonders schlimm getroffen worden. Hier habe kein Hof mehr gestanden. Selbst die Kapelle wäre niedergebrannt. Die Obdachlosen mussten irgendwo Unterschlupf finden. Manche hätten sich ein notdürftiges Dach über dem Kopf gebaut oder sich unter Bäumen eingerichtet. Der Großteil konnte in die Nachbardörfer verteilt werden.

Charly stellte Hethes Tasche ab. Wo sie jetzt schlafen solle, wollte diese wissen. Und wo eigentlich sein Schlafzimmer wäre. Charly zeigte auf die schmale Treppe, links an der Wand. Sie könne gerne sein Bett haben, er werde sich hier unten irgendwie einrichten. Er könne die Liege von der Terrasse hereinrollen. Das würde schon gehen.
Hethe und er stiegen nach oben. Das Bett streifte sie nur bei einem kurzen Blick durch das gesamte Zimmer. Breit genug für zwei wäre es, stellte sie befriedigt fest und wandte sich dem Teleskop zu, das breitbei-

nig und steil aufragend den Raum beherrschte. Vorsichtig legte sie die Hand darauf. Wie groß es sei, murmelte Hethe vor sich hin. Ihre Augen folgten den im Boden eingelassenen Schienen, die sich unter der Schiebetür nach draußen verloren. Sie trat zum Schreibtisch an der Wand. Darauf stand ein Holzkasten, in schmale Fächer unterteilt. In den Fächern steckten Karteikarten, die ein wenig über den Rahmen herausragten. Sie waren oben beschriftet. *1813 Bremen* las Hethe oder *Sternwartenplatz*. Auf einem anderen stand *Im Amtshaus*, daneben folgte eine Kaskade von rötlichen Unterteilungen. In alphabetischer Folge reihten sich die Namen: *Ahlke, Bode, Dittmer, Gildemeister, Goethe, Harding, Harjes, Humboldt* bis *von Zach* auf. Das seien seine Notizen zum Buch, erläuterte Charly. Auf diesen Zetteln habe er über Jahre das Material für sein Buch gesammelt. Seine Finger wanderten eine Reihe nach oben, klappten eine Karte vor und zogen einen dicht beschriebenen Papierstreifen heraus. Sie las: *1 Fuß = 29,210 cm; 1 Elle = 2 Fuß* und so weiter. *Gab auch andere*, stand ganz unten mit einem dicken Ausrufezeichen. Es habe zu jener Zeit eine Vielzahl unterschiedlicher Maßeinheiten gegeben, erläuterte Charly. Selbst innerhalb eines Landes. Eine englische Meile war nicht gleich einer hannoverschen. Ein braunschweiger Fuder nicht einfach in ein göttinger Pfund umzurechnen. Für andere Maße habe es überhaupt keine Zahlenangaben gegeben. So sei eine Frankfurter Elle ein Stück Metall gewesen, das in die Vorderseite des ehemaligen Leinwandhauses eingemauert war. Daran habe man die Stoffbahnen abgemessen. Vieles könne man auch nur ungefähr wiedergeben. Ein damaliges Quentchen entspreche etwa heutigen vier Gramm.

Das Glück wiege also nur vier Gramm, fragte Hethe enttäuscht. Sie habe es sich wesentlich schwerer vorgestellt. Oder leichter, sagte sie nach kurzem Überlegen und lächelte. So leicht, dass es fliegen könne. Sie strahlte bei der Vorstellung. Wie eine Stubenfliege, fügte sie verträumt hinzu.

Hethe blätterte selbst etwas im Zettelkasten. Wie er denn auf diese Methode gekommen wäre, wollte sie von Charly wissen. Er habe einmal irgendwo gelesen, dass Jules Verne so gearbeitet hätte, antwortete dieser prompt. Verne habe alles, was ihm für seine Romane brauchbar schien, auf solch kleine Notizzettel notiert und gesammelt. Diese Arbeitsweise hätten später auch andere Schriftsteller übernommen. Verne habe zigtausend solcher Blättchen hinterlassen, die bis heute von fleißigen Forschern ausgewertet würden. Andere Autoren noch wesentlich mehr. Hunderttausende! Generationen von Germanisten und manischen Lesern könnten sich daran abarbeiten!

Er selbst habe, da er ja keine Erfahrung im Buchschreiben hatte, diese etwas antiquierte Technik übernommen. Anfänglich habe er den Rand von Zeitungen abgeschnitten und zerkleinert. Später sei ihm das zu mühsam geworden. Er habe sich in einem Copyshop die Zettel in entsprechender Größe zuschneiden lassen. Es funktioniere ganz prächtig. Man könne die Notizen immer wieder umsortieren und neu zusammenstellen. Charly nahm wahllos einen Stapel der Blättchen heraus und wollte es demonstrieren.

Auf dem obersten stand: *Herschel vervielfachte den bekannten Horizont*, darunter eine quer liegende Acht. Was dies zu bedeuten habe, wollte Hethe wissen.

Durch das erste Riesenteleskop von Herschel habe sich erstmals die Tiefe des Weltraums erahnen las-

341

sen, antwortete Charly, noch immer die Zettel in der Hand. Doch habe man an eine Endlichkeit geglaubt, eine Himmelskuppel, die zwar viel größer als zuvor vermutet wäre, aber das Universum begrenzte. Herschel habe später diese Vorstellung ergänzt. Er habe angenommen, dass lediglich unsere Galaxis, die Milchstraße, existieren würde. Ihre Größe schätzte er auf zweitausend Lichtjahre, was einer so unglaublichen Vergrößerung entsprach, dass er von anderen Kollegen scharf angegriffen wurde. Sie müsse es sich so vorstellen, dass Herschel die Größe des Universums von einem Stecknadelkopf zur Weite unseres Sonnensystems vervielfachte. Natürlich irrte er. Heute wüsste man, dass die Milchstraße viel größer sei, etwa fünfzig Mal größer. Und dass sie nur eine Galaxis unter vielen, vielen anderen sei. Andere Galaxien, die durchaus zu sehen waren und sind, habe Herschel fälschlicherweise als Sternennebel gedeutet. Dadurch hielt sich bis zu Beginn des 21. Jahrhunderts habe sich das Modell der einen Galaxis gehalten. Erst mit wesentlich besseren Teleskopen und der Strahlenmessung sei es gelungen, die schiere Unendlichkeit des Universums zu erkennen.

Er immer mit seiner Unendlichkeit. Furchtbar sei das. Er scheine wirklich Gefallen an dieser Vorstellung zu finden. Hethe zog einen Zettel heraus. Darauf stand *Johann Hieronymus – Johann Friedrich als Amtmänner* mit mehreren Fragezeichen: ???. Darunter, in Versalien: SEHR SCHWIERIG! Was dies zu bedeuten habe, wollte sie wissen.

Charly stöhnte kurz auf. Viele Stunden habe er auf diesen Punkt verwendet. Schroeters Sohn Friedrich habe ja ebenfalls die Beamtenlaufbahn eingeschlagen und sei später Nachfolger seines Vaters in Lilienthal geworden. Darüber hinaus gebe es Hinweise, dass er dies schon während der Franzosenzeit war, dass also nicht der Arzt Dittmer, sondern Johann Friedrich Schroeter Maire von Lilienthal wurde und seinen Vater aus dem Amt drängte.

„Oh", entfuhr es Hethe. Das habe diesem sicherlich nicht gefallen.

Wahrscheinlich nicht, bekräftigte Charly. Überhaupt sei die Beziehung der beiden wohl äußerst schwierig gewesen. Auf der einen Seite Schroeter, der über das Desinteresse seines Sohnes an der Astronomie mehr als enttäuscht war. Dazu diese Maskerade bezüglich Ahlke und die ewige Rücksichtnahme auf seine Schwester. Andererseits Friedrich, der vom Vater zwar angenommen, aber nicht wirklich anerkannt worden sei. Er habe ihm als Beamter nachgeeifert und ihn womöglich gerne im Rang überflügeln wollen. Das wäre sicherlich ein großer Triumph für den lediglich adoptierten Sohn gewesen. Am Ende habe es sich nicht eindeutig klären lassen, ob Friedrich tatsächlich im Dienste der Franzosen Maire in Lilienthal wurde. Höchstwahrscheinlich sei es so gewesen. Der Vater habe es ihm später im Testament vergolten und ihn vom Erbe ausgeschlossen, falls sich herausstellte, Friedrich hätte sich in dieser Zeit gegenüber dem Hause Hannover schuldig gemacht. Alles in allem erschienen ihm diese Umstände als zu kompliziert, um im Buch eingebaut zu werden. Es lenke auch zu sehr von der eigentlichen Geschichte ab.

Sie würde genau so etwas sehr interessieren, entgegnete Hethe. Das seien doch wichtige Faktoren im Leben der beiden und charakterisiere die Personen weit mehr als deren alltägliche Handlungen. Hinter seinem Alltag könne sich jeder verbergen, wie hinter einer Maske. Wenn es tatsächlich so gewesen sein sollte, dass der Sohn den Vater aus dem Amte drängte, müsse er das unbedingt in sein Buch einfließen lassen. Wenn sie schon dabei wären, müsse sie noch etwas anderes sagen, das ihr aufgefallen wäre, ein wenig Kritik, wenn man so will. Er solle das bitte nicht falsch verstehen. Sie kenne das Buch ja nur in Auszügen. Ihr sei allerdings aufgefallen, dass den Figuren ein wenig die Emotionen fehlten, die, wie soll sie es sagen, Leidenschaft. Schroeters Verhältnis zu Ahlke könne er doch wesentlich genauer beschreiben. In ihren Augen sei das wichtig, genauso wichtig wie das Verhältnis von Vater zu Sohn. Ihr schiene diese Beziehung recht außergewöhnlich, gerade zu jener Zeit. Diese Treue, wenn sie es richtig verstanden habe. Gleichzeitig dieses Festhalten an gesellschaftlicher Etikette. Das offene Geheimnis. Jeder im Dorf wusste von ihrer, sie möchte es geradezu Ehe nennen und dennoch wird nach außen die Fassade aufrechterhalten. Er besuche sie heimlich und nur unter einem Vorwand. Da stecke doch viel Leben drin. Das zeichne die Figuren, die Zeit doch wesentlich genauer, als wenn jemand herumreite und Deiche inspiziert. „Oder ewig durch ein Teleskop starrt", fügte Hethe nach kurzer Pause hinzu.

Er habe sich, in seinen Augen, schon weit in die Figuren hineinbegeben, verteidigte Charly seinen Standpunkt. Ursprünglich habe er ein Sachbuch schreiben wollen, das die Anfänge der Mondforschung behandle. Dieses Thema sei schon sehr komplex. Allein die Fertigung der Spiegel, diesen Wettlauf um Technik und Ausführung, biete Stoff genug. Die daraus resultierenden neuen Erkenntnisse seien ein wirrer Strauß von Wahrheit, Fehlern und Vermutungen. Darin zeige sich die allmähliche Loslösung von tradierten Vorstellungen über den Himmel. Man befinde sich am Scheidepunkt. Dies mache diese Zeit so spannend. Die vielen Details aus dem Privatleben der Personen habe er erst bei seinen Nachforschungen entdeckt. „Ich finde, ich habe sie bereits sehr stark berücksichtigt." Sein Buch habe sich schon jetzt weit vom einstigen Entwurf entfernt. Solche Dinge hätten ursprünglich gar nicht vorkommen sollen. Manchmal sehe er sich zwischen allen Stühlen sitzen und wisse nicht recht weiter. Er könne dann gut verstehen, warum sich bislang niemand der spannenden Geschichte rund um Lilienthal angenommen habe oder seine Pläne nie ausführte. Es sei eine sehr dichte und schwierige Materie. Gelegentlich denke auch er ans Aufhören.

Das fände sie sehr schade, resümierte Hethe und steckte etwas schroff den Notizzettel zu den anderen zurück. Vielleicht habe sich etwas in seinem Leben ereignet, was ihn davon abhielte, Dinge wie Gefühle, betonte sie spitz, zu zeigen und zu beschreiben. Charly war perplex und brachte keinen Ton heraus.

Hethe wandte sich mit verschränkten Armen ab und betrachtete kühl die gegenüberliegende Wand. An ihr hingen einige merkwürdige Geräte, allesamt aus Holz. Mit solch einfachen Instrumenten habe man von der Antike bis ins Mittelalter Astronomie betrieben, sagte Charly sofort und sprang förmlich hinüber. Fernrohre habe es ja noch nicht gegeben, fügte er an. Das sei ein Jakobsstab, oder auch Kreuzstab. Er nahm die Holzstange, auf der sich eine zweite, kleinere bewegen ließ, von der Wand. So etwas habe zur Höhenmessung gedient. Auf dem Längsstab war eine Skala eingeschnitzt. Man halte es vors Auge und fixiere das Objekt, demonstrierte er übereifrig. Dann schiebe man den kreuzenden Stab so weit, bis er unten und oben mit der Höhe des Objekts abschließe. Die untere Linie müsse dabei horizontal verlaufen. Auf dem Längsstab lasse sich der Winkel ablesen, den die beiden Blickachsen bildeten. Aus dem Winkel ..., Charly brach ab, da sich Hethe stumm dem Teleskop zuwandte. Wenn sie möge, könne er es gerne nach draußen fahren und sie einmal hindurchsehen, bot Charly an.

„Und, was gibt es da zu sehen?", fragte Hethe schnippisch. „Endlose Weiten, kalte Sterne, ein schwarzes Nichts?" Vielleicht werde man ja gefühllos, wenn man sich den ganzen Tag mit nichts anderem beschäftige? „Ich kann dir den Mond zeigen", schlug Charly vor. Es sei eine klare Nacht. Sie verspreche eine tolle Sicht. Sie könne sehen, was Schroeter gesehen habe. Hethe überlegte demonstrativ lange. „Die Mondkrater?", fragte sie nach. Charly nickte. „Die flachen Meere?" Natürlich. „Die Bauten der Seleniten auch?" Charly zögerte einen Moment. Selbstverständlich! „Dann, sehr gerne." Hethe strahlte und trat etwas zur Seite, in Erwartung, dass Charly das Teleskop nach draußen schiebe. Sie würden noch warten müssen. Der Mond ginge erst in den frühen Morgenstunden auf. Zudem sei er abnehmend, es wäre fast Neumond, schränkte Charly weiter ein. Hethes freudige Miene schwand. Ach so, flüsterte sie, schade. Sie könnten nochmals spazieren gehen, unterm Sternenzelt, wenn sie Lust dazu hätte. Charlys Augen flehten sie an. Nur wenn er ihr dabei auch schöne Geschichten erzähle.

„Versprochen", schwor Charly und hob drei Finger in die Höhe. Sie ziehe sich nur schnell etwas anderes an. In diesem Kleidchen werde es ihr nun doch zu kühl. Wo er ihre Tasche hingestellt habe. Unten, sagte Charly und ging voraus.

Sie müssten am Waldrand entlang, hatte Charly sie dirigiert. Nicht durch den Ort. Dort störe das Licht. Sie stolperten den dunklen Weg entlang. Die Baumkronen gaben nur Bruchstücke des Nachthimmels frei. An lichteren Stellen blieb Charly kurz stehen. Tiefschwarze Zweige verdeckten Teile der Sternenbilder. Es werde besser werden, viel besser. Weiter oben würden sie aus dem Wald kommen. Danach ginge es über die Felder wieder zur Russeneiche hinüber. Dort hätten sie freie Sicht, fast einhundertachtzig Grad. Von Horizont zu Horizont. Er habe schon oft dort oben des Nachts gestanden.

Zur Russeneiche würde es noch eine Sage geben, begann Charly leicht japsend. Er wollte sein gegebenes Versprechen einlösen. Martins Großeltern hätten ihm diese erzählt. Damals, ebenfalls zur Franzosenzeit, hätte die Eiche nicht so frei auf dem Feld gestanden wie heute. Ringsum sei dichter Wald gewesen. Ein französischer Deserteur habe sich dort versteckt. Mehrmals habe man Jagd auf ihn gemacht, doch nie zu fassen bekommen. „Das Geheimnis seines geisterhaften Verschwindens war, dass er von einem Baum wusste, der innen hohl war. Von oben konnte er in diesen hineinklettern." Hethe blieb vor ihm stehen, ein schwarzer Engel in stockfinsterer Nacht. Einmal sei ihm dieses Versteck allerdings zum Verhängnis geworden. Er habe sich so darin verklemmt, dass er nicht mehr vor- und zurückkam. Er müsse wohl auch geschrien und gejammert haben. Jedenfalls habe man sich fortan Spukgeschichten von sprechenden Bäumen erzählt. „Einige behaupteten sogar, es gebe Baummenschen, die sich auf ihren Wurzeln fortbewegten und auf ihrem Stamm Köpfe trügen. Andere sagten, der französische Soldat würde dort umgehen. In tadelloser Uniform spreche er Waldarbeiter, Jäger und Wanderer an. Er frage nach dem Weg nach Nantes, wo seine Verlobte auf ihn warte. Noch heute werde der schmale Streifen links des Baumes *das Schauerfeld* genannt."

Falls er versuche, sie mit irgendwelchen Gruselgeschichten zu ängstigen, könne er gerne weitererzählen. So schnell lasse sie sich nicht erschrecken. Charly beteuerte, dass er nur wiedergebe, was Martins Großeltern ihm mehr als einmal erzählten. Als diese noch jung und frisch verliebt waren, seien sie oft zu dem Baum hingegangen und hätten dem einsamen Franzosen einige Blümchen für seine Braut gebracht. Ein Ritus, den übrigens alle Pärchen aus der Umgebung zelebrierten. Angeblich um seinen Segen zu erhalten. Und als Bitte für Glück und Dauer in ihrer Liebe. Er glaube eher, sie wollten einmal alleine und ungestört sein. Wozu, fragte Hethe sofort und scheinbar naiv. Sie blieb auch stehen und ließ Hans dicht herankommen. „Was haben sie denn dort alleine und ungestört im Wald gewollt?"

Charly sah Hethe, wie sie sich eben vor seinen Augen umgezogen hatte. Ohne Zögern hatte sie ihr hübsches Kleid abgestreift und stand in Dessous vor ihm. Zwanglos plaudernd suchte sie in ihrer Tasche nach Hosen, die dort irgendwo sein müssten. Charly brachte kein Wort heraus, konnte aber auch nicht wegsehen. Völlig irritiert schaute er zu, wie sie nach der Jeans ein T-Shirt und einen Pulli überstreifte. Warum hatte er sie nicht im richtigen Moment gebeten, so zu bleiben, sich nichts weiter anzuziehen, sich einmal umzudrehen, damit er sie von allen Seiten bewundern konnte. Nur bewundern, mehr nicht. Auch jetzt brachte er keinen Ton heraus. Hethe wartete einen Moment, dann ging sie weiter.

„Thierry!", rief Charly nach einigen Schritten. „Jetzt fällt es mir wieder ein. Thierry hat er geheißen." Das sei doch ein Märchen, antwortete Hethe. Nein, nein, kein Märchen. Die Geschichte sei wahr. Vor rund hundert Jahren, der Wald war gerodet worden und nur die Eiche auf dem Kamm stehen geblieben, habe der Blitz in sie eingeschlagen. „Er spaltete den Baum von oben bis unten, du hast es ja selbst am Nachmittag gesehen. Im Inneren entdeckte man die Überreste eines Menschen. Die morschen Knochen steckten in einem alten Militärmantel. Anhand der Knöpfe konnte er den 21ten Chasseurs de Cheval zugeordnet werden. Weitere Nachforschungen ergaben, dass sich ein gewisser Jacques Thierry, gebürtig in Nantes, 1812 unerlaubt von der Truppe entfernt hatte und als Deserteur gesucht wurde – erfolglos!"

„Und die Verlobte, die hat es auch gegeben?", fragte Hethe. Ja natürlich, sagte Charly. Sie sei der weiße Nebel, der sich oft frühmorgens ins Tal lege. Das sei Thierrys Verlobte im Brautkleid.

Schön, sagte Hethe und blieb stehen. Es war unklar, ob sie die Geschichte oder den Anblick meinte. Rechts von ihnen öffnete sich der Wald. Fasziniert schaute sie nach oben. Seit langem habe sie keinen so schönen Nachthimmel mehr gesehen. Zuletzt während einer Reise in Südafrika. Atemberaubend nah seien ihr die Sterne damals erschienen.

Allerdings habe dort ein völlig anderes Firmament über ihr gestanden, unterbrach Charly sofort. Ob sie wüsste, dass die südliche Hemisphäre erst ab 1925 systematisch erfasst worden wäre? Bis zum Anfang des zwanzigsten Jahrhunderts habe sich die Astronomie fast ausschließlich mit diesen Sternenbildern, er deutete nach oben, und einigen, die im Laufe des Jahres über dem Horizont auftauchten, beschäftigt.

Das sei ihr neu. Dies wäre jetzt eben auch nicht ihr Gedanke gewesen, schmollte Hethe. Es zeuge allerdings, wie in so vielen Bereichen, von der westlichen Dominanz, um nicht zu sagen Arroganz. Sie vermute, ach was, sei sich sicher, dass die Aborigines, Maori und Ureinwohner Afrikas eigene Namen für die ihnen sichtbaren Sternenbilder gehabt hätten. Er habe es doch eben selbst dargelegt, dass die Menschen in früheren Jahrtausenden wesentlich engere Beziehungen zu den Sternen pflegten. Ganz bestimmt hätten sie ihnen auch Namen gegeben, die heute keiner mehr kenne. Sie seien ihnen, wie so vieles, geraubt worden. „Der weiße Mann kam und setzte seine Bezeichnungen ein."

Davon wisse er nichts, sicher ... bestimmt ... anzunehmen, stotterte Charly herum. Über solche Dinge habe er sich offensichtlich keine Gedanken gemacht, stichelte Hethe nach. Nein, tatsächlich nicht, gab Charly zu. Sie gingen eine Zeitlang schweigend nebeneinander. Der Weg vollführte einen Bogen. Ein Wagen auf der nahen Straße jagte dem Licht seiner

Schweinwerfer hinterher. Links ragten noch immer die Schatten der Bäume auf. Nach der Straße kämen sie auf freies Feld, versprach Charly.

Hethe schien in Gedanken versunken. Die Sternenbilder würden sowieso alle ihr Aussehen verändern, fing Charly wieder an zu plaudern. Der Name Fixsterne treffe nämlich gar nicht zu. Er habe es eben schon bei Tisch beschrieben, alles sei in Bewegung. Leider sei es in einem Menschenleben kaum wahrnehmbar. Selbst über einen Zeitraum von ein-, zweitausend Jahren mit dem Auge nicht festzustellen. Kassiopeia zum Beispiel, das berühmte Himmels-W, Charly blieb stehen und zeigte nach oben, werde in 50.000 Jahren seinen hinteren Strich verloren haben. Sein Finger beschrieb einen noch intakten Buchstaben. In weiteren 50.000 Jahren sei er dann nach unten gezogen. „Es ist dann kein Buchstabe mehr zu sehen, zumindest keiner aus dem lateinischen Alphabet." So geschehe es mit allen Sternzeichen. Alle würden ihre jetzige Konstellation verlieren. Es wäre dann kaum mehr nachvollziehbar, wie sie einmal zu ihren Namen kamen. „Es spielt daher keine Rolle, wer sie einst benannte, oder nicht?" Hethe lächelte, ohne dass Charly es sehen konnte.

„Wie ging es eigentlich in Lilienthal weiter?", wollte sie wissen.

„In Lilienthal ...", kam es wie aus der Pistole geschossen, „war alles zerstört." Charly überflog im Geiste die letzten Kapitel seines Buches und gab das Ende wie im Zeitraffer wieder. Der Ortskern und viele Höfe waren niedergebrannt. Die Sternwarte in Trümmern und geplündert. Dittmer hätte seine Drohung gegenüber Vandamme wahrgemacht. Er schrieb an den Präfekten der Weserstaaten, er schrieb an den Generaladjutanten, er schrieb sogar an Napoleon persönlich. Der hätte gerade andere Sorgen gehabt. Überall habe sich Dittmer über das Vorgehen des Generals und sein unverhältnismäßiges Handeln beschwert. Haarklein listete er die Schäden auf. Jeder Hof stand dort mit Namen. Die Kirche in Trupe, die Mühle, der Amtshof, schließlich die Sternwarte. Es sei eine lange Liste gewesen. Dittmer betonte, dass Lilienthal zum Zeitpunkt des Angriffs durch Vandamme kein feindlich besetztes Gebiet mehr gewesen wäre. Der General habe sich somit am französischen Staat vergangen. Und tatsächlich wurde Dittmer recht gegeben, Vandamme gerügt und Reparationszahlungen geleistet. Es sei sogar recht schnell gegangen. Schon wenige Wochen nach der Katastrophe konnte mit dem Wiederaufbau begonnen werden, sprich, stand das Geld zur Verfügung. Noch heute könne man an einigen Gebäuden Inschriften finden, die den Zeitpunkt der Zerstörung, den 21. April 1813, und den der erneuten Weihung, ein Datum im gleichen Jahr, bezeichne.

„Und Schroeter? Was ist Schroeter geworden?", fragte Hethe.

„Schroeter war ein gebrochener Mann. Für ihn war die Sternwarte mehr, als nur ein Hobby oder eine Leidenschaft. Sein ganzes Leben, im wirklichen Sinne, hatte er der Astronomie gewidmet. Vielleicht lebte er auch zwei Leben, das eines Amtmannes und eines als Astronom? Letzteres wurde ihm genommen. Es war wie ein halber Tod. Einige Soldaten brachten auf Befehl von ihnen entwendete Instrumente und Gerätschaften zurück – vergeblich. Schroeter war müde und antriebslos. Als Amtmann leitete er gemeinsam mit Dittmer den Wiederaufbau des Amtshofes und ganz Lilienthals, die Sternwarte ließ er in Trümmern liegen. Olbers nahm ihn einige Zeit bei sich auf und wollte den alten Freund wieder für seine einstige Leidenschaft begeistern – vergebens." Nach der Viervölkerschlacht und der Schlacht bei Waterloo sei die Franzosenzeit endgültig vorbei gewesen. Napoleon habe abdanken müssen. Durch den Wiener Kongress 1815 sei die alte Ordnung, wenn man es so nennen will, weitgehend wiederhergestellt worden.

„Hannover war einer der großen Gewinner des Kongresses. Lilienthal gehörte fortan zu einem Königreich. Schroeter wurde wieder offiziell als Oberamtmann eingesetzt. Der Wiederaufbau des Moordorfes war abgeschlossen. Schroeter regelte seine Angelegenheiten und verstarb im August 1816."

„Wie traurig", resümierte Hethe. „Und die anderen, was ist aus den anderen geworden?"

Die anderen hätten Schroeter zum Teil lange überlebt. Selbst Elisabeth, die ältere Schwester, die ja ebenfalls alles verloren hätte, lebte noch einige Jahre. Sie habe im Haus an der Hohen Straße bis zu ihrem Tod mit Ahlke friedlich zusammengelebt – soweit er das in Erfahrung bringen konnte. Sohn Friedrich sei, wie gesagt, nach dem Tod des Vaters neuer Amtmann von Lilienthal geworden und über dreißig Jahre geblieben. „Er bewohnte mit seiner Familie den wiedererrichteten Amtshof. Olbers widmete sich weiter der Astronomie. Er wurde mit Ehrungen und Doktorwürden überhäuft. In den Wallanlagen der Hansestadt steht ein ihm gewidmetes Denkmal. Harding blieb Professor in Göttingen und veröffentlichte später seinen *Atlas novus coelestis*. Von Lindenau ist Minister in Gotha geworden, wo er die Amtsgeschäfte des unzurechnungsfähigen Herzogs Friedrich IV. führte."

Die größte wissenschaftliche Karriere hätte Bessel gemacht. Er gelte bis heute als einer der größten Astronomen seiner Zeit. Ihm sei, unter anderem, die erste verlässliche Parallaxenmessung eines nahe gelegenen Fixsterns gelungen. Schroeter hätte sich Jahrzehnte zuvor auch daran versucht. Wie gesagt, habe ihm das mathematische Genie gefehlt.

Hethe und Charly blieben einen Moment an der Straße stehen. Es war mucksmäuschenstill. Und aus diesem Zeichner, Tischbein, was wurde aus ihm? Über ihn wäre, was sein späteres Leben und Wirken betraf, wenig zu ermitteln. Er habe an Hardings Sternatlas mitgearbeitet. Ferner seien von Schroeter mehrere, umfangreiche Manuskripte überliefert. Es müsse das Einzige gewesen sein, was Schroeter aus den Flammen rettete. Eines dieser Skripte behandle den Saturn, ein anders den Mars. Darin befänden sich zahlreiche Kupferstiche, offensichtlich von Tischbein nach der Zerstörung angefertigt. Es müsse also weiterhin ein Kontakt zwischen Georg und dem Amtmann bestanden haben. Aus dem Nachlass sei dann allerdings nur ein kleineres Werk über den Merkur veröffentlicht worden. Alles andere sei ungedruckt geblieben. Nun war es Hans, der einige Zeit stumm dahinschritt.

„Und weiter?", fragte Hethe ungeduldig neugierig. In seinem Roman ließe er Tischbein und Schroeter die letzten Tage gemeinsam verbringen. Auch Georg versuche, den Amtmann für den Wiederaufbau des Teleskops zu begeistern, leider ohne Erfolg. Schroeter verspräche zwar immer wieder den Neubeginn, ließe aber keine Taten folgen.

Eine Nervenkrankheit hatte den Amtmann schon deutlich gezeichnet. Bei seiner Ankunft empfing Georg ein Greis, der schleppend durch die Gänge des neuen Amtshofes schlurfte und dessen Augen jeglichen Glanz verloren hatten. Zu seiner Überraschung traf er auch Ahlke im Amtshaus an. Sie müsse sich um beide kümmern, Elisabeth und Jan. Letzterer würde phantasieren und sich merkwürdig benehmen, gestand sie Georg. Des Nachts würde er durch den Amtsgarten irren und seine Instrumente, seine Observatorien, suchen. Dabei seien diese auf Schroeters eigenes Geheiß abgetragen worden. Was ihnen noch brauchbar schien und nicht nach Göttingen versprochen war, habe Friedrich in der Scheuer aufbewahrt. Jan meide allerdings den Ort und spreche nie davon.

Schon in der ersten Nacht hörte Tischbein, wie der Amtmann das Haus verließ, und lief ihm nach. Schroeter begrüßte ihn als seinen alten Gehilfen Gefken. Es werde auch Zeit, dass er käme. Als Erstes müsse die Werkstatt wiedererrichtet werden, sinnvoller und besser als je zuvor. Größere Spiegel, viel größere Spiegel werde er darin gießen. Er habe viel gelernt über die Jahre. Das größte Teleskop der Welt werde er bauen. Darüber werde selbst Herschel verstummen. Die gesamte Konstruktion müsse verändert werden. Das Gewicht würde mehrfach über dem alten liegen. Ein gewaltiges Instrument, das alle Geheimnisse des Universums offenbare. Nur mit Mühe, und nur dadurch, dass Georg in seine Rolle schlüpfte, gelang es ihm, Schroeter wieder ins Haus und zur Ruhe zu bringen.

In der folgenden Nacht sah Tischbein Schroeter erneut im Garten. Er tat, als würde er bereits

am neuen Teleskop arbeiten. Er entdeckte fortlaufend unbekannte Planetoiden und gab ihnen
Namen: Flora, Fortuna, Thalia. Ein kurzer Blick
durch das unsichtbare Instrument genügte.
Plötzlich hielt er inne und nahm die Ehrungen
von Kollegen und sogar dem König selbst entgegen, der sich mitsamt Hofstaat um ihn versammelt hatte. Er verbeugte sich bescheiden
vor Kepler, Newton und Galilei. Im nächsten
Augenblick zog er das kleine Glöckchen heraus,
mit dem er einst klingelte, wenn Harm Gefken
die Räder etwas vorandrehen sollte. Er hatte
es in den Trümmern des alten Riesenteleskops
gefunden und aufbewahrt. Mit diesem Glöckchen klingelte er in einem fort und rief nach
seinem Gehilfen. „Drei Speichen, Gefken, drei
Speichen! Ja, da sei es, das Mare Crisium. Meister Tischbein, komme er heran und sehe selbst."
Georg trat zu ihm und spielte mit. Ob er die
Schatten sehe, fragte Schroeter. Ja, er sehe sie,
klar und deutlich. „Halte er es getreulich fest",
befahl der Amtmann, „und keine Linie zu weit!
Und dort, der Graben, klar und völlig gerade,
auch das müsse er ..."
Schroeter verstummt von einer Sekunde auf die
andere, bricht zusammen und fällt in Georgs
Arme. Dieser ruft um Hilfe. Gemeinsam mit
Friedrich trägt er den Vater ins Haus. Schroeter
fiebert. Um sein Bett versammeln sich auch
Ahlke und Elisabeth. Schroeter erkennt sie alle
nur schemenhaft. Er glaubt, es handle sich um
eine Abordnung der Seleniten, herabgestiegen,
ihn zu grüßen und zu einem Besuch auf dem

Mond einzuladen. „Ja der Mond", spricht er vor sich hin. „Niemand kennt den Mond so gut wie ich. Nichts Niemand Nirgends Nie!" Sein Blick erlischt. Alke schließt ihm die Augen.

Hethe stand ergriffen neben Hans. „Wie traurig", sagte sie. „Und wie schön zugleich." Ob das denn wahr wäre? Das wisse er nicht. Es gebe keine Aufzeichnungen über Schroeters letzte Tage oder seinen Tod.
Hethe sann noch etwas nach. „Und Tischbein, wann starb er?"
Er habe mit fünfundneunzig Jahren ein fast biblisches Alter erreicht und sei in Bremen geblieben. Er überlebte Schröter somit um mehr als dreißig Jahre. Genaueres aus dieser Zeit über ihn sei unbekannt. Es existiere ein recht umfangreiches Testament, was darauf schließen ließe, dass er nicht untätig war und einiges an Vermögen ansammelte. Sein Wohnhaus sei heute leider, wie das von Olbers, verschwunden.
Und diese Frau, Frau von Witte? Sie gingen langsam weiter. Die Initiative für eine Sternwarte in Hannover habe er ihr angedichtet, gestand Hans. Sie gelte dennoch als eine der wenigen Frauen in dieser Wissenschaft zu jener Zeit. Sie habe tatsächlich den ersten Mondglobus gefertigt, ein Unterfangen, das Jahre in Anspruch genommen haben musste. Ihre Tochter Minna übrigens heiratete den späteren Mondkartographen Mädler, der Schroeter so diffamierte. Von ihm stamme die erste detailgetreue Mondkarte, die über viele Jahrzehnte, bis in die Neuzeit, in Gebrauch geblieben wäre.
Und der arme Schroeter habe sein Teleskop tatsächlich nicht wieder aufgebaut? Sie meine jetzt im

wirklichen Leben. Es wäre doch sein Ein und Alles gewesen. Sie hätte gedacht, er setze alles daran, es schnellstmöglich wieder zu errichten?

Das habe ihn auch lange beschäftigt, antwortete Hans. Seiner Meinung nach wären dafür verschiedene Punkte ausschlaggebend. Zum einen, wie eben dargelegt, müsse mit der Zerstörung der Sternwarte etwas in Schroeter zerbrochen sein, er könne es sich nicht anders vorstellen. Er sei buchstäblich nicht über den Verlust hinweggekommen. Zum anderen habe er es möglicherweise nicht gewagt, da viele Lilienthaler das Lebensnotwendigste verloren hatten, vor ihren Augen ein solch dekadentes Objekt wiederaufzubauen. Er fürchtete Zorn und Wut der Bauern. Tatsächlich sei gegen Schroeter der Vorwurf laut geworden, er habe aus den Reparationszahlungen übermäßig viele Gelder für sich selbst abgezweigt. Es sei sogar eine offizielle Überprüfung angestrengt worden. Das habe Schroeter wohl bereits im Vorfeld geahnt und deshalb Dittmer mit der vollständigen Verwaltung und Vergabe der Mittel betraut. Dies sei auch nach seiner Wiedereinsetzung als Amtmann so geblieben – in weißer Voraussicht sozusagen. Es konnte bei der erwirkten Prüfung keinerlei Fehlverhalten oder Zweckentfremdung festgestellt werden. Es sei sogar herausgekommen, dass für die Sternwarte kein Sous bewilligt worden war, da es sich dabei um angeblich feindliche Gerätschaften handelte. Es wurde auf die entsprechenden Verträge und den Ankauf durch den englischen Hof verwiesen. Schroeter hatte also schlicht kein Geld, um seine Sternwarte neu zu errichten. Das wäre vielleicht der wichtigste Grund.

„Und in Lilienthal ist nie wieder ein Teleskop zum Einsatz gekommen, ist nie wieder geforscht worden, ist alles vergessen?" Hethe war hörbar entsetzt. Nach dem Ende der Befreiungskriege sei Lilienthal förmlich von der Landkarte verschwunden, so Hans. In den statistischen Jahrbüchern finde sich so gut wie keine Erwähnung des Amtes mehr. Seine einst, zumindest in der Astronomie, herausragende Stellung, sei schneller verblasst als mancher Komet am Nachthimmel. Was nach dem Tode Schroeters noch an Instrumenten vorhanden war, sei, wie vereinbart, nach Göttingen gegangen. Erst Jahrzehnte später, als Lilienthal ein beliebtes Ausflugsziel für die Bremer geworden und durch eine Kleinbahn an die Hansestadt angeschlossen war – es wurde sogar versucht, einen Bäder- und Kurbetrieb aufzubauen –, erst da hätten sich findige Hoteliers und Gastronomen der alten Sternwarte erinnert. Plätze und Straßen, später sogar eine Schule, wurden nach Schroeter benannt. Es hätten Festspiele und Umzüge stattgefunden, die die Franzosenzeit darstellten. Schroeter wurde eine touristische Attraktion, mit herausgeputztem Grab neben der Klosterkirche, mit Gedenksteinen und Skulpturen. Ein fleißiger Heimatverein bewahre heute sein Andenken und einige Gerätschaften aus Schroeters Besitz. Das alte Haus an der Hohen Straße stünde noch. Es heiße Amtmann-Schroeter-Haus. Im Garten dahinter stehe eine Büste und erinnere an den großen Selenographen.

Für die astronomisch, historische Aufarbeitung habe sich vor einigen Jahren ein Verein gegründet. Mit viel Unterstützung einiger Mäzene habe der eine

Rekonstruktion des Riesenteleskops realisiert. Dieses stehe zwar nicht an historischer Stelle neben der Klosterkirche, wäre aber sonst ein Eins-zu-Eins-Nachbau des einstigen Fernrohres. Mit moderner Technik allerdings. So müsste die Nachführung nicht mehr von Hand geleistet werden, das ginge heute über Elektromotoren. Nach mehr als zweihundert Jahren wäre Lilienthal damit wieder zu einem Riesenteleskop gekommen, wobei es heute natürlich wesentlich leistungsfähigere Instrumente gebe.

Er sei wohl oft dort gewesen, fragte Hethe. Ja, ein paar Mal schon, gab Charly zu. Er spiele hin und wieder mit dem Gedanken, komplett dorthin zu ziehen. Es sei eine schöne Landschaft, ganz anders als hier: flach, mit einem geraden Horizont, Lilienthal ein nettes Städtchen. In der Arno-Schmidt-Straße habe er sich etwas angesehen, das ihm gut gefalle. Ein kleines Häuschen, mit etwas Garten drumherum. Nicht unähnlich seiner Hütte hier. Das wäre aber schade, wenn er fortzöge, sagte Hethe spontan. „Wo wir uns doch gerade erst kennengelernt haben."

XII

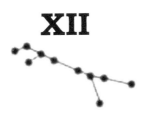

Charly und Hethe gingen unter freiem Himmel. Es war wirklich eine sternenklare Nacht. Die Erde wallte grau unter ihnen dahin. Schwarze Waldkämme flossen zum Horizont davon. Im Tal waberte eine dünne Lichtsuppe mit wenigen, hell leuchtenden Brocken darin. Ihr Weg lag wie ein in Streifen geschnittenes, schmutziges Band vor ihnen.

Sphärische Astronomie, damit hätte er sich während seines Studiums immer schwergetan, sprach Charly vor sich hin. Er könne sich bis heute keinen Horizont im Himmel vorstellen, ebenso wenig den Äquator oder die Ekliptik. Zum Glück seien die Nullstellen von Deklination und Rektaszension in den Computern der modernen Teleskope gespeichert. Zu Schroeters Zeit sei die exakte Angabe einer Sternenposition sehr schwierig gewesen. Eine Abweichung von wenigen Bogensekunden genüge, und das gesuchte Objekt verschwinde im Dickicht der Hemisphäre. Oftmals sei die Wiederentdeckung eines Sterns oder Kometen ebenso gefeiert worden, wie seine erste Sichtung.

Mittels der großen Teleskope hätten die Astronomen fortlaufend neue Sterne, Sternhaufen, Sternennebel und andere Auffälligkeiten entdeckt. Jeder verortete sie nach seinem Beobachtungspunkt, den er zuvor bestimmt hatte. „Darin lag schon die erste Fehlerquelle." Ferner sei man für die Messung der Höhe über dem Horizont nach wie vor auf einfachste Instrumente angewiesen gewesen.

Heute sei alles über ihnen, Charly vollführte eine weit ausholende Bewegung, mit einem unsichtbaren Koordinatensystem, unterteilt in Mikrobogensekunden, durchzogen. Gespannt wartete er auf eine Reaktion.

Für sie würde sich eine schöne Geschichte anders anhören, kam es schließlich von Hethe. Ihr fehle bei diesen, sicherlich interessanten Überlegungen die Romantik.

Sie blieben stehen. Charly zeigte nach oben. Sie sehe, wie der Sternenschleier der Milchstraße den Nachthimmel durchlaufe. Ob sie wisse, wie diese entstanden sei? Hans wartete keine Antwort ab. Es gebe dazu mehrere Theorien. „Im Altertum glaubte man, es sei ein Riss im Himmelsgewölbe, eine dünne Stelle im Samt der Nacht, durch die das Zentralfeuer dahinter, welches alle Sterne erleuchte, hindurchstrahle."

Hans ließ das Bild einige Sekunden wirken, ehe er fortfuhr. „Die Indianer Nordamerikas glaubten, es sei das Rückgrat der Nacht, welches sich, wie bei einem Pferd, durch das schwarze Fell des Himmels abzeichne." Wieder legte Hans eine kurze Pause ein.

Schließlich hätten es die Griechen, die für viele Deutungen und Benennungen verantwortlich wären, gelöst: Gottvater Zeus entbrannte in heftiger Liebe zu Alkmene, einer der Schönsten unter den Menschen. Er verführte sie als deren Mann verkleidet und maskiert.

Aus dieser Nacht entstand Herakles oder auch Herkules genannt. Zeus fand solchen Gefallen an seinem Sohn, dass er ihm die Unsterblichkeit schenken wollte. Er legte ihn heimlich seiner Gemahlin Hera, der Tochter des Kronos, der Zeit, an die Brust. Doch Herkules saugte so stark, dass Hera erwachte und das fremde Kind von sich stieß. Die Milch aus ihrer Brust ergoss sich über den Himmel und voilà, wieder zeigte Hans nach oben: die Milchstraße.

Sie gingen weiter. Gespannt wartete Hans auf eine Reaktion. Schließlich fragte er, ob dies schon mehr Romantik beinhaltet habe?

Es wäre schon besser als seine trockenen Ausführungen über Koordinatensysteme und die exakte Position von Sternen gewesen. Besonders der „Samt der Nacht" habe ihr gefallen. Das mit den Indianern auch. Mit fremdgehenden Männern verbinde sie nichts Romantisches, da habe sie ihre eigenen Erfahrungen gesammelt. „Mehr als genug", setzte sie ein paar Schritte später hinzu. Aber in dieser Richtung könne er gerne mehr erzählen.

Wieder blieb Hans stehen und zog Hethe dicht an sich heran, damit sie seinem Arm, mit der dunklen Fingerspitze daran, folgen konnte. Dies dort sei der große Wagen, mit den anderen Sternen um ihn herum der große Bär. Die Deichsel des großen Wagens zeige nach links. Etwas oberhalb davon der kleine Bär. Vom Bild her sehr ähnlich. Seine Deichsel zeige nach rechts. Der Stern am Ende sei der Polarstern. Um ihn kreise heute die Himmelsachse.

„Was hat das schon wieder zu bedeuten?", fragte Hethe etwas ungeduldig. Er solle jetzt bitte nicht wieder mit seinen Verschiebungen und Veränderungen von allem und jedem beginnen. Und auch keine Unendlichkeit, wenn dies möglich wäre.

„Nein, nein", beschwichtigte Hans sofort. Aber in einigen Tausend Jahren liege der Pol in Wega, die sie jetzt noch nicht sehen könnten. Sie erscheine erst ab Mai am Himmel und stehe im Sternbild Leier, eine der einfachsten Konstellationen und sehr leicht zu erkennen. Apollon schenkte dieses Musikinstrument einst Orpheus, der es wahrhaft meisterlich beherrschte. Als dessen Frau Eurydike an einem Schlangenbiss starb, bezauberte er sogar den Gott der Unterwelt mit seinen Klängen so sehr, dass er seine Frau wieder mit in die Welt der Lebenden nehmen durfte. Allerdings unter der Voraussetzung, dass er sich auf dem Weg dorthin nicht nach ihr umdrehe. Orpheus hielt dies nicht aus und blickte zurück. Eurydike blieb im Reich der Schatten. Orpheus starb vor Kummer. Sein Instrument, die Leier, wurde an den Sternenhimmel versetzt.

Hans entließ Hethe aus seinem Arm. Sie wanderten weiter. Diese Geschichte kenne sie, kommentierte Hethe. Traurig sei dies, sehr traurig, weil es so tragisch ende. Ob er nicht etwas anderes erzählen könne, etwas mit einem Happy End?

Das schiefe Haus, Charlys Arm fuhr sofort wieder nach oben. Das sei Kepheus. Etwas darunter könne sie das vorhin schon erwähnte schiefe „W" erkennen, das wäre Kassiopeia. In der griechischen Mythologie waren die beiden verheiratet. Kepheus war einst König von Äthiopien, wobei Äthiopien für die Griechen weit mehr umfasste als das heutige Land. In der damaligen Vorstellung war es der Rand der bekannten Welt. Dort lebten sagenumwobene Völker und unbekannte

Tiere, mit zottigen Mähnen, Hörnern und langen Hälsen, die nicht selten als Ungeheuer dargestellt wurden. Jedenfalls, Kassiopeia und Kepheus galten schon als fantastisches Paar, das nur von ihrer Tochter Andromeda an Schönheit und Anmut übertroffen wurde. Charly hörte in sich die Stimme seines Großvaters, der ihm dies alles vorsagte. Sie sehe diese vier Sterne, die eine lange Linie bildeten. In der Mitte etwa rage ein dünner Arm nach oben. Hans blieb stehen und Hethe rückte wieder dicht an ihn heran. Das solle eine weibliche Figur darstellen, fragte sie zweifelnd. Ziemlich dünn, ihrer Meinung nach.

Moment, Moment, beschwichtigte Charly. Andromeda, von ihren Eltern die Schönste der Welt genannt, war sogar schöner als die Meerjungfrauen. Dies rief Poseidon, den Meeresgott, auf den Plan. Für ihn waren die Nereiden, seine Gespielinnen, an Schönheit nicht zu übertreffen. Er strafte Kepheus und sein Land mit Verwüstung, Hunger und Not. Nur das Opfer der Andromeda konnte seinen Zorn besänftigen. Der Sage nach wurde sie an der Küste an einen Felsen gekettet, um von einem Meerungeheuer verschlungen zu werden. Das Sternenbild stelle daher keine weibliche Figur, sondern die Kette dar, die die Schöne fesselte.

Hans dachte nochmals an seinen Großvater. Er sah sich und ihn, wie sie des Nachts im Garten saßen oder irgendwo auf einem Feld oder einer Wiese, nicht unähnlich der Umgebung hier. Er schmeckte den süßen, warmen Kakao, hörte das Knirschen der Kekse in seinem Mund, das die Stille übertönte.

Ja und weiter, bohrte Hethe nach, die schon neugierig auf die Fortsetzung der Geschichte wartete. Was weiter, fragte Hans überrascht. „Was wurde aus

Andromeda?", wollte Hethe wissen. „Sie ist doch nicht gefressen worden, oder? Das ist kein Happy End."

„Nein, natürlich nicht. Im letzten Moment erscheint Perseus auf dem fliegenden Pferd Pegasus. In seinen Händen das Haupt der Medusa, das jeden versteinert, der in ihre Augen blickt. Mit diesem besiegt er das Meerungeheuer, befreit die Schöne und reitet mit ihr davon."

„So ist es schön", sagte Hethe. So etwas gefalle ihr. Sie schmiegte sich noch etwas mehr an Hans. Dieser legte leicht seinen linken Arm um sie. Mit dem rechten zeigte er wieder nach oben. Dort links von der Kette würde sie einen Sternenhaufen sehen. Dieser bilde die Hüfte des Perseus. Darunter seine Beine, leicht gespreizt, wie im Sattel. In der Verlängerung der Kette nach rechts schließe sich eine große Raute an, der Körper von Pegasus, nach oben, der wehende Schweif, nach unten, das fliegende, weit gestreckte Bein. Wenn sie noch etwas weiter nach unten ginge, dort, wo es deutlich weniger Sterne gebe, erkenne sie eine längliche Figur. Vorne, oder in dem Fall hinten, eine Verlängerung zu einem entfernteren Fünfeck. Sein Finger hüpfte über den Himmel und stach immer wieder zu. !!!!! Das sei der Walfisch mit seiner riesigen Flosse, das Meerungeheuer, das Andromeda verschlingen sollte.

Ja, sie sehe es, freute sich Hethe. Sie seien alle da! Und das Haupt der Medusa, wo könne sie das finden?

„Das ist kein Sternenbild", sagte Charly brüsk. „Es werden sonst alle zu Stein verwandelt, die hinauf in den Himmel blicken."

Ja natürlich, logisch, da habe er recht. Beziehungsweise die alten Griechen. Toll, rief sie begeistert und rieb ihre Schulter an seiner Seite. Sie sei noch nie einem Menschen begegnet, der so viel über die Sterne wisse. Charly drückte sie zum Dank etwas fester an sich und legte seine Wange an ihren Kopf. Hethe ließ es sich gefallen. Er sei doch ein Romantiker, flüsterte sie ihm zu. Charly hüstelte ob des Lobes. So würde er sich nicht bezeichnen. Es sei ihm oftmals unerklärlich, warum sich viele Menschen gar nicht mit dem Sternenhimmel beschäftigten. Sie gingen ihr Leben lang darunter hinweg, ohne ihm große Beachtung zu schenken. Wenn mal ein besonderes Ereignis angekündigt wäre, dann blickten sie hinauf wie im Kino auf die Leinwand oder in einer Manege auf den Zauberkünstler. Als würde das zu erwartende Spektakel ausschließlich zu ihrer Unterhaltung aufgeführt. Ist es vorbei, ginge der Vorhang wieder zu. Was tagtäglich dort oben passiere, wäre ihnen vollkommen gleichgültig. Die einfachsten Dinge seien vielen Menschen nicht geläufig. Jetzt falle ihm auch noch ein, was er Paul hätte sagen sollen. Die exakte Beobachtung der Mondbahn sei erst seit den ersten Mondflügen möglich. Astronauten der Apollo-Missionen hätten Reflektoren auf der Mondoberfläche aufgestellt. Diese würden bis heute mit Laserstrahlen beschossen und dadurch die genauen Bewegungen des Mondes erfasst. Welche Bewegungen, wollte Hethe wissen. Sie dächte, der Mond kreise um die Erde. Erst einmal kreise er nicht, er laufe in einer elliptischen Bahn. Auf diese Bahn übten Erde und Sonne verschiedene Einflüsse aus. Wenn der Mond sozusagen auf die Sonne zulaufe, werde er schneller, wenn er sich von ihr wegbewege, langsamer. Die Anziehungskraft der Sonne beschleunige oder bremse ihn. Dieses Phänomen sei schon im Altertum bekannt gewesen, ebenso die Veränderungen der Mondbahn im Jahresverlauf. Erst Brahe und Newton hätten es schließlich naturwissenschaftlich beschrieben.

Die Gezeiten wirkten sich ebenfalls aus. Ob ihr bewusst wäre, dass sich nicht nur die Wasseroberfläche hebe, sondern auch die Erdkruste dem Lauf des Mondes folge? Im Schnitt würde sich die Erdoberfläche einen halben Meter zum Trabanten hinstrecken. Hethes Erstaunen sah Charly trotz der Dunkelheit. Sie stellte sich ein wenig auf die Zehenspitzen, als könne sie dadurch leichter steigen. Im Grunde rotiere nicht die Erde allein um die Sonne. Erde und Mond bildeten ein unzertrennliches Paar. Wie ein Hammerwerfer würden sie sich gemeinsam um die Sonne drehen. Und auch da wäre es, je nach Abstand, so, dass unterschiedliche Kräfte auf das ungleiche Paar einwirkten.

Das Ergebnis all dieser Einflüsse sei ein fortwährendes Taumeln. Nichts verlaufe in exakten Bahnen. Es sei, als würde man mit dem Fahrrad plötzlich in tiefen, losen Sand geraten. Man schlingere nach allen Seiten. Durch die Messung mit den Laser-Reflektoren sei feststellbar, dass sich der Mond von der Erde entferne. Mittlerweile sehr langsam, aber immer noch messbar. Ursprünglich, bei seiner Entstehung, sei der Mond in einem Radius von nur fünfundzwanzigtausend Kilometer um die Erde gekreist. Er meine tatsächlich gekreist. Die Gezeitenkräfte müssten damals enorm gewesen sein. Mit dem Mond sei eine sechzig bis achtzig Meter hohe Lavawelle um die Erde gewandert. Ozeane gab es ja noch nicht.

Hethe schauderte bei der Vorstellung. Die turmhohe Wand erinnerte sie an Albträume, die sie früher oft verfolgten. Eine riesige Erdlawine rollte auf sie zu. Winzig klein eine einsame Blume darauf. Die Blume hob sich mit der Welle und sie wurden gemeinsam unter den Erdmassen begraben. Schreiend wachte sie auf und wollte nicht wieder einschlafen, da sie immer wieder diese Blume vor ihren Augen sah.

Schon recht bald sei der Mond auf Distanz gegangen, fuhr Charly nichtsahnend fort. Nach wenigen Jahrmillionen habe er sich auf die Hälfte seiner heutigen Bahn entfernt. Inzwischen hätten die beiden wohl den richtigen Abstand zueinander gefunden.

Ach, er mache immer alles kaputt, löste sich Hethe aus seinem Arm und ging. Charly blieb verdutzt stehen, eilte ihr dann hinterher. Was er jetzt wieder Falsches gesagt habe, wollte er wissen.

Immer springe er so hin und her. Erst diese schöne Geschichte mit Andromeda, dann gleich wieder irgendwelche Katastrophenbeschreibungen, dass sie sich fürchte und erschrecke. Zudem komme sie sich wie ein kleines Kind vor, wenn er sie über den Himmel unterrichte. Ja, sie gehöre auch zu denen, die sich wenig mit den Sternen beschäftigten. Sie habe im Alltag ganz andere Sorgen. Sie habe ein Geschäft, von dem sie und ihre Kinder lebten. Das habe sie schließen müssen. Sie wüsste momentan nicht, wie es weiterginge. Ausgerechnet jetzt, wo es ihr wirtschaftlich schlecht ginge, lade ihr Exmann die Kinder zu sich ein. Natürlich wüsste sie, was er damit beabsichtige. Es wäre für sie die größte Katastrophe, wenn sich ihre Kinder von ihr abwenden würden. Dann wüsste sie nicht, wie sie weiterleben solle. Er könne das alles vielleicht nicht verstehen, er habe mit seinen Sternen einen anderen Lebensmittelpunkt gefunden. Ihre

Sterne seien ihre Kinder. Wenn sie auf Distanz ..., Hethe brach in Tränen aus. Schluchzend blieb sie stehen. Hans stand zunächst hilflos daneben, dann nahm er sie entschlossen in die Arme, drückte sie an sich und streichelte über ihr Haar. Ihr Körper bebte.

En-, en-, en-, Entschuldigung, presste sie nach einiger Zeit hervor. Sie habe das gar nicht gewollt. Sie hätte sich vorgenommen, übers Wochenende abzuschalten. „Meine Sorgen sollten zu Hause bleiben, wie man so schön sagt." Aber das ginge nicht. Oder nur, wenn er ihr von den schönen Seiten des Himmels erzähle. Dann fange sie an zu träumen.

„Ich werde jetzt nur noch romantische Geschichten erzählen.", versprach Hans. Und wenn sie sich wieder ängstigen sollte, müsse sie ihm das sofort sagen. Über ihre Schulter hinweg sah Charly hinunter in die Senke. Wie ein Gerippe leuchtete die große Parabolantenne der Bodenstation aus der Dunkelheit heraus. Ob sie sich noch an ihre Geschichte von heute Nachmittag erinnern könne. Sie beide, die letzten Menschen auf der Erde? Hethe nickte stumm an seiner Brust. Er möchte diese Geschichte gerne erweitern. Nicht nur sie beide wären hier zurückgeblieben, sondern auch ihre Kinder. Zu viert würden sie hier leben. Vielleicht gebe es in weit entfernten Gegenden auch noch andere Zurückgelassene. Ganz sicher sogar. Man besuche sich hin und wieder, tausche miteinander. Sie sei bei allen für ihre wunderschönen Kleider bekannt. Die wären bei allen Frauen sehr begehrt.

„Woraus soll ich sie denn herstellen?", fragte Hethe, immer noch stockend atmend. „Etwa aus Tierfell?" Ob er sich einen völlig neuen Steinzeitlook vorstelle?

Nee, nee, er solle ihr lieber etwas von den Sternen erzählen, das gefiele ihr besser.

Charly schaute nach oben. Nach kurzem Suchen drehte er Hethe um und deutete in den Nachthimmel. Ob sie den hell leuchtenden Stern dort sehe, etwas weiter links vom großen Wagen. Es sei der hellste Stern des Nordens, Arktur, der Wächter des Himmels. Er sei etwa achtunddreißig Lichtjahre von der Erde entfernt. Das bedeute, dass sein Licht, das sie jetzt sähen, bei ihrer Geburt von dort ausgesandt worden wäre. Von jetzt an müsse er immer an sie denken, wenn er ihn sehe.

Er müsse nicht gleich übertreiben, flüsterte Hethe. Dennoch war sie gerührt. Langsam wandte sie sich um und hielt ihm ihren Mund entgegen. Aber, aber, …, stotterte Charly. „Scheiß auf Corona", sagte Hethe leise und schlang ihre Arme um seinen Hals. Sie küssten sich, erst nur ihre Lippen, dann ihre Zungenspitzen, dann züngelte es ungehemmt. Hände fuhren mit Spinnenfingern durch Haare, streichelten, kringelten, zupften – stiegen die Leiter der Rippen hinab, legten sich auf Hüften, zogen an Stoffen, krempelten Bünde um, wagten sich in warme Regionen, suchten Haut und zarte Stellen. Der Atem ging schneller, die Stimmen wurden tief, kehlig stiegen dunkle Vokale auf, viele A und O dazwischen, mit samtenem Hauchen verbunden.

Plötzlich war da eine andere Stimme. Sie schallte übers Feld. Erst leise, kaum hörbar, jetzt immer lauter. „Comment arriver à Nantes?", rief da jemand. Es war klar und deutlich zu hören. „Comment arriver à

Nantes?" Noch lauter schallte es herüber. Charly und Hethe ließen voneinander ab und sahen sich um. Dort oben, bei der Russeneiche, stand jemand wie im Mondlicht. Er trug eine Uniform, weiße Hose, dunkle Jacke, einen lang aufragenden Helm. Neben sich ein Gewehr mit aufgepflanztem Bajonett. Er umkreiste die Eiche, deren Gezweig gespenstisch schimmerte. „Comment arriver à Nantes?" Hethes Finger krallten sich in Charlys Arm. „Thierry", flüsterte Charly wie gelähmt. Das sei unmöglich. Sie konnten sich nicht von der Stelle rühren. „Comment arriver à Nantes?" Plötzlich tiefschwarze Nacht. Kein Laut mehr zu hören. Der Baum ein Umriss in der Nacht. Charly und Hethe standen noch immer wie gebannt. Nein, unmöglich, sagte Charly. Da spiele ihnen jemand einen Streich. Er tat zwei Schritte, Hethe hielt ihn zurück. Auf keinen Fall werde sie zu dem Baum gehen. Ob sie an Gespenster glaube, fragte Charly. Sie werde sehen, es ließe sich bestimmt erklären. Ein Scherz von einigen Jugendlichen womöglich. Ja, ja und irgendwo sei die versteckte Kamera, bemerkte Hethe zynisch. Weil hier des Nachts so viele Spaziergänger vorbeikämen. Ob er irgendjemanden außer ihnen hier sehen könne? Kein Mensch weit und breit. Da stelle sich bestimmt niemand mitten in der Nacht unter den Baum und warte auf sein Publikum. Charly zog an ihrem Arm. Sie sollten nachsehen, dann wüssten sie es. Außerdem sei Thierry völlig ungefährlich. Er suche nur nach dem Weg zu seiner Braut.

Noch nicht einmal eine Taschenlampe hätten sie dabei, flüsterte Hethe auf halbem Weg. Noch nicht einmal ihr Telefon. Gespenster würden ohne künstliches

Licht auskommen, besserwisserte Charly gleich. Er scheine sich ja gut damit auszukennen. Ob er öfter auf Geisterjagd gehe? Nein, natürlich nicht, er habe nur gedacht, ach, sie solle es einfach vergessen. Er glaube nicht an Geister. Sie bis eben auch nicht. Beide lachten verhalten. Bis zum Baum waren es noch etwa zwanzig Schritte. Sie blieben stehen. Bestimmt hinge ein Eimer mit Wasser in den Zweigen. Und wenn sie darunter stünden, würden sie klatschnass werden. Auf gar keinen Fall gehe sie näher an diesen Baum heran. Das könne er sofort vergessen. Sie sollten einfach daran vorbei und nach Hause gehen. Ihr stehe jetzt auch nicht mehr der Sinn nach Sternen, Mond und sonstigen nächtlichen Erscheinungen.

Mutig schritt Charly voran, Hethe fest an der Hand. Als sie mit dem Baum gleichauf waren, trat die Gestalt dahinter hervor. Sie musste die ganze Zeit im Spalt auf sie gewartet haben. Von unten war sie schemenhaft beleuchtet. „Comment arriver à Nantes?", flehte sie zu Hethe und Charly hinüber. Hethe lief schreiend los, Charly im Schlepptau. Nicht weit von ihnen stieg links weißer Nebel auf und kroch übers Feld heran. Hethe lief, immer schneller werdend, den Weg zum Ort hinunter.

Völlig außer Atem standen sie vor Martins Haus. Sie hatten drinnen noch Licht gesehen. Hethe klingelte Sturm. Martin öffnete. Was los sei, wollte er wissen. Wo sie denn herkämen und warum sie so außer sich wären. „Thierry!", japste Hethe, „wir --- haben --- Thierry --- gesehen. Oben --- auf'm Berg. Beidereiche!" Clara kam auch zur Tür. Was denn los sei? „Die beiden haben den Franzosen gesehen", lachte Martin. „Dasistkeinscherz", presste Hethe hervor und hielt sich die Seite. „Seid ihr von dort oben bis hierher gerannt?", fragte Clara überrascht nach. Ja natürlich, was sie denn glaube, geflogen. Noch nie in ihrem Leben habe sie sich so erschrocken. Von Charly kam kein Ton. Er rang nach Atem. „Ihr wollt uns wohl auf den Arm nehmen?", lästerte Martin. Walpurgisnacht wäre erst nächste Woche. Da könnten sie ihr Schauermärchen vom Schauerfeld erzählen. Oder es sich aufsparen bis Halloween. Jetzt sei es zu früh oder vielmehr zu spät. Sie hätten gerade zu Bett gehen wollen.

„Nein, das ist kein Scherz.", konnte jetzt auch Charly sprechen. Oben bei der Eiche hätte er gestanden. „Thierry, eindeutig. Oder zumindest jemand, der sich wie Thierry gekleidet hatte." Er wollte ja nachsehen, aber Hethe habe ihn fortgerissen, gab sich Charly mutig. „Ja, ja – und die weiße Braut ist auch erschienen?", zog ihn Martin auf. „Genau", antworteten Charly und Hethe gleichzeitig.

Was dieses Jahr bloß los wäre, fragte Martin verzweifelt. Würden denn alle verrückt? Lore und diese Lisa wären, kurz nachdem sie sich aufteilen mussten, wieder gefahren. Sie hätten sich wohl gestritten. Jedenfalls seien sie mir nichts, dir nichts vom Hof gerauscht, ohne sich zu verabschieden. Paul und Franzi wären wieder in den Stall gezogen. In diesem Moment war von dort ein helles Stöhnen zu hören, dass sich zu kurzen, spitzen Schreien steigerte. Darunter ein tiefer Bass, der in einem fort: Ja, ja, ja, ja, ja, ja taktete. Sie wollten lieber alleine sein, resümierte Martin. Alle lauschten einige Augenblicke.

Charly und Hethe sollten besser auch gehen. Die Polizei könnte jeden Moment wiederkommen und es gebe sicherlich Ärger, wenn sie hier zusammenstünden. Martin schloss die Tür. Hethe und Charly trotteten etwas irritiert davon. Paul und Franzi waren wohl zum Ende gekommen, es war kein Laut mehr zu hören. Martin erschien nochmals vorne vor dem Haus und rief Charly zu sich. Er müsse ihm unbedingt noch etwas sagen. Er wisse doch, was seine Großmutter ihnen einst erzählt hätte: „Thierry erscheint nur denjenigen, die wirklich ineinander verliebt sind." Verschwörerisch klopfte er Charly auf die Schulter und wünschte eine gute Nacht.

Was Martin ihm gesagt hätte, wollte Hethe sofort wissen, als er wieder zu ihr kam. Bestimmt hielte er sie jetzt für eine völlig durchgeknallte Ziege. Charly wiederholte, was Martin über Thierrys Erscheinen prophezeite. Hethe blieb einen Moment still. „Ob es Liebe wird, kann ich jetzt noch nicht sagen. Aber ich würde es gerne einmal ausprobieren." Arm in Arm gingen sie in die Nacht davon.

Martin lag mit hinter dem Kopf verschränkten Armen im Bett. Clara, die eben im Badezimmer nebenan das Licht löschte, schaute irritiert. Ihm scheine es ja prächtig zu gehen, schloss sie aus seinem Grinsen von Ohr zu Ohr. Der ganze Tag wäre eine Abfolge von Katastrophen, der Abend ein einziges Desaster gewesen und er liege da und amüsiere sich. Was ihm denn so gute Laune bereite, wollte sie wissen, während sie selbst ins Bett stieg.

Fantastisch, sagte Martin, einfach fantastisch. Was fantastisch sei, fragte Clara ungeduldig. Ob er jetzt

auch noch überschnappe? Es wäre alles prima gelaufen, jubelte Martin zur Decke. Keiner habe etwas
gemerkt, auch sie nicht, dabei drehte er sich Clara zu.
Er habe schon Angst gehabt, sie hätte ihn erkannt.
Wen erkannt, fragte Clara gereizt. Na den Schlotter,
den Schauspieler. Wieso, wo der denn gewesen wäre,
wollte sie wissen. Wieder strahlte Martin von einer
Seite bis zur anderen. Was, wo? Clara knuffte Martin
in die Seite. Wo sollte sie ihn gesehen haben? Na als
Polizist, gestand Martin endlich. Sie wären etwas zu
früh gekommen. Da es noch nicht ganz dunkel war,
seien sie etwas abseits stehen geblieben und hätten
die anderen immer wieder mit ihren Taschenlampen
geblendet.

Jetzt verstehe sie gar nichts mehr. Ob er ihr damit
sagen wolle, das sei alles nur inszeniert gewesen, die
Polizisten gar nicht echt, die Anzeige, das Löschen des
Feuers, alle ins Haus, alles nur Theater?

„GENAU!", gab Martin stolz zu und erntete weitere
Fausthiebe, vor denen er sich mit einer Doppelde-
ckung schützte. Das glaube sie einfach nicht. Er habe das alles arrangiert, nur um, um, um ... Annegret
sicher in Charlys Hütte zu bringen, vollendete Martin.
Er kenne seinen Freund nun lange genug. Da dürfe
man nichts dem Zufall überlassen. Wobei, ein Zufall
sei es schon gewesen. Vor etwa zwei Wochen wäre
er zufällig dem Schlotter in der Stadt begegnet. Der
habe ihm gleich vorgejammert, wie schlecht es ihm
ginge, ihm und allen anderen vom Staatstheater
Darmstadt. Das Haus auf unabsehbare Zeit geschlossen, der Spielplan abgesetzt, Verträge gekündigt. Und
in diesem Moment sei ihm der Geistesblitz durch den

Kopf geschossen und er habe Schlotter und ein, zwei andere engagiert. Requisiten gebe es im Theater ja genug. Zwei Polizeiuniformen – übrigens uralt, am Tage hätten sie damit nicht auftreten können – ein Klacks. Es fehlten die Hoheitszeichen am Arm. Paul wäre das sofort aufgefallen. Auch deshalb blieben sie auf Abstand.

„Und es ging nur darum, dass Hethe und Charly zusammen in … ?" Clara wollte es immer noch nicht glauben. Und das mit diesem Franzosen, das wart auch ihr, oder du? „JAWOLL!" Martin griente nochmals zufrieden. Er habe vorausgesehen, dass Charly, anstatt die Situation gleich zu nutzen, lieber nochmals einen Spaziergang vorschlagen würde. Ferner habe er geahnt, dass Charly das alte Märchen von der Russeneiche und dem Franzosen erzählen würde. Das täten alle, die an diesem Baum vorbeikämen. „Das stimmt", bestätigte Clara. Die Geschichte habe auch er ihr erzählt, damals, als er sie hierher eingeladen hatte, bei ihrem ersten Rendezvous. Ganz richtig. Bei ihnen hätte es ja auch geklappt. Darauf setzte es wieder Hiebe. Jedenfalls habe er mit dem Schlotter am Mittwoch, als sie noch nicht da war, eine Ortsbegehung gemacht. Von hier aus seien er und seine zwei Kollegen hinauf zur Eiche gegangen. Er selbst habe, anstatt das Feuer zu bewachen, vor Charlys Haus gelauert. „Und wie erwartet, öffnet sich nicht viel später die Tür und die beiden entschlüpfen in die Nacht. Mist war nur, dass es hier unten keinen Handyempfang gibt. Ich musste bis zum Friedhof vorlaufen, um dem Schlotter Bescheid geben zu können. Deren Aufführung scheint jedenfalls gewirkt zu haben."

Und er glaube, damit den beiden zu ihrem Glück verholfen zu haben? Wenn das herauskäme, wäre alles
vorbei, prophezeite Clara.

Wenn sie den Mund hielte, der Schlotter täte es auf
alle Fälle, käme niemals etwas heraus, beschwichtigte Martin. Und Charly habe ihm schon so oft erklärt,
dass es irgendwo eine Macht geben müsse, die die
Sterne, den Raum, die Zeit und alles andere geschaffen
habe, jemand, der alles in Bewegung setzte. „Diese
Rolle habe ich jetzt einfach mal übernommen."

- ENDE -

Begegnung mit Arno Schmidt –
ein Nachwort

Es ist eine ebenso häufig gestellte wie verpönte Frage an den Autor: „Warum haben Sie dieses Buch geschrieben?" oder „Wie kamen Sie auf dieses Thema?" In der Regel legt man sich einige Floskeln zurecht, die geeignet scheinen, einem Fremden zu erklären, warum das Herz in einem schlägt oder wieso man die Luft nur so lange anhalten kann, bis einen der Lebenswille zwingt, weiterzuatmen. Nicht nur um später einmal auf diese Zeilen verweisen zu können, möchte ich die Frage hier beantworten. Ich habe sie mir selbst gestellt, irgendwann zwischen der zweiten und dritten Fassung, als ich schon länger als eineinhalb Jahre über den Seiten brütete. „Warum schreibe ich dieses Buch?" Es war keine Stunde der Verzweiflung, nicht der Punkt, an dem alles einstürzt und das Scheitern zur Gewissheit wird – die gab es zuvor. Es war eher ein Moment des Glücks, eine unmittelbare Einsicht, eine Erkenntnis, ein Augenblick, in dem sich scheinbar ein Kreis schloss.

Über Lilienthal schreiben heißt, direkt oder indirekt, über Arno Schmidt schreiben. Der große Wortmetz hatte das Thema rund um Lilienthal bereits in frühen Jahren besetzt. Besonders während seiner Jahre in Darmstadt (1955-1958) arbeitete er intensiv an einem Buchprojekt mit dem Arbeitstitel: *Lilienthal 1801, oder die Astronomen*. In diese Zeit fallen zwei Reisen Schmidts in das kleine Moordorf, was für den notorischen Einsiedler den höchsten Grad seines Interesses bekundet und die Absicht unterstreicht, dass aus den Recherchen tatsächlich etwas entstehen sollte. Es existieren zahlreiche Fotografien von diesem Besuch in Lilienthal: die Wümme, die Wörpe, ein Torfkahn, ein stocksteifer Schmidt am Grab Schroeters.

Arno Schmidt hoffte sogar auf die frei gewordene Küsterstelle in Sankt Jürgen, um dauerhaft mit der Landschaft seines Buches verbunden zu sein. Allerdings schloss er – von Hause Atheist, wie jeder vernünftige Mensch – in seinem Bewerbungsschreiben einen Großteil der ihm obliegenden Aufgaben von vornherein aus, da sie zu viel Zeit beanspruchten und ihn damit bei seiner Arbeit als Schriftsteller behinderten. Die „überraschende" Absage hat ihn dennoch verärgert.

Arno Schmidt und seiner Frau Alice glückte kurze Zeit später, Ende 1958, der Umzug nach Bargfeld im Landkreis Celle, gute hundert Kilometer von Lilienthal entfernt. Er glaubte, endlich in der richtigen Umgebung angekommen zu sein. Es verwundert daher, dass aus den damaligen und in den Folgejahren immer wiederkehrenden Plänen zu dem Roman über Lilienthal nie etwas wurde.

AS vor Reproduktion des Riesenteleskops

In einem Brief an seinen Verleger von 1956 umreist Schmidt das Buch mit 150-175 Seiten. Er glaubt sogar, dass es spätestens im darauffolgenden Jahr erscheinen wird. Der skizzierte Umfang lässt auf ein Werk schließen wie andere Kurzromane von ihm, zum Beispiel *Aus dem Leben eines Fauns* oder *Die Gelehrtenrepublik*.

Etwa zwanzig Jahre später, 1977, nach dem Erscheinen seines gigantischen Romans *Zettels Traum*, kalkuliert Schmidt für *Lilienthal oder die Astronomen* 1500-1600 Seiten im Format DIN A3 und eine Schreibdauer von etwa zwölf Jahren! Alle vorherigen Bücher seien lediglich Fingerübungen für dieses noch ausstehende Opus Magnum gewesen.

Das Buch ist nie erschienen. Bis zu seinem Tod 1979 wird er keine Zeile daran schreiben. Immer wieder bekundet Schmidt seine Absicht, lässt aber keine Taten folgen. Anfänglich aus Geld- und Zeitnot, später aufgrund anderer Projekte, schiebt er Lilienthal vor sich her.

O Du mein LILIENTHAL! – (Aber das werCH wohl nich mehr schaffn))

Einen Teil seiner Notizen verarbeitete Arno Schmidt in seinem Roman *Kaff oder Mare Crisium*, der 1960 erschien. Das restliche Material wurden nach seinem Tod in eigenen Büchern dokumentiert – außergewöhnlich in der deutschen Literaturgeschichte und gleichzeitig typisch für die Fangemeinde rund um diesen einzigartigen Autor.

Es sollte keiner Erwähnung bedürfen – dennoch möchte ich es hier tun –, dass ich NICHT Arno Schmidts Roman schreiben wollte noch könnte. Welchen Inhalt sein Buch haben sollte, lässt sich nicht bestimmen. Sicher ist lediglich, dass es im Jahre 1801 angelegt war, noch vor der Franzosenzeit. Der Stoff rund um die ehemalige Sternwarte lag somit nach wie vor brach, mehr noch, er war scheinbar mit einem Tabu belegt. Wann ich auf den Gedanken verfiel, Lilienthal für mein nächstes Buch aufzugreifen, weiß ich gar nicht. Daher möchte ich zu dem Punkt zurückkommen, als sich der Kreis schloss, wie ich es oben beschrieben habe: einen Moment, der eine besondere Bedeutung erlangt, wenn man sich mit den Sternen beschäftigt.

Es war 1983. Ich hatte eben meinen Führerschein gemacht und fuhr, ein kleines Abenteuer, erstmals allein im Auto, nach Saarbrücken. Ich stamme aus einem Dorf, etwa dreißig Kilometer von der Landeshauptstadt entfernt. Ich wollte mich ins Stadtleben stürzen, flanieren und Neues entdecken. Vor allem brauchte ich ein Ziel, das ich mit meinem alten VW-Käfer ansteuern konnte.

Kaum angekommen, suchte ich eine Buchhandlung auf. Sie lag mehr oder minder an der Haupteinkaufsstraße und war riesig. In Homburg, der nächstgelegenen Stadt zu meinem Heimatdorf, gab es zwei kleine Buchhandlungen, deren Sortiment ich in- und auswendig kannte. Hier in Saarbrücken erschien mir alles neu. Bald schon stach mir aus den meterlangen Regalen ein grellgelber Buchrücken ins Auge, der aus der graublaudunklen Monotonie herausleuchtete. Ich griff zu und las: *Kaff oder auch Mare Crisium*. Der Autor, ein gewisser Arno Schmidt, sagte mir überhaupt nichts. Ebenso wenig verstand ich den Titel. Ich war – und bin – Laie, was den Mond und die Astronomie angeht. Auf dem Umschlag des etwas großformatigen Buches waren ein unscharfer Kreis und eine spitze Mondsichel zu sehen, beide tiefschwarz und wie mit einem groben Pinsel gemalt. Ich schlug das Buch auf und begann zu lesen. Ich las, glaube ich mich zu erinnern, vor dem Regal stehend, länger als eine halbe Stunde und anschließend, in einem Café, bis zum frühen Nachmittag. Dabei wurde ich immer wieder von Lachanfällen gepackt. Gleichzeitig glühten mir die Ohren ob der Wortakrobatik, der Lautmalerei und der Zeichenobsession, deren sich der Autor bediente.

Dies war meine erste Begegnung mit Arno Schmidt und ich war von Stund an infiziert. Ich las die nächsten Tage wie im Fieber. Anschließend musste ich mir alle Bücher von ihm beschaffen – nicht jedes packte mich in gleicher Weise wie *Kaff*. Den Großteil habe ich damals überhaupt nicht wirklich begriffen, da ich vornehmlich auf die Handlung achtete, die bei Schmidt meist völlig unerheblich ist.

Schon nach wenigen Monaten war klar, dass ich unbedingt *Zettels Traum* besitzen musste. Allerdings war der Preis von 600 DM für mich – ich absolvierte gerade meinen Zivildienst – unerschwinglich. So verfiel ich auf die Idee, mir über die Fernleihe einer Bibliothek das Exemplar kommen zu lassen, um es zu fotokopieren. Ich hatte keine Vorstellung davon, welchen Umfang das Buch tatsächlich besaß – noch wusste ich, dass auf diese Idee vor mir schon andere gekommen waren, welche kurz nach Erscheinen von *Zettels Traum* einen professionellen Raubdruck auf den Schwarzmarkt warfen. Ich hatte alles vorbereitet, mit dem Kopierladen einen Sonderpreis pro DIN-A3-Seite vereinbart – es waren, glaube ich, 25 Pfennige pro Seite – und stürzte, sowie ich die Benachrichtigung erhielt, zur Abholung davon. Leider durfte das Buch die Räumlichkeiten der Bücherei nicht verlassen und nur vor Ort, unter dem kritischen Blick des Bibliothekars, benutzt werden. So saß ich einen Nachmittag lang vor diesem riesigen Folianten, blätterte vor und zurück, war enttäuscht und euphorisch zugleich.

Über einen Ratenkauf mit einer der ortsansässigen Buchhandlungen habe ich *Zettels Traum* dann doch noch erstanden. Allerdings brachte meine Mutter das Buch umgehend zurück, sobald sie es am nächsten Tag in meinem Zimmer erblickte. Ihr war jede Art von Literatur gänzlich fremd und ein solches Monstrum mehr als suspekt. Sie las auf der aufgeschlagenen Seite: „*stand ängstlich auf, das Kühlein. Und pisste lieber:!*" (Zettel 5). Diesen Satz wiederholte meine Mutter, wie mir die aufgeregte Buchhändlerin später erzählte, fortlaufend im Laden, neben anderen Beschimpfungen, in mehr als sich geziemender Lautstärke. Ich holte das Buch wieder ab und brachte es zunächst bei meiner Freundin unter.

Apropos Freundin. Sie musste damals viel ertragen. Ich glaube, dass vom Schmidt-Virus, in erster Linie männliche Leser befallen werden. Woran dies liegt, vermag ich nicht zu sagen, das führt an dieser Stelle auch zu weit. Bei keinem anderen Autor der deutschen Literatur gibt es eine solch enthusiastische Leserschaft, die seine Bücher bibelhaft verehrt, sich in Foren austauscht und seit Jahrzehnten Textpassagen entschlüsselt. Auf der anderen Seite die pure Ablehnung. Ein mir bekannter Kritiker sagte kürzlich, Schmidt sei für ihn ein unzugänglicher, kalter Ort geblieben, zu dem er niemals Zugang fand.

Ich selbst war befallen, fuhr – und fahre – in regelmäßigen Abständen nach Bargfeld, lese immer wieder *Kaff* und *Schwarze Spiegel*, kaufte ein Lesepult und schleppe seit vierzig Jahren *Zettels Traum* in jede neue Wohnung. Ich baute mir damals ebenfalls einen kleinen Zettelkasten, in dem ich Notizen sammelte,

Zettelkasten Lilienthal

die ich allerdings irgendwann, samt Kasten, entsorgte. Ich arbeite anders.

Das abgelegene Bargfeld diente mir vor Jahren sogar als Unterschlupf, als ich mit meiner damaligen Herzdame samt ihrem Sohn durchbrannte und wir uns in der Heide versteckten, bis sich der verlassene Ehemann beruhigte. Es war Sommer und wir verbrachten viel Zeit am Badeteich, strichen immer wieder um Schmidts Haus und durch das Flachland. Wir speisten einige Male bei Bangemann und lauschten den Gesprächen an den Nachbartischen. Arno Schmidt war kein Thema und ich wagte auch nicht, nach ihm zu fragen. Dabei war ich einst, kurz nach meiner Ansteckung, nach Kastel an der Saar gefahren – dort lebten die Schmidts von 1951-1955 – und hatte, unter anderem, eine alte Dame am Krankenbett nach ihren Erinnerungen an meinen heißgeliebten Autor ausgefragt.

Vor einem Vierteljahrhundert lernte ich auf der Leipziger Buchmesse meine Frau kennen. Wir standen an einem der Partyabende zufällig nebeneinander und kamen ins Gespräch. Sie erzählte mir, dass sie ursprünglich aus Gifhorn stamme; ich gestand meinen Traum, irgendwann einmal Heidedichter werden zu wollen. Bei jedem längeren Familienbesuch in Gifhorn drangsalierte ich nun alle, ins zwanzig Kilometer entfernte Bargfeld zu fahren, nur um einmal zu sehen, was sich so alles verändert hat – vieles ist anders geworden.

Beinahe vier Jahrzehnte später sitze ich also über meinem Manuskript, denke über den Zusammenhang von Astronomie und Astrologie nach, und von einer auf die andere Sekunde taucht dieser Tag in Saarbrücken wieder in mir auf. Die Erinnerung war so plötzlich und intensiv, dass ich es eine Eingebung nennen möchte. Ich sah sogar das Muster des Teppichbodens in der Buchhandlung, die Korbstühle auf der Terrasse des Cafés, spürte die Freude und Begeisterung der Entdeckung erneut. An keinen anderen Buchkauf meines Lebens vermag ich mich so genau zu erinnern.
Im Nachhinein bleiben mir nun zwei Erklärungswege für die gestellte Frage. Erstens: Die plötzliche Eingebung ist das Resultat der langjährigen Begeisterung für Arno Schmidt, beginnend mit jenem Leseerlebnis von *Kaff*, welche sich über Jahrzehnte fortsetzt und schließlich zu meinem Buch über Lilienthal führt. Es ist eine lange Kette von Ursache und Wirkung, die im Untergrund meines Bewusstseins liegt und in meinen Roman mündet.
Zweitens: Es könnte auch ganz anders sein. Die spontane Fahrt damals nach Saarbrücken, mein Besuch in der Buchhandlung, das Herausleuchten des Umschlages – wie kam überhaupt ein vor mehr als

zwanzig Jahren erschienenes Buch in dieses Regal, noch dazu als Hardcover? All diese vielen kleinen Bruchstücke, die zu meiner Begegnung mit Arno Schmidt führten, waren weder logisch miteinander verknüpft noch zufällig. Es war von höherer Stelle so gewollt, die Sterne hatten es vorherbestimmt, das Schicksal nahm seinen Lauf, ich war auserkoren. Jemand von außen legte diese Idee in meinen Kopf, den zweifelsohne hochinteressanten Stoff endlich in ein Buch zu fassen.

Ich überlasse es jedem Leser, die für ihn schlüssige Antwort zu wählen.

Unendlichkeit

Sehen wir hinauf zu den Sternen,

blicken wir in die Vergangenheit.

Jahrmillionen strömen von nah und Fernen,

aus Licht und ewiger Dunkelheit.

Ein Menschenleben mag nicht reichen,

ihr zartes Rücken zu erkennen.

Sternenbilder zerbrechen und weichen,

wer wird sie neu benennen?

Die Wissenschaft

hat der Götter Schöpfung zerschlagen,

Raum und Zeit krümmen sich um Horizonte.

Aus dem Kleinsten sucht der Mensch zu sagen,

was ihm die Unendlichkeit verbergen konnte.

Danksagung

Mein ganz besonderer Dank gilt Hans-Joachim Leue, der mir mit seinem großen Wissen auch bei abseitigen Themen stets helfen konnte. Ferner möchte ich danken: Susanne Fischer, Nina Hacker, Katrin Zurborg, Michael Khan, Harald Kühn, Markus Osmers, Klaus-Dieter Uhden. Posthum möchte ich Herrn Dieter Gerdes danken, der viel Material über die Sternwarte Lilienthal zusammengetragen und bewahrt hat.

Rechtehinweise:

Die Gedichtzeilen auf Seite 13 stammen von Arno Schmidt, der Abdruck erfolgte mit freundlicher Genehmigung der Arno Schmidt-Stiftung, Bargfeld. Ebenso die Fotografie auf Seite 380.

Die Fotografien Seite 381 und Seite 386 stammen von Wilhelm Michels. Der Abdruck erfolgte mit freundlicher Genehmigung von Frau Etta Jacobs.

Eine große Auswahl an historischen Sternenkatalogen und Mondkarten bietet der Albireo Verlag aus Köln an. www.albireo-verlag.de

Dieses Buch wurde gefördert mit Mitteln des Hessischen Ministeriums für Wissenschaft und Kunst.

Nomina macularum insigniorum	
sec. Ricciolum.	sec. Hevelium.
A, Mare Crisium	Palus Maeotis.
B, M. Foecunditatis	Mare Caspium
C, M. Nectaris	Sin. Athen. et Sin. exte Ponti
D, M. Tranquillitatis }	Pontus Euxin.
E, M. Serenitatis }	
F, Lacus Somniorum	Sinus Cercinites
G, Lac. mortis	Montes Peuce
H, Palus Somnii	Lac. Corocondametis
J, Mare Frigoris	Mare Hyperboreum
K, M. vaporum	Propontis
L, Sin. aestuum	Mare Adriaticum
M, Mare nubium	M. Pamphilium
N, M. humorum	Sin. Sirbon. et M. Aegyptias.
O, Sinus epidemiarum	Insula Didymae
P, Oceanus procellarum	Mare Eoum et M. medit. pars
Q, Mare imbrium	Mar. mediter. pars septent.
R, Sinus iridum	Sinus Apollinis
S, Sinus roris	Sinus Hyperboreus
1	Seneca	Mons Alaunus
2	Mercurius Falsus	
3	Mercurius	Lacus hyperboreus inf.
4	Langrenus	Insula maior
5	Vendelinus	
6	Furnerius	Pars mentis Paropanisi
7	Cleomedes	Pars mont. Riphaeor.
8	Petavius	Petra Sogdiana
9	Stevinus	P. mont. Paropanisi
10	Endymion	Lac. hyperbor sup.
11	Snellius	M. Paropamisus
12	Tarantius	Sin. Phasianus
13	Atlas	Pars M. M. Macrocemn.
14	Proclus	M. Corax
15	Goclenius	M. Caucasos
16	Hercules	P. Mont. Macrocemn.
17	Censorinus	P. Mont. Herculis
18	Fracastorius	Lac. Thospitis
19	Piccolominius	Pars M. M. Sogdian.
20	Possidonius	Insula Macra
21	Vitruvius	Apollonia maior
22	Theophilus	Pars M. Moschi
23	Cyrillus	Pars M. Moschi
24	Plinius	Promont. Archerusia
25	Catharina	Pars M. Moschi
26	Dionysius	Pars M. Herminii
27	Aristoteles	M. Serrorum
28	Eudoxus	M. Carpathos
29	Menelaus	Byzantium
30	Calippus	M. Aemus
31	Maurolycus	
32	Abilfedea	Pars M. Antitauri
33	Manilius	Insula Barbicus
34	Ptinaeus	Pars Anti-Libani
35	Stoeflerius	M. Calchastan